分野別
ADR活用の実務

栃木県弁護士会 編

ぎょうせい

刊行にあたって

　関東十県会は、神奈川県、埼玉、千葉県、茨城県、栃木県、群馬、山梨県、長野県、新潟県及び静岡県の10の弁護士会からなる組織です。

　平成30年度関東十県会夏期研究会は栃木県弁護士会が担当会となり、「裁判外紛争解決手続～弁護士のためのADR活用法～」をテーマに研究会を開催することになりました。平成28年度に準備委員会を発足させ、以来、澤田雄二委員長を中心に100名を超える会員が多忙な業務の中、鋭意研究を重ね、準備を尽くして参りました。本書は、その成果をまとめたものです。

　本書のテーマである裁判外紛争解決手続（ADR）については、紛争の種類や性質によっては裁判所の手続により解決を図るよりもメリットが大きい場合がある反面、その存在や内容について必ずしもよく知られていないという実情にあります。そこで、いかに活用するかという観点から、各種のADRを取り上げ、その実態を紹介し、私たち弁護士の実務の参考となることを期待して本書を作成いたしました。

　本書は類書の無い、画期的な実務書になったものと自負しており、紛争の簡易・迅速な解決や適正・合理的な解決に資するものとなると信じております。

　本書の刊行にあたりましては、栃木県弁護士会関東十県会夏期研究会準備委員会委員の皆さんの多大なご努力に敬意を表するとともに、出版の労をとっていただいた株式会社ぎょうせいの関係者各位に深く感謝申し上げます。

　平成30年8月

栃木県弁護士会

会長　増　子　孝　徳

執筆担当者一覧

【第1部会】 担当分野：消費者　労働　医療

◎溝邉岳秋	○鈴木洋平	山内亮二	鈴木栄城	青井芳夫	中澤浩平
浅木一希	星澤栄一	石島　力	大井俊輔	松本直樹	牛尾拓也
酒井優壽	野崎嵩史	野中貴弘	日向野濯	加藤弘一	作田憲護
根本正寿	小杉裕二	佐山大輔	鈴木彩葉	宮西紗緒里	

【第2部会】 担当分野：金融　保険

◎亀岡弘敬	○髙橋拓矢	藤本利明	中西晶子	竹澤　隆	梅山哲也
田村信彦	小西　誠	小倉崇徳	山本祐輔	西江和貴	木野　直
海老原　輝	永来知宙	奈良嘉則	山口祐佳子	大谷円香	髙橋一斗
福田沙弥香	尾畑　慧	村田雄吾	海老原弥生	阿部　詳	

【第3部会】 担当分野：製造物　IT・ネット　公害・災害　取引一般

◎長壁孝広	○須賀正人	稲葉幸嗣	亀岡康一	長壁優子	岩間光朗
新江　学	阿久津正巳	関口久美子	戸田泰裕	田並香菜恵	戸野俊介
影島由美子	白井秀侑	伊藤一星	山口麻梨子	千住　亮	松川不比等
伊藤幹哲	吉田哲也	岡部邦栄	田中悠真	俣野政紀	呉　国峰

【第4部会】 担当分野：交通事故　不動産　知財

◎大川容子	○園部秀雄	山下雄大	林　康太郎	島薗佐紀	阿部健一
荘司円香	白土陽子	青田　裕	小野真一	新田裕子	青木隆夫
飯村尚志	秋山良平	飯塚文子	大関麻由子	小森竜介	福田公子
横溝秀明	大嶋顕一	渡邊　律	布施真紀子	宮尾俊輔	

【第5部会】担当分野：建築請負　弁護士会　隣接士業　その他

◎吉野　徹　　○南里昌裕　　瀬下敦夫　　柾　智子　　宮林大佑　　川上　淳
　徳田剛之　　加藤　亨　　服部　有　　小島文恵　　髙山雄介　　菊池昭吾
　石田弘太郎　薄井里奈　　和地郁枝　　竹田進之介　阿久津　陽　藤平泰典
　藤田明子　　稲葉栄憲　　山下　瞬　　伊藤俊太郎　白水真祐

※◎印は部会長、○印は副部会長

※部会員であった者を含む

【正副委員長・事務局長】

委　員　長：澤田雄二

副委員長：安田真道　　石井信行　　増田智義

事務局長：小菅拓郎

凡　例

1　**法令名略語**

　本文中の法令名は原則として初出を正式名称で記し、以下を略称としているが、次の法令名は以下の略語も用いている。

　　　ADR法　　　裁判外紛争解決手続の利用の促進に関する法律
　　　自賠法　　　自動車損害賠償保障法

2　**判　例**

　判例を示す場合、「判決」→「判」、「決定」→「決」と略した。また、裁判所の表示、判例の出典については、次のア、イに掲げる略語を用いた。

　ア　裁判所名略語
　　　　最　　　　　　最高裁判所
　　　　大　　　　　　大審院
　　　　○○高　　　　○○高等裁判所
　　　　○○地　　　　○○地方裁判所
　　　　○○家　　　　○○家庭裁判所
　　　　○○簡　　　　○○簡易裁判所

　イ　判例集等出典略語
　　　　民　集　　　　最高裁判所民事裁判例集
　　　　判　時　　　　判例時報

3　**文　献**

　文献・雑誌については、巻末に「主要な参考文献」として掲載した。また、重複を恐れず本文中にも適所に掲載することとした。

目　次

刊行にあたって／執筆担当者一覧／凡　例

第1編　総　論

1　ADRの概要――――――――――――――――――2
  (1) ADRとは……………………………………………… 2
  (2) ADRの種類…………………………………………… 2
  (3) ADRの分類…………………………………………… 4
  (4) ADRの対象となる紛争……………………………… 7
  (5) 裁判との関係・裁判との違い……………………… 7

2　ADR法について――――――――――――――――10
  (1) 制定の経緯……………………………………………10
  (2) ADR法の全体構造……………………………………11
  (3) 認証制度………………………………………………11
  (4) 認証基準………………………………………………12
  (5) 認証の状況……………………………………………13
  (6) 認証の効果……………………………………………14

3　ADRを巡る諸問題――――――――――――――16
  (1) 士業の代理権に関して………………………………16
  (2) 利用者数について……………………………………18

4　ADRの活用法――――――――――――――――18
  (1) ADRの活用が見込まれる紛争………………………18
  (2) 片面的義務があるもの………………………………19
  (3) 専門家の関与・専門的な調査の制度があるもの…19
  (4) まとめ…………………………………………………20

目 次

第2編　分野別の各ADR

第1章　交通事故

1　交通事故紛争処理センター ———————————————22
  1　取り扱う紛争の範囲……………………………………………22
  2　手　続…………………………………………………………24
  3　費　用…………………………………………………………25
  4　手続の場所や管轄………………………………………………25
  5　取扱件数・傾向等………………………………………………26
  6　特徴等…………………………………………………………26
  7　センターと日弁連交通事故相談センターとの相違……………27
  8　利用のメリット等………………………………………………29
  9　まとめ…………………………………………………………30

2　日弁連交通事故相談センター ——————————————30
  1　取り扱う紛争の範囲……………………………………………32
  2　手　続…………………………………………………………33
  3　費　用…………………………………………………………36
  4　取扱件数等……………………………………………………36
  5　利用が想定されるケース………………………………………37
  6　まとめ…………………………………………………………37

3　(一財)自賠責保険・共済紛争処理機構 ——————————38
  1　取り扱う紛争の範囲……………………………………………38
  2　手　続…………………………………………………………39
  3　費　用…………………………………………………………40
  4　取扱件数等……………………………………………………40
  5　特徴等…………………………………………………………40
  6　利用例…………………………………………………………43
  7　まとめ…………………………………………………………45

目次

4 自転車ADRセンター ―――― 45
- 1 取り扱う紛争の範囲 ････････････････････････ 45
- 2 手　続 ････････････････････････････････････ 46
- 3 費　用 ････････････････････････････････････ 47
- 4 取扱件数等 ････････････････････････････････ 48
- 5 特徴等 ････････････････････････････････････ 48
- 6 利用例 ････････････････････････････････････ 50
- 7 まとめ ････････････････････････････････････ 51

第2章　消費者

1 国民生活センター ―――― 52
- 1 取り扱う紛争の範囲 ････････････････････････ 52
- 2 組織等 ････････････････････････････････････ 53
- 3 手　続 ････････････････････････････････････ 54
- 4 費　用 ････････････････････････････････････ 57
- 5 取扱件数等 ････････････････････････････････ 57
- 6 解決事例 ･･････････････････････････････････ 58
- 7 まとめ ････････････････････････････････････ 59

2 国民生活センター　越境消費者センター（CCJ）―――― 59
- 1 取り扱う紛争の範囲 ････････････････････････ 60
- 2 相談手続等 ････････････････････････････････ 60
- 3 費　用 ････････････････････････････････････ 61
- 4 取扱件数等 ････････････････････････････････ 61
- 5 特徴等 ････････････････････････････････････ 61
- 6 相談事例 ･･････････････････････････････････ 62
- 7 まとめ ････････････････････････････････････ 64

3 各都道府県・各市区町村　消費生活センター ―――― 64
- 1 取り扱う紛争の範囲 ････････････････････････ 65

目 次

  2 手 続···65
  3 都道府県消費生活センターと市区町村消費生活センターの棲み分け
   ··66
  4 費 用···66
  5 取扱件数···67
  6 特徴等···67
  7 あっせん手続を実施した場合の解決事例···············69
  8 まとめ···70
 4 Consumer ADR ─────────────────────── 70
  1 取り扱う紛争の範囲·····································71
  2 組織等···71
  3 手 続···72
  4 費 用···74
  5 取扱件数等···74
  6 過去の解決事案···74
  7 特徴等···75
  8 まとめ···76
 コラム 立教大学観光ADRセンター··························77

第3章　製造物

1 家電製品PLセンター ───────────────────── 78
 1 取り扱う紛争の範囲·····································79
 2 手 続···79
 3 費 用···82
 4 取扱事件数···82
 5 合意成立の割合···83
 6 特 徴···83
 7 利用例···84

4

8　まとめ･････････････････････････････････････85
　2　消費生活用製品PLセンター ─────────85
　　1　取り扱う紛争の範囲･････････････････････････86
　　2　取扱業務･･････････････････････････････････87
　　3　取扱事例･･････････････････････････････････89
　　4　まとめ････････････････････････････････････90
　3　自動車製造物責任相談センター ─────────90
　　1　取り扱う紛争の範囲･････････････････････････91
　　2　手　　続･････････････････････････････････92
　　3　費　　用･････････････････････････････････95
　　4　取扱件数･･････････････････････････････････96
　　5　特徴等････････････････････････････････････97
　　6　利用例････････････････････････････････････97
　　7　まとめ･･････････････････････････････････100

第4章　労　働

　1　各都道府県労働委員会（東京都、兵庫県、福岡県を除く）───101
　　1　取り扱う紛争の範囲････････････････････････102
　　2　手　　続････････････････････････････････102
　　3　費　　用････････････････････････････････104
　　4　取扱件数等･･････････････････････････････104
　　5　特　　徴････････････････････････････････104
　　6　解決事例････････････････････････････････105
　　7　まとめ･･････････････････････････････････106
　2　各都道府県労働局紛争調整委員会 ──────── 106
　　1　取り扱う紛争の範囲････････････････････････107
　　2　手　　続････････････････････････････････108
　　3　費　　用････････････････････････････････109

目　次

  4　取扱件数等…………………………………………………109
  5　特　徴……………………………………………………110
  6　解決事例…………………………………………………111
  7　まとめ……………………………………………………112
 3　社労士会労働紛争解決センター————————————113
  1　取り扱う紛争の範囲等…………………………………114
  2　手　続……………………………………………………114
  3　管　轄……………………………………………………115
  4　申立てに関する費用……………………………………115
  5　申立件数等………………………………………………115
  6　特徴等……………………………………………………116
  7　解決例……………………………………………………118
  8　まとめ……………………………………………………119

第5章　建築請負

 1　住宅紛争審査会————————————————————120
  1　取り扱う紛争の範囲……………………………………121
  2　手　続……………………………………………………123
  3　費　用……………………………………………………126
  4　取扱件数等………………………………………………127
  5　特徴等……………………………………………………127
  6　利用例……………………………………………………129
  7　まとめ……………………………………………………130
 2　中央建設工事紛争審査会————————————————130
  1　取り扱う紛争の範囲……………………………………131
  2　手　続……………………………………………………132
  3　費　用……………………………………………………134
  4　取扱件数…………………………………………………135

5　特　徴···135
　　6　解決事例··136
　　7　まとめ··138

第6章　不動産

1　筆界特定制度 ─────────────────139
　　1　取り扱う紛争の範囲·······························140
　　2　手　続··140
　　3　手数料と費用·······································143
　　4　取扱件数等···143
　　5　特徴等··144
　　6　まとめ··145

2　境界問題相談センター ──────────────145
　　1　取り扱う紛争の範囲·······························146
　　2　手　続··147
　　3　費　用··150
　　4　取扱件数等···151
　　5　特徴等··151
　　6　まとめ··153

3　(一財)不動産適正取引推進機構による特定紛争処理──153
　　1　取り扱う紛争の範囲·······························154
　　2　手　続··154
　　3　費　用··155
　　4　特　徴··155
　　5　利用例（HPで具体的事案が多数紹介されている）······156
　　6　まとめ··157

4　(一社)日本不動産仲裁機構　不動産ADRセンター ──157
　　1　取り扱う紛争の範囲·······························158

目 次

 2 手 続………………………………………………158
 3 費 用………………………………………………161
 4 取扱件数等…………………………………………162
 5 特徴等………………………………………………162
 6 利用例………………………………………………162
 7 まとめ………………………………………………163

第7章 金 融

1 全国銀行協会あっせん委員会―――――――――164
 1 取り扱う紛争の範囲………………………………165
 2 手続の概要…………………………………………165
 3 費 用………………………………………………169
 4 取扱件数等…………………………………………169
 5 特徴等………………………………………………170
 6 利用例………………………………………………171
 7 まとめ………………………………………………172

2 日本貸金業協会貸金業相談・紛争解決センター―――173
 1 取り扱う紛争の範囲………………………………174
 2 手続の概要…………………………………………174
 3 費 用………………………………………………178
 4 取扱件数等…………………………………………178
 5 特徴等………………………………………………179
 6 利用例………………………………………………181
 7 まとめ………………………………………………182

3 証券・金融商品あっせん相談センター―――――183
 1 取り扱う紛争の範囲………………………………184
 2 手続の概要…………………………………………184
 3 費 用………………………………………………187

	4	取扱件数等…………………………………………………188
	5	特徴等……………………………………………………188
	6	利用例……………………………………………………190
	7	まとめ……………………………………………………191

4　日本商品先物取引協会・相談センター ──────192

 1　取り扱う紛争の範囲……………………………………193
 2　手続の概要………………………………………………193
 3　費　用……………………………………………………197
 4　取扱件数等………………………………………………197
 5　特徴等……………………………………………………197
 6　利用例……………………………………………………199
 7　まとめ……………………………………………………199

5　東京三弁護士会の金融ADR ──────────────199

 1　取り扱う紛争の範囲……………………………………201
 2　手続の概要………………………………………………201
 3　費　用……………………………………………………202
 4　取扱件数等………………………………………………203
 5　特徴等……………………………………………………204
 6　利用例……………………………………………………205
 7　まとめ……………………………………………………206

第8章　保　険

1　生命保険協会裁定審査会 ────────────────207

 1　審査会が取り扱う紛争の範囲…………………………208
 2　手続の概要………………………………………………208
 3　費　用……………………………………………………213
 4　取扱件数等………………………………………………213
 5　特徴等……………………………………………………215

目　次

  6　利用例……………………………………………………………216
  7　まとめ……………………………………………………………218
 2　そんぽADRセンター────────────────────218
  1　取り扱う紛争の範囲……………………………………………219
  2　手続の概要………………………………………………………220
  3　費　用……………………………………………………………223
  4　取扱件数等………………………………………………………223
  5　特徴等……………………………………………………………224
  6　利用例……………………………………………………………226
  7　まとめ……………………………………………………………228
 3　日本共済協会共済相談所───────────────228
  1　取り扱う紛争の範囲（規則5条）……………………………229
  2　裁定手続の概要…………………………………………………230
  3　仲裁手続…………………………………………………………234
  4　費　用……………………………………………………………234
  5　取扱件数等………………………………………………………234
  6　特徴等……………………………………………………………236
  7　利用例……………………………………………………………237
  8　まとめ……………………………………………………………239

第9章　医　療

1　東京三弁護士会医療ADR──────────────240
 1　取り扱う紛争の範囲………………………………………………241
 2　手　続………………………………………………………………241
 3　費　用………………………………………………………………243
 4　取扱件数等…………………………………………………………244
 5　解決事例……………………………………………………………244
 6　特徴等………………………………………………………………245

| 7   まとめ……………………………………………246
| 2   医療紛争相談センター（千葉）──────────247
| 1   取り扱う紛争の範囲……………………………247
| 2   手　続…………………………………………248
| 3   費　用…………………………………………249
| 4   取扱件数等……………………………………250
| 5   解決例…………………………………………251
| 6   特徴等…………………………………………251
| 7   まとめ…………………………………………252
| コラム　茨城県医療問題中立処理委員会………………………253

第10章　IT・ネット

1 ソフトウェア紛争解決センター ──────────254
  1　取り扱う紛争の範囲……………………………255
  2　手　続…………………………………………255
  3　費　用…………………………………………258
  4　取扱件数及び利用例…………………………259
  5　特徴等…………………………………………260
  6　まとめ…………………………………………261

2 （一社）ECネットワーク ──────────────261
  1　取り扱う紛争の範囲……………………………262
  2　利用できる会員………………………………263
  3　手　続…………………………………………263
  4　費　用…………………………………………264
  5　取扱件数等……………………………………264
  6　特徴等…………………………………………264
  7　ECネットワークへの相談……………………266
  8　まとめ…………………………………………266

目 次

第11章　知　財

1　日本知的財産仲裁センター────────267
　1　取り扱う紛争の範囲・・・・・・・・・・・・・・・・・・・・・・・・・267
　2　ADRの種類等・・・・・・・・・・・・・・・・・・・・・・・・・・・・・・268
　3　手　続・・・・・・・・・・・・・・・・・・・・・・・・・・・・・・・・・・・・・268
　4　費　用・・・・・・・・・・・・・・・・・・・・・・・・・・・・・・・・・・・・・270
　5　取扱件数等・・・・・・・・・・・・・・・・・・・・・・・・・・・・・・・・271
　6　特徴等・・・・・・・・・・・・・・・・・・・・・・・・・・・・・・・・・・・・271
　7　解決事例・・・・・・・・・・・・・・・・・・・・・・・・・・・・・・・・・・272
　8　まとめ・・・・・・・・・・・・・・・・・・・・・・・・・・・・・・・・・・・・274
　コラム　著作権紛争解決あっせん・・・・・・・・・・・・・・275

第12章　公害・災害

1　公害等調整委員会、公害審査会────────276
　1　取り扱う紛争の範囲・・・・・・・・・・・・・・・・・・・・・・・・・277
　2　公害紛争処理機関・・・・・・・・・・・・・・・・・・・・・・・・・・278
　3　公害紛争処理手続・・・・・・・・・・・・・・・・・・・・・・・・・・278
　4　費　用・・・・・・・・・・・・・・・・・・・・・・・・・・・・・・・・・・・・・281
　5　取扱件数等・・・・・・・・・・・・・・・・・・・・・・・・・・・・・・・・283
　6　特徴等・・・・・・・・・・・・・・・・・・・・・・・・・・・・・・・・・・・・283
　7　調停申立て事例・・・・・・・・・・・・・・・・・・・・・・・・・・・・284
　8　まとめ・・・・・・・・・・・・・・・・・・・・・・・・・・・・・・・・・・・・285
2　原子力損害賠償紛争解決センター────────285
　1　取り扱う紛争の範囲・・・・・・・・・・・・・・・・・・・・・・・・・286
　2　手　続・・・・・・・・・・・・・・・・・・・・・・・・・・・・・・・・・・・・・287
　3　費　用・・・・・・・・・・・・・・・・・・・・・・・・・・・・・・・・・・・・・288
　4　取扱件数等・・・・・・・・・・・・・・・・・・・・・・・・・・・・・・・・288

5　特徴等･････････････････････････････････288
　　6　和解事例･･･････････････････････････････291
　　7　まとめ･･･････････････････････････････････291
　コラム　震災ADR･････････････････････････････293

第13章　取引一般

1　下請かけこみ寺──────────────────294
　　1　取り扱う紛争の範囲･･･････････････････････295
　　2　調停手続･････････････････････････････････296
　　3　費　用･･･････････････････････････････････297
　　4　時効中断効･･･････････････････････････････297
　　5　取扱件数等（平成28年度）･････････････････297
　　6　利用例･･･････････････････････････････････297
　　7　まとめ･･･････････････････････････････････299

2　（一社）日本商事仲裁協会──────────────299
　　1　取り扱う紛争の範囲･･･････････････････････300
　　2　手　続･･･････････････････････････････････300
　　3　費　用･･･････････････････････････････････302
　　4　取扱事件数等･････････････････････････････304
　　5　特徴等･･･････････････････････････････････305
　　6　まとめ･･･････････････････････････････････306

第14章　その他

1　（公財）日本スポーツ仲裁機構────────────307
　　1　取り扱う紛争の範囲･･･････････････････････308
　　2　手　続･･･････････････････････････････････310
　　3　費　用･･･････････････････････････････････312

目 次

  4　取扱件数等……………………………………………………312
  5　特徴等…………………………………………………………313
  6　利用例…………………………………………………………314
  7　まとめ…………………………………………………………316
 2　事業再生ADR───────────────────────316
  1　手続を利用できる債務者……………………………………317
  2　手　続…………………………………………………………318
  3　費　用…………………………………………………………321
  4　取扱件数等……………………………………………………322
  5　特徴等…………………………………………………………323
  6　事業再生計画の類型…………………………………………325
  7　まとめ…………………………………………………………326

第15章　弁護士会

1　各弁護士会のADR───────────────────────327
  1　取り扱う紛争の範囲…………………………………………328
  2　手　続…………………………………………………………328
  3　費　用…………………………………………………………331
  4　取扱件数等……………………………………………………333
  5　特徴等…………………………………………………………333
  6　解決事例………………………………………………………335
  7　まとめ…………………………………………………………338
 コラム　行政仲裁センター岡山
    ～岡山弁護士会のユニークな取組み～………………342

目 次

第16章　隣接士業

1　司法書士会調停センター（司法書士会ADRセンター）——344
　1　取り扱う紛争の範囲……………………………………345
　2　手　　続…………………………………………………346
　3　費　　用…………………………………………………348
　4　取扱件数等………………………………………………349
　5　特徴等……………………………………………………349
　6　想定される利用例………………………………………350
　7　まとめ……………………………………………………351

2　行政書士ADRセンター ——————————————351
　1　取り扱う紛争の範囲……………………………………352
　2　手　　続…………………………………………………352
　3　費　　用…………………………………………………354
　4　取扱件数…………………………………………………355
　5　特徴等……………………………………………………355
　6　利用例……………………………………………………356
　7　まとめ……………………………………………………356

主要な参考文献……………………………………………………357

あとがき

15

第 1 編
総 論

第1編　総　論

1　ADRの概要

(1)　ADRとは

ADRとは「Alternative Dispute Resolution」の略語であり、一般に「裁判外紛争解決手続」或いは「代替的紛争解決手続」と訳されている。この点、裁判外紛争解決手続の利用の促進に関する法律(以下「ADR法」という。)では、裁判外紛争解決手続について、「訴訟手続によらずに民事上の紛争の解決をしようとする紛争の当事者のため、公正な第三者が関与して、その解決を図る手続」と定義されている(ADR法1条)。

(2)　ADRの種類

ア　仲　裁

仲裁とは、当事者が現在又は将来の紛争について、第三者である仲裁人の判断に委ね、その判断に拘束されることを合意し(仲裁合意)、これに基づいて進められる裁判外紛争解決手続をいう。この点、仲裁法では、仲裁合意について、「既に生じた民事上の紛争又は将来において生ずる一定の法律関係(契約に基づくものであるかどうかを問わない)に関する民事上の紛争の全部又は一部の解決を一人又は二人以上の仲裁人にゆだね、かつ、その判断に服する旨の合意」と定義されている(仲裁法2条1項)。

当事者間に有効な仲裁合意[1]がなされている状況下で、訴訟が提起された場合には、裁判所は、被告の申立てにより、原則として、訴えを却下することになる(仲裁法14条1項)。

そして、仲裁手続における請求は時効中断効を生じるとされている(仲裁

---

[1]　消費者と事業者との間の仲裁合意については、消費者は仲裁合意を解除することができる(仲裁法附則3条2項)。

法29条2項)。また、仲裁判断は、原則として、確定判決と同一の効力を有するが（仲裁法45条1項本文)、当該仲裁判断に基づく民事執行を行うには執行決定が必要となる（仲裁法45条1項但書)。

このようなことから、仲裁の本質は、一種の私設裁判であると解されている。

イ　調停・和解あっせん（調停型手続）

調停型手続は、手続主宰者（調停人・あっせん人）が紛争当事者間で、和解が成立することを目指して、その仲介を行う手続である。手続の開始も、最終的な和解を成立させるにも、当事者の合意が必要になる。手続主宰者は、調停案・和解案を出すことがあるが、当事者は、諾否の自由を有している。

調停・和解あっせんが続いている間でも、訴訟を起こすことは可能であり、当事者間に調停型手続を行う旨の合意があったとしても、必ずしも訴訟手続を排除するものではない。なお、民間の調停手続により解決できない場合に訴訟を提起できるという特約がある場合、民間の調停手続を経ずに提起された訴訟が訴訟要件に欠けるものではないとする裁判例もある（東京高判平成23年6月22日判時2116号64頁)。

ADR法5条に基づく認証を受けた認証紛争解決手続（ADR法2条3号）については、和解成立見込みがないことを理由に認証紛争解決手続が終了した場合、終了通知を受け取ってから1か月以内に訴えを提起したときは、当該認証紛争解決手続における請求時に訴え提起があったものとみなし、時効中断時期を遡及させている（ADR法25条1項)。その他、一般の民間の調停型手続には時効中断効も停止効も認められないが、調停型手続の中でも裁判所で行われる民事調停では、調停手続終了後、1か月以内に訴えを提起すれば、時効中断効が認められている（民法151条)。

調停型手続による解決は、民法上の和解契約が成立することになるが、執行力はない。もっとも民事調停における調停調書には裁判上の和解と同一の効力（民事調停法16条）が付与され、家事調停における調停調書には確定判

決と同一の効力（家事事件手続法268条1項）が付与され、それぞれ執行力が認められる（民事執行法22条7号）。

　　ウ　相談・助言
　一方当事者たる相談者のみに助言を提供し、相対交渉その他の方法での解決を促す手続である。
　もっとも、実務的には、相談機関が相手方当事者と連絡を取り、相互の主張を取り次ぐことで、結果的に相対交渉が成立する場合もある。
　その場合でも、相談機関が、相談者・相手方の主張の取り次ぎを行っているに過ぎない場合、相談と分類されよう。
　これに対し、相談機関が、相談者・相手方の和解の成立を目指し、交渉の促進や説得を行う場合には、調停型手続に分類されよう。調停型手続であれば、ADR法の対象となる。

(3)　**ADRの分類**
　　ア　司法型ADR
　裁判所が設置・運営するADRであり、具体的には、民事調停法上の調停、家事事件手続法上の調停などが挙げられる。
　裁判所が関与する調停は、裁判を経ないで、或いは裁判になる前に選択できる身近な解決手段である。紛争解決には、裁判官はもちろん、関与する調停委員も裁判所から任命を受けた弁護士や各種専門家や有識者であり、一般に信頼性の高いものであると捉えられている。また、申立手数料なども安価で、使いやすい手続である。更に、調停調書には執行力が付与されている点も利用者にとってメリットである。すなわち、司法型ADRは、司法に対する信頼、調停委員の資格、手数料の安さ、執行力の付与などが利用につながっていると考えられている。

イ　行政型ADR

　行政機関が設置・運営するADRであり、具体的には、建設工事紛争審査会によるあっせん・調停・仲裁、公害等調整委員会による調停等が挙げられる。

　行政機関がADRを設置することの目的は、その管轄事項についてより効率的・実効的な管理を目指し、更には予防的措置を取ることにより、行政機関が紛争状況における規範を設定し、最終的には政策の実施のレベルを上げるという点にある。すなわち、行政機関は、ADRを通じて、紛争の発生原因、頻発性、事業者名、第三者への影響などを具体的なレベルで把握できることになる。行政機関による紛争解決は、一般的な省令や行政指導の適用によるほか、対処できない綻びを発見し、新たな規範を創設することにも繋がっているのである。

　行政型ADRは、裁判所の調停（司法型ADR）ほどの受理件数がないのが現状である。もっとも、苦情処理・あっせん機関として国民生活センターや各自治体の消費生活センターが、法的情報の提供機能、各種ADR機関の振り分け機関としての機能を果たしている。

ウ　民間型ADR

　民間型ADRは、司法型・行政型以外の全てのADRを包含する。

　民間型ADRについては、大きく分けて、業界型ADR、独立型ADR、混合型ADRの3つの種類に分けられる。

㋐　業界型ADR

　業界型ADRとは、特定の業種に属する事業者や事業者により構成される団体による財政的な負担に基づき設立・運営される機関で、これらの事業者の提供する商品・サービス等にかかる利用者の紛争を対象としてADR手続を提供するものを言う。具体的には、自動車製造物責任相談センターによる和解の斡旋などが挙げられる。

　平成6年に製造物責任法が成立した際、裁判によらない簡易・迅速な解決

を図るべくADRを設置すべきことが附帯決議されたことを契機として、監督官庁の指導のもとでPLセンターと呼ばれる業界型ADRが作られている。その後も、製造業以外の業界にも利用者の紛争のためのADRが創設されている。

業界型ADRは、人的、財政的資源を当該業界に依存している場合があり、このことがADRとしての独立性・中立性に疑念を抱かせる可能性もある。この点、利用者側に費用負担を強いることは難しく、業界側が一定の財政負担をすることはやむを得ない。もっとも、業界型ADRは、手続実施者を弁護士や技術的専門家などの外部者に委託したり、外部の有識者に理事者としてADR機関の運営を委ねるなどして、ADRとしての独立性・中立性の維持を図っている。

業界型ADRは、利用者の権利を効率的・実効的に保護し得るのみならず、事業者にとっても迅速な紛争解決や手続結果のフィードバックによる製品・サービスの改善というメリットがあり、ひいては業界の信用にも繋がっているという側面もある。

(イ) 独立型ADR

独立型ADRは、当事者とは関連性のない者がADR機関を運営するものであり、日本商事仲裁協会や日本海運集会所のような同業者・内部者間の紛争を対象とするADR、弁護士会設置にかかるADR、隣接士業団体による専門領域の紛争を対象とするADR、などに分けることができる。

(ウ) 混合型ADR

混合型ADRは、弁護士会が設置・運営に関与するが、業界団体や関係行政機関と提携したり委託を受けたりする形態によって、ADRサービスを提供するものである。

例えば、指定住宅紛争処理機関は、評価住宅の瑕疵や請負契約の不履行等を対象とするADRで、国土交通大臣が各弁護士会を指定し、㈶住宅リフォーム・紛争処理支援センターを通じて申し立てられる紛争を弁護士会内

部のADRとして扱うものである。

(4) ADRの対象となる紛争

当事者の合意による処分が可能な限りにおいて、民事紛争に限定される必要はなく、法的権利義務にかかる争いである必要もない。

例えば、行政処分を争う紛争であっても、それが行政庁の裁量で撤回できる範囲においてはADRの対象とすることは妨げられない。

また、法律上の争訟（裁判所法3条1項）に該当せず、裁判所の権限が及ばない紛争についても、両当事者の合意があれば、ADRによって解決を図ることが可能である。

(5) 裁判との関係・裁判との違い

ADRも裁判も、共に紛争解決を目的とする制度である点については共通しているが、種々の点で相違点がある。

ア 紛争解決方法

裁判は、（和解による紛争解決もあり得るが）当事者の合意によらずに、強制的に判決を下すこと等により、紛争を解決する方法である。

これに対し、ADRは、当事者の合意により、或いは合意を契機として紛争を解決する手続である。もっとも、当事者の合意がどの時期に存在するかは、ADRの種類によって異なる。ADRのうち、手続開始前にその解決を第三者に委託し、手続終了時に紛争解決の合意が存在しなくても、当該第三者の判断に服する旨の合意がなされるのが仲裁である。手続開始時にはそこまでの合意はなく、手続開始後にそこで示された解決案に対して当事者が合意することで解決が図られるのが調停・和解あっせんの手続である。

第1編　総　論

イ　正当性の根拠

　裁判は、国家権力による強制的な紛争解決方法であるところ、国家権力の行使には法律の根拠を要するとされ、裁判の正当化の根拠は正に法律である。

　これに対し、ADRは、合意に基づく紛争解決方法であり、正当性の根拠は当事者の合意にある。

ウ　解決結果

　判決には、既判力があり、（給付判決の場合）執行力も認められている。

　これに対し、ADRのうち調停・和解あっせんには、裁判という選択肢が残されている限り、必ずしも、既判力、執行力を認める必要性はなく、成立した和解には、既判力、執行力は認められない（但し、裁判所の調停には執行力が認められるが、既判力が認められるかどうかは争いがある。）。

　なお、ADRのうち仲裁については、有効な仲裁合意が存在する場合には裁判による解決が認められないため（仲裁法14条1項）、既判力、執行力を認める必要性がある。そのため、仲裁判断は、原則として確定判決と同一の効力を有し（仲裁法45条1項）、既判力を有するとされている。仲裁判断に基づき強制執行を行うことも可能であるが、そのためには、裁判所の執行決定が必要になる（仲裁法45条1項但書）。

エ　手続の公開・非公開

　裁判は公開が原則であるが、ADRは非公開にすることもできる。実際に、非公開となっているADRが多い。

オ　時効中断効の有無

　訴訟提起には時効中断効が認められている（民法147条1号）。

　これに対し、ADRのうち、仲裁手続による請求は時効中断効を有する（仲裁法29条2項）。また、民事調停・家事調停では調停終了後1か月以内に訴え

を提起すれば時効中断効が認められ(民法151条)、認証紛争解決手続(認証ADR)では手続終了後1か月以内に訴えを提起した場合には認証ADRに基づく請求時に訴えの提起があったものとみなされる(ADR法25条1項)。しかし、これら以外の一般の民間の調停・和解あっせんには、時効中断効も停止効も認められない[2]。

ADRの特徴や裁判との違いなどをまとめたものが以下の一覧表である。

ADRの特徴と裁判との違い

	裁判	ADR	
		仲裁	調停・和解あっせん(調停型手続)
内容	当事者の合意によらずに進められる紛争解決手続	当事者間の仲裁合意に基づき、進められる裁判外紛争解決手続	手続主宰者が紛争当事者間で、和解成立を目指して、仲介を行う手続
当事者の合意	不要	手続開始前に必要	手続の進行及び和解成立時に必要
別訴提起	不可(民事訴訟法142条)	訴えは却下される(仲裁法14条1項)	可能
対象となる紛争	法律上の争訟(裁判所法3条1項)	当事者の合意による処分が可能な限りにおいて民事紛争に限定される必要はなく、法的権利義務に係る争いである必要もない	
紛争解決方法	裁判所の判決、決定、命令による紛争解決	紛争解決方法に関する当事者の合意を契機とする仲裁判断に基づく紛争解決	当事者間の合意により紛争解決
正当性の根拠	法律を根拠とする	当事者間の合意による	

---

2) 調停・和解あっせんの申立てが催告(民法153条)に該当する可能性はある。

既判力	認められる	認められる	・原則として認められない ・但し、調停調書に既判力が認められるかどうか争いがある
執行力	認められる（民事執行法22条1号）	執行決定により、認められる（民事執行法22条6号の2）	・原則として認められない ・但し、調停調書には執行力が認められる（民事調停法16条、家事事件手続法268条1項）
手続の公開	公開が原則	非公開とされる場合が多い	
時効中断効	時効中断効あり（民法147条1号）	時効中断効あり（仲裁法29条1項）	・時効中断効なし ・認証紛争解決手続は終了後1か月以内に訴え提起した場合には、認証紛争解決手続における請求時に訴え提起があったとみなされる（ADR法25条1項） ・民事調停法、家事事件手続法による調停の申立は、終了後1か月以内に訴訟提起すれば、時効中断効が認められる（民法151条） ・その他、特別法により時効中断効が認められる場合がある

2 ADR法について

(1) 制定の経緯

　2001年、司法制度改革審議会は意見書を公表し、その中で、裁判機能の充実に加えて、ADRが国民にとって裁判と並ぶ魅力的な選択肢となるよう、その拡充・活性化を図るべきであると記載された。その後、司法制度改革推進本部の下に設置されたADR検討委員会において、具体的な制度化の議論

2 ADR法について

が進められ、2004年6月、基本的な考え方と民間紛争解決業務の認証制度を中核とする法制立案のとりまとめがなされた。そして、2004年10月、「裁判外紛争解決手続の利用促進に関する法律案」が国会に提出、可決され、2007年4月1日に施行された。

(2) ADR法の全体構造

ADR法は、大きく分けて、①目的（1条）、定義（2条）、基本理念等（3条）、国等の責務（4条）を明らかにした総則規定（第1章）と、②民間ADRの業務の認証に関する諸規定（第2章以下）の2つの部分から構成されている。

総則規定（第1章）は、ADR全般に関する基本法としての規定であり、民間型ADRのみならず、司法型ADR、行政型ADRにも適用され、更には、調停か仲裁かの手続の種別も問わないため仲裁法に基づく仲裁にも適用される。

これに対し、認証に関する諸規定（第2章以下）の対象は、民間型ADRのみであり、かつ他の法律の規定対象になっていないものに限られる。認証に関する諸規定（第2章以下）は、民間型の調整型ADRに関する特別規定になる。

(3) 認証制度

認証とは、主務大臣（法務大臣）において、民間紛争解決手続の業務を行う者が当該業務を行うについて、その適格性を確保するために必要な法定の要件を具備しているかどうかについて審査し、これを具備している場合に行う、その旨の認定判断又はその表示を意味する。

認証制度を設けたのは、紛争の当事者がその解決を図るのにふさわしい手続を選択することを容易にし、もって国民の権利利益の適切な実現に資するためである。

認証の対象となるのは、民間紛争解決手続を業として行う者の業務である（ADR法5条）。この点、「民間紛争解決手続」とは、「民間事業者が紛争の当事者が和解をすることができる民事上の紛争について、紛争の当事者双方

第1編　総　論

からの依頼を受け、当該紛争の当事者との間の契約に基づき、和解の仲介を行う裁判外紛争解決手続」を意味する（ADR法2条1号）。従って、民間事業者ではない者が行う、司法型ADR、行政型ADRは認証の対象外である。また、民間型ADRのうち仲裁については認証の対象外である。

認証を受けるかどうかは、各ADR機関の任意である（ADR法5条）。

(4)　**認証基準**

認証基準は、民間紛争解決手続を業務として公正かつ適正に実施することができるか否かに関して定められており、具体的には、以下のとおりADR法6条に規定されている。

ア　各機関が扱うことができる紛争の範囲が明示されていること（ADR法6条1号）

イ　紛争範囲に対応して、適切な手続実施者が選任できるような体制が整っていること（ADR法6条2号）

ウ　手続実施者の選任に当たって、公正性を確保する方法が定められていること（ADR法6条3号）

エ　申請者の実質的支配者又は申請者が手続実施者に対して、不当な影響を及ぼさないような措置が設けられていること（ADR法6条4号）

オ　弁護士以外の者が手続実施者となる場合、弁護士の助言を受けることができるような措置が定められていること（ADR法6条5号）

カ　当事者への通知について、相当な方法が定められていること（ADR6条6号）

キ　標準的な手続の進行が定められていること（ADR法6条7号）

ク　紛争当事者がADR機関に対して手続実施依頼する場合の要件・方式が定められていること（ADR法6条8号）

ケ　紛争の一方当事者から手続実施依頼を受けた場合、他方当事者に対してその旨を通知し、他方当事者も手続実施を依頼するかどうか確認する

ための手続が定められていること（ADR法6条9号）
コ　提出された資料の保管、返還、その他の取扱いが定められていること（ADR法6条10号）
サ　陳述される意見、提出ないし提示される資料、手続実施記録に含まれる当事者ないし第三者の秘密について、秘密の性質に応じて保持する方法が定められていること（ADR法6条11号）
シ　紛争当事者がADR手続を終了させるための手続・要件について定められていること（ADR法6条12号）
ス　手続実施者がADR手続によっては和解成立の見込みがないと判断した場合、速やかにADR手続を終了し、その旨紛争当事者に通知することが定められていること（ADR法6条13号）
セ　ADR業務に関して知り得た秘密を保持するための措置をADR機関の役員、代表者、代理人、使用人、従業員、手続実施者に対して定めていること（ADR法6条14号）
ソ　ADR機関が受ける報酬・費用がある場合に、算定方法、支払方法、その他必要事項が定められており、これが著しく不当ではないこと（ADR法6条15号）
タ　ADR業務に関する苦情の取扱いについて定められていること（ADR法6条16号）

なお、ADR法7条各号に規定されている欠格事由に該当する場合には、当該機関は認証を受けることができない。

(5)　**認証の状況**

平成29年1月時点において、146の事業者が認証を受けて活動しているが、内訳は以下のとおりである。

第1編　総　論

士業団体	117事業者
公益を含む社団・財団法人	18事業者
NPO法人	5事業者
その他の団体	6事業者

上記士業団体の属性は以下のとおりである。

社会保険労務士会	45事業者
司法書士会	29事業者
土地家屋調査士会	22事業者
行政書士会	15事業者
弁護士会	6事業者

また、認証紛争解決手続で扱われている事件については、労働関係紛争、金融取引に関する紛争、医療等に関する紛争が多い。

(6) **認証の効果**

ア　時効中断効（ADR法25条）

認証紛争解決手続を実施したが紛争が解決しなかった場合、その手続中に消滅時効期間の満了により、紛争当事者が有する権利が時効消滅するとすれば、認証紛争解決手続を利用しようとするインセンティブが働きにくくなる。

そこで、認証紛争解決手続については、以下の全ての要件を満たした場合には、当該手続における請求時に訴えの提起があったものとみなし、時効中断効が認められている（ADR法25条1項）。

① 認証紛争解決手続が実施されたこと
② 合意が成立する見込みがないことを理由に手続実施者が当該手続を終了したこと
③ 手続終了の通知時から1か月以内に手続の実施依頼当事者が訴えを提起したこと
④ 上記訴えが認証紛争解決手続の目的となった請求についてのものであ

ること

　時効中断という強力な効果を全てのADR一般に認めることは困難であり、これを認めるにはADRとしての公正性や実効性がある程度担保されているものであることが必要である。そこで、認証紛争解決手続に限定して、時効中断効を認めたのである。

　イ　訴訟手続の中止（ADR法26条）
　当事者間に、訴訟と認証紛争解決手続が並行して係属すると、当事者の労力、費用、時間等の負担が大きい。
　そこで、訴訟の対象となっている紛争について、①当事者間に認証紛争解決手続が実施されているか、或いは、②認証紛争解決手続によって当該紛争の解決を図る旨の合意がある場合、裁判所は、当事者の共同の申立てにより、4か月以内の期間を定めて、訴訟手続を中止する旨の決定を行うことができる（ADR法26条1項）。

　ウ　調停前置の特例（ADR法27条）
　家事事件手続法（257条）や民事調停法（24条の2）は、一定の類型の紛争について、訴訟提起の前に家事調停・民事調停において当事者間で利害関係の調整等を行うことを適当として、調停前置主義を採用している。
　しかし、これらの調停前置事件に関して、ADR手続を利用した紛争が決着しなかった場合でも、なお裁判所の調停申立てをする必要があるとすると、当事者に二重の労力・費用を強いることになる。
　そこで、当事者が訴訟提起前に当該事件について認証紛争解決手続の実施を依頼し、かつ、認証紛争解決手続によっては当事者間に和解が成立する見込みがないことを理由に認証紛争解決手続が終了した場合には、そのまま訴訟提起することが認められた（ADR法27条）。

第1編　総　論

エ　弁護士法72条の特例（ADR法28条）

　ADR（裁判外紛争解決手続）には法的な知見だけでなく、対象事件に関する専門的知見なども要求され、様々な専門家がADR業務に参入することが期待される。

　しかし、弁護士法72条は、弁護士・弁護士法人でない者が報酬を得る目的で、和解その他の法律事務を取扱い又はこれらを周旋することを業とすることを禁じており、罰則規定も設けられている（弁護士法72条、77条3号）。

　そこで、認証紛争解決手続については、弁護士法72条の例外として、認証紛争解決事業者（手続実施者を含む）は、認証紛争解決手続の業務を行うことに関し、報酬を受け取ることが認められている（ADR法28条）。これにより、認証紛争解決手続には、様々な専門家が報酬を得て、ADRの業務を行うことが可能となった。

3　ADRを巡る諸問題

(1)　士業の代理権に関して

　弁護士・弁護士法人でない者が、報酬を得る目的で、業としてADR手続を代理したりする場合、弁護士法72条に違反する可能性がある。

　しかし、ADR手続の代理人に必要な専門的知見は、必ずしも法律的な知見だけではなく、紛争分野の専門的知見や交渉の仲介に関する専門的知見も必要な知見である。

　そこで、内閣の下に設置されたADR検討会においても、隣接士業に対する代理権の付与の要否が検討され、最終的には、司法書士、弁理士、土地家屋調査士、社会保険労務士については、以下のとおり代理権が認められた。なお、その他の隣接士業である税理士、不動産鑑定士、行政書士については、紛争性のある業務の実績がないという理由で、将来の検討課題とされている。

3 ADRを巡る諸問題

ア　司法書士

　認定司法書士（簡裁訴訟代理等関係業務に関する研修を受け、法務大臣の認定を受けた司法書士。司法書士法3条2項）は、140万円以下の訴額の民事紛争に関するADRについて代理権が認められている（司法書士法3条1項7号）。

イ　弁理士

　弁理士は、特許、実用新案、意匠、商標、回路配置若しくは特定不正競争に関する事件又は著作物に関する権利に関する事件の裁判外紛争解決手続であって、経済産業大臣が指定するものについて代理権が認められている（弁理士法4条2項2号）。具体的には、日本知的財産仲裁センター、日本商事仲裁協会において代理権が認められている。

ウ　土地家屋調査士

　土地家屋調査士は、土地の境界が明らかでないことを原因とする民事紛争に関するADRであって法務大臣が指定するものについて代理権が認められている（土地家屋調査士法3条1項7号）。もっとも、代理業務を行うためには、民間紛争解決手続代理関係業務に関する研修を受け、法務大臣の認定を受けた土地家屋調査士であって、弁護士が共同受任している場合に限られる（土地家屋調査士法3条2項）。

エ　社会保険労務士

　紛争解決手続代理業務試験に合格し、かつ、登録に紛争解決手続代理業務の付記を受けた社会保険労務士（特定社会保険労務士）は、社会保険労務士法2条1項1号の4〜6に記載された代理業務を行うことが認められている（社会保険労務士法2条2項）。

(2) 利用者数について

司法型ADRは多数の国民に利用されているものの、民間型ADRは一部を除いて利用実績が伸びているとは言えず、必ずしも紛争解決手段として定着しているとは言い難い状況にある。その理由として、以下のような点が指摘されており、今後の課題である。

① 裁判外紛争解決手続の意義や役割について、国民の理解が十分に得られていないこと（PR不足）
② 民間型ADRに関する情報が十分ではなく、中立性や信頼性に対する疑問から利用が躊躇されていること
③ 民間型ADRの利用には認証を受けていない限り時効中断効が伴わず、効果に疑問が残ること

4 ADRの活用法

(1) ADRの活用が見込まれる紛争

一般に、ADRは裁判に比べて、①簡易・迅速で廉価な解決ができる、②多様な分野の専門家の知見を活かした解決ができる、③法律上の権利義務の存否にとどまらない実情に沿った解決ができる、といった特長があるとされている。

もっとも、手続が簡易・迅速であることは、手続の慎重さや当事者の手続保障を一定程度犠牲にしているとも考えられる。そして、専門家の知見を活かした充実したADRを実施しようとすればするほど費用がかさむという懸念もある。また、実情に沿った解決ができることは当事者からみて紛争解決の予測が困難になる、といった問題点にもなり得る。

従って、類型的には、少額事件のように慎重さを多少犠牲にしても簡易・迅速な解決が必要な事件、医療過誤や建築紛争事件のように紛争解決に一定の専門的知見が必要な事件、家事事件や隣人紛争のように人間関係の維持が

4 ADRの活用法

重要で宥和的な解決が望まれる事件、交通事故の損害賠償請求事件のように裁判で確立しているルールが存在し、一定の予測可能性が見込まれる事件などでADRの活用が期待されると言える。

(2) 片面的義務があるもの

ADRの中には、相手方に義務を負わせているものも存在する。ADRは、原則として相手方に手続に応諾する義務はないため、話し合いを拒む相手方には効果的な手続ではない。また、ADRでは、和解するかどうかの最終的な決定権は当事者が有しており、調停案が示されたとしても当事者はこれを拒むことができるのが原則である。

この点、詳細は各論に譲るが、例えば、交通事故紛争処理センターにおける和解あっせんにおいては、保険会社等は、和解あっせんの場に出席することになっている[3]。また、交通事故紛争処理センターにおける審査会の裁定について、申立人は裁定に拘束されないが、保険会社等は審査会の裁定を尊重することになっている[4]。

その他にも、金融ADRにおいては、金融機関には手続応諾義務、手続協力義務（報告書作成義務、資料・物件の提出義務）が課されている。また、特別調停案についても、顧客はこれを拒否することができるが、金融機関は原則として受諾義務を負っている。

このように、当事者の一方に片面的義務を負わせることを内容とするものについては、実務上の利用価値は高いと言えよう。

(3) 専門家の関与・専門的な調査の制度があるもの

ADRの中には、手続実施者として専門家が関与する場合や専門家による

---

3) 各論では、手続応諾義務と記載されている。
4) 各論では、尊重義務、受諾義務などと記載されている。

調査等がなされるものも存在する。

詳細は各論に譲るが、例えば、住宅紛争審査会では紛争処理委員は建築士や弁護士などで構成され、必要に応じて鑑定や現地調査などが原則として住宅紛争審査会の費用で実施されている。

また、ソフトウェア紛争解決センターでは、専門的知見を有する「単独判定人[5]」が単独の申立人が申し立てた事項について判定を行う単独判定の手続や、「中立評価人[6]」が技術的な事項や法律的な問題等についての判断や解決案の提示を行う中立評価の手続などが用意されている。

このように、当該紛争に関する専門家が関与し、その専門的な知見を利用して、鑑定、調査、評価等を実施することが可能であるものについても、実務上の利用価値は高いと言えよう。

(4) まとめ

紛争解決手段としてADRを選択するに当たっては、それぞれのADRの特性（簡易迅速性、手続費用が廉価であること、専門性、片面的義務の有無、鑑定・調査等の有無）をよく理解した上で、紛争解決を目指すに当たって、その特性を上手く利用することが重要であると言える。

---

[5] 実務経験が10年以上の弁護士、弁理士やソフトウェア技術関係者から選任される。
[6] 同様に、実務経験が10年以上の弁護士、弁理士やソフトウェア技術関係者から選任される。

第2編
分野別の各ADR

第2編 分野別の各ADR

第1章
交通事故

❶ 交通事故紛争処理センター

> 名　　称　交通事故紛争処理センター
> 事業者名　公益財団法人　交通事故紛争処理センター
> 住　　所　新宿区西新宿2-3-1　新宿モノリスビル25階
> TEL：03-3346-1756　　URL：http://www.jcstad.or.jp

概　要

　　交通事故被害者の公平かつ迅速な救済を目的として、損害賠償に関する和解あっ旋及び審査業務を行う公益財団法人である。昭和49年2月に発足した交通事故裁定委員会を前身として、平成24年4月に公益財団法人となった実績のある団体である。

ポイント

・交通事故分野で最も利用者が多い代表的なADRである。
・和解あっ旋と審査会審査・裁定の2本立てである。
・協定に基づく事実上の手続応諾義務・片面的遵守義務がある。
・訴訟に比べて簡易・迅速である。しかし、遅延損害金や弁護士費用の請求は認められない。

1　取り扱う紛争の範囲

(1) 利用対象となる紛争

自動車事故の被害者と加害者が契約する保険会社又は共済組合（以下「保

険会社等」という。）との間の示談を巡る紛争が利用対象である。紛争の相手方は加害者の契約する保険会社等であるから、加害者が任意保険に加入していない場合は、原則として、利用対象外である。利用対象外等となる紛争は、次の(2)及び(3)に記載のとおりである。

(2) **利用対象外である紛争**
ア 既に調停又は訴訟手続係属中であるとき
イ 他のADR機関に和解（示談）のあっ旋を申し込んでいるとき
ウ 自転車と歩行者、自転車と自転車の事故による損害賠償に関する紛争
エ 搭乗者傷害保険や人身傷害補償保険等、自己が契約している保険会社又は共済組合との保険金、共済金の支払いに関する紛争
オ 自賠責保険（共済）後遺障害の等級認定に関する紛争

(3) **原則として利用対象外となる紛争**（ただし、自動車事故の加害者、保険会社又は共済組合が同意した場合は例外的に手続を行う場合がある）
ア 加害者が任意自動車保険（共済）契約をしていない場合
イ 加害者が契約している任意自動車保険（共済）の約款に被害者の直接請求権の規定がない場合
ウ 加害者が契約している任意自動車共済が、JA共済連（全国共済農業協同組合連合会）、全労済（全国労働者共済生活協同組合連合会）、交協連（全国トラック交通共済協同組合連合会）、全自共（全国自動車共済共同組合連合会）及び日火連（全日本火災共済協同組合連合会）以外である場合

(4) **和解あっ旋の停止**
　和解あっ旋を行うためには、損害賠償額が確定できる状態になければならない。そのため、和解あっ旋手続が開始された後に、事故直後や治療中、或いは後遺障害等級が未定等、いまだ示談をする時期に至らない段階であるこ

とが判明した場合には、手続は停止される。

2 手続

(1) 手続利用申込み（相談）

交通事故紛争処理センター（以下「センター」という。）を利用するためには、電話での相談予約申込みを行い、申立人がセンターを来訪して、利用申込書・資料を提出し、相談担当弁護士による面談相談を行う。

なお、ここでいう面談相談とは、被害者本人が和解あっ旋申込みをするための相談であり、一般的な法律相談ではない。申立人に代理人弁護士がいる場合には、面談相談が不要であるため、面談相談を行わずに和解あっ旋期日が設けられる。

また、申立人は被害者に限られており、加害者からの申立ては認められない。

(2) 和解あっ旋

センターから相手方への期日連絡を行い、双方出席の下、相談担当弁護士（中立公正な第三者の立場）による和解あっ旋案が提示される。その際は、裁判基準で損害額が算定される。

なお、保険会社等は訴訟への移行を申し出ることができる（訴訟移行手続）が、訴訟移行の可否はセンターが審議することになる。センターの審議中、和解あっ旋手続は一旦中断し、訴訟で解決を図ることが適当とセンターが判断した場合（例えば、事故状況を明らかにする資料がない場合や、事故とケガとの相当因果関係が明らかでなく高度な医学的判断が必要な場合等）、和解あっ旋は終了になる。センターが訴訟移行を認めない場合は、再び和解あっ旋が開始される。但し、訴訟移行が認められる場合は限定的であるから、保険会社も訴訟移行の申立ての是非について慎重に判断している。

(3) 和解あっ旋合意成立

あっ旋案の合意がなされれば、和解成立により終了し、示談書又は免責証書が作成される。

(4) 和解あっ旋不調後の審査会審査

あっ旋不調（あっ旋案不同意）の場合、審査申立てがなされれば、審査に移行し、審査会裁定がなされる。

申立人は、裁定告知を受けた日から14日以内に同意又は不同意を回答する必要があるが、申立人が裁定不同意の場合にはセンターでの手続は終了となる。

これに対し、申立人が裁定に同意した場合には、保険会社等は審査会の裁定を遵守することになっているため、和解が成立することになる。

3 費　用

相談費用や和解あっ旋、審査申立ての費用は無料である。

但し、交通事故証明書や診断書等、紛争を解決するために必要な資料等の準備費用、センターに出席するための自身の交通費、通信費等の実費は申立人の負担である。

4 手続の場所や管轄

手続の申込みは、原則として、申立人の住所地又は事故地に対応した本部・支部又は相談室に対して行う。

具体的には、東京本部、札幌支部、仙台支部、さいたま相談室、名古屋支部、静岡相談室、金沢相談室、大阪支部、広島支部、高松支部、福岡支部があり、申立人や保険会社等は、管轄の本部・支部又は相談室に出頭して手続を行うことになる。

5 取扱件数・傾向等

(1) 取扱件数

年度	相談数	あっ旋和解成立数	審査和解成立数
平成24年度	24,498件	6,982件	626件
平成25年度	22,811件	6,624件	661件
平成26年度	22,285件	6,658件	601件
平成27年度	21,571件	6,517件	597件
平成28年度	19,980件	5,911件	595件

※相談件数には、新受件数のほか、再来も含む。

(2) 傾向等

センターが発足した昭和49年以来平成28年度までに受け付けた相談取扱件数（新受件数）は、約223,000件である。そのうち、約149,000件について示談が成立している。和解あっ旋・審査により終了した事案に対する示談成立の割合は約9割となっており、センターを利用することにより、多くの事例が解決に導かれていると言える。

6 特徴等

(1) 時効中断効

センターは、ADR法に基づく法務大臣の認証を受けていない（非認証）ため、ADR法25条1項による時効中断効はない。

時効中断効を得るためには、別途、法定の時効中断手続をとる必要があり、注意が必要である。

(2) 手続応諾義務

センターと協定を締結している保険会社等との間では、交通事故被害者か

第1章 交通事故

らセンターに和解あっ旋の申込みがあった場合、保険会社等が積極的に出席をすることが合意されており、事実上の義務となっている。

センターと協定を締結している保険会社等は、損害保険会社については、日本損害保険協会又は外国損害保険協会に加盟する保険会社が対象となり、ほぼ網羅されるが、共済については以下に記載の共済のみが対象となる。

- 全国労働者共済生活協同組合連合会（全労済）
- 全国共済農業協同組合連合会（JA共済連）
- 全国トラック交通共済協同組合連合会（交協連）
- 全国自動車共済共同組合連合会（全自共）
- 全日本火災共済共同組合連合会（日火連）

(3) 片面的遵守義務

審査会による裁定に対して申立人は拘束されないが、申立人が裁定に同意した場合、保険会社等は、審査会の裁定を遵守することとされており、和解が成立することとなる。審査結果に拘束されるのは、センターと協定を締結している損害保険会社や共済であり、前記(2)に記載のとおりである。

なお、物損の審査・裁定においては、申立人から、審査会の裁定に従う旨の同意書を予め提出することが必要となる場合があり、その場合には、申立人も審査会の裁定に拘束されることになる。

7 センターと日弁連交通事故相談センターとの相違

(1) 損害保険会社との協定の有無

センターは、前記6、(2)に記載のとおり、ほぼすべての損害保険会社を網羅した協定を締結しているため、和解あっ旋が不調になった場合でも、審査申立てをすることによって、損害保険会社に対して拘束力のある裁定を受けることが可能である。

これに対し、日弁連交通事故相談センター（以下「日弁連センター」という。）

は、損害保険会社との協定は締結していない。そのため、加害者が加入している損害保険会社との示談あっ旋が不調となった場合、審査申立ての手続をとることなく、不調により終了となる。

(2) 日弁連センターが協定等を締結している共済

ア 日弁連センターにおいて審査委員会の評決を尊重することとなっている共済は、以下の9共済である。

① 教職員共済生協（教職員共済生活協同組合）の自動車共済
② 交協連（全国トラック交通共済協同組合連合会）の自動車共済
③ JA共済連（全国共済農業協同組合連合会）の自動車共済
④ 自治協会（全国自治協会）・町村生協（全国町村職員生活協同組合）の自動車共済
⑤ 自治労共済生協（全日本自治体労働者共済生活協同組合）の自動車共済
⑥ 市有物件共済会（全国市有物件災害共済会）の自動車共済
⑦ 全自共（全国自動車共済協同組合連合会）の自動車共済、全自共と日火連（全日本火災共済協同組合連合会）の自動車総合共済MAP（共同元受）
⑧ 全労災（全国労働者共済生活協同組合連合会）のマイカー共済
⑨ 都市生協（生活協同組合全国都市職員災害共済会）の自動車共済

イ これに対し、センターとの協定で裁定を遵守することとなっている共済は、上記②、③、⑦及び⑧である。

(3) 自転車事故

センターも日弁連センターも、原則として、自転車事故は取り扱わない。ただし、日弁連センターでは例外的に、平成18年8月1日以降自転車賠償責任補償特約が付保されている全労済の「マイカー共済」については、示談あっ旋を受け付けている。

(4) **窓口の数**

日弁連センターは、各弁護士会と連携して支部を設けているため、各弁護士会に1つ若しくは複数の支部が設置されており、センターに比べて相談窓口が多く設けられている。

(5) **法律相談の可否**

日弁連センターは法律相談を実施しており、相談のみで利用することも可能である。

センターは、あくまでも和解あっ旋・審査申立てのための相談を実施しているのみであるから、法律相談を受けたい場合には、日弁連センターを利用する必要がある。

8 利用のメリット等

(1) 和解あっ旋に適している事案は、基本的事実関係について深刻な対立がなく、専ら損害額の算定について、被害者と保険会社等との間で争いが生じている場合である。特に、センターとの協定がある保険会社等は、最終的にセンターの裁定に拘束されることから、和解あっ旋前には保険会社内の基準に拘っていた保険会社等が、和解あっ旋の場では、センターの担当者が提案した裁判所基準での慰謝料額の支払いに応じることが多い。

また、判決を念頭において主張・立証を行う訴訟手続とは異なり、和解あっ旋では当初より和解による早期解決を目指していることから、訴訟手続に比べて柔軟な対応を期待できることがある。例えば、後遺障害等級14級に該当する神経症状に関する逸失利益について、個別具体的な事情を斟酌し、労働能力喪失期間を通常よりも延長してもらったケースもある。

(2) 通常、訴訟で損害額等を争う場合には、訴訟提起から解決に至るまで1年以上を要することも少なくない。センターでは、和解あっ旋の2回目に争点整理をし、3、4回目の期日で和解案が提示されることが多いため、3

回以内に和解あっ旋が成立する割合が70％、5回以内に和解あっ旋が成立する割合が90％であり、期間にして3か月から半年程度で解決する場合が多い。従って、全体的に訴訟よりも解決までの期間が短いと言える。

ただし、訴訟では、事故発生時からの遅延損害金や弁護士費用の一部の請求が認められることがあるのに対し、センターでは、訴訟手続とは異なるという理由から、和解あっ旋・審査のいずれにおいても、遅延損害金や弁護士費用は認められていない。

9 まとめ

センターを利用するメリットとして、無料であること、センターと協定を締結している保険会社等が和解あっ旋案を遵守すること、相談担当弁護士及び審査員が交通事故の損害賠償問題に精通していること、早期解決が期待できること等が挙げられる。反面、デメリットとしては、前記2、(2)に記載のとおり、場合によっては、相手方となる保険会社等から訴訟移行の申立てをされる可能性があり、センターが訴訟移行を容認すれば、和解あっ旋は不調で終わり、訴訟に移行する可能性があることが挙げられる。そのため、前記2、(2)に記載されているような事案でセンターを利用するには、応訴の負担を負う可能性があることを、事前に申立人本人に説明しておく必要がある。

また、申立てには時効中断効がないことから、申立前に、紛争の解決に至る見込みを十分に検討し、時効の管理には注意を払う必要がある。

❷ 日弁連交通事故相談センター

```
名    称   日弁連交通事故相談センター
事業者名   公益財団法人　日弁連交通事故相談センター
住    所   東京都千代田区霞が関1丁目1番3号　弁護士会館14階
```

第1章　交通事故

TEL：03-3581-4724（事務局）　　URL：http://www.n-tacc.or.jp

概要

　　日弁連交通事故相談センター（以下「センター」という。）は、日本弁護士連合会（以下「日弁連」という。）が、昭和42年に自動車事故に関する損害賠償問題の適正かつ迅速な処理を促進し、もって公共の福祉の増進に寄与することを目的として財団法人日弁連交通事故相談センターとして設立し、平成24年4月に内閣府から公益法人認定を受け、公益財団法人日弁連交通事故相談センターへと移行した。

　　センターは、東京に本部が、各地の弁護士会内に54の支部が設置されており、現在155か所の相談所で無料法律相談を、39か所の本・支部で示談あっせん及び審査を実施している。

　　交通事故に関する示談あっせん（当事者間の示談成立のためのあっせん）及び審査（示談案の提示）のほか、無料相談、調査・研究（損害賠償額算定基準の発行など）の業務も行っている。

　　運営費の大半が国庫補助金と弁護士などからの寄付金でまかなわれている。

ポイント

・無料で利用できる。
・示談あっせんの対象事案が限定されている。
・関係9共済（後述）については、協定により示談あっせん手続に応じることとなっており[1]、示談あっせんが不成立の場合、審査手続へ移

1）　一般社団法人日本損害保険協会加盟保険会社には、手続応諾義務がない。栃木県において保険会社による不応諾件数と申出受理件数を調査したところ、平成26年度：不応諾1、申出受理件数34、平成27年度：不応諾2、申出受理件数22、平成28年度：不応諾0、申出受理件数22、平成29年度（但し3月9日現在）：不応諾0、申出受理件数12、であった。

行することができる。

1 取り扱う紛争の範囲

(1) 示談あっせんの対象は、自賠責保険又は自賠責共済に加入することを義務付けられている車両による「自動車」事故事案に限定される。ただし、全労済の「マイカー共済」については、平成18年8月1日以降自転車賠償責任補償特約が付保されている場合、被共済者が所有、使用又は管理する自転車を被共済自動車とみなし、自転車事故についても示談あっせんが可能となっている。

(2) 人損事案又は人損を伴う物損事案であれば、自賠責保険・自賠責共済のみ又は無保険の事案でも利用可能である。

(3) 物損のみの事案は、損害賠償義務者が、以下の関係9共済か一般社団法人日本損害保険協会加盟保険会社（H30.1現在）のSAP（自家用自動車総合保険）等の対物示談代行付の保険に加入している場合に対象となる。

【関係9共済】

- 教職員共済生協（教職員共済生活協同組合）の自動車共済
- 交協連（全国トラック交通共済協同組合連合会）の自動車共済
- JA共済連（全国共済農業協同組合連合会）の自動車共済
- 自治協会（全国自治協会）・町村生協（全国町村職員生活協同組合）の自動車共済
- 自治労共済生協（全日本自治体労働者共済生活協同組合）の自動車共済
- 市有物件共済会（全国市有物件災害共済会）の自動車共済
- 全自共（全国自動車共済協同組合連合会）の自動車共済、全自共と日火連（全日本火災共済協同組合連合会）の自動車総合共済MAP（共同元受）
- 全労災（全国労働者共済生活協同組合連合会）のマイカー共済
- 都市生協（生活協同組合全国都市職員災害共済会）の自動車共済

【一般社団法人日本損害保険協会加盟保険会社】

第1章 交通事故

- あいおいニッセイ同和損害保険株式会社
- アクサ損害保険株式会社
- 朝日火災海上保険株式会社
- イーデザイン損害保険株式会社
- AIG損害保険株式会社
- SBI損害保険株式会社
- 共栄火災海上保険株式会社
- セコム損害保険株式会社
- セゾン自動車火災保険株式会社
- ソニー損害保険株式会社
- 損害保険ジャパン日本興亜株式会社
- そんぽ24損害保険株式会社
- 大同火災海上保険株式会社
- 東京海上日動火災保険株式会社
- 日新火災海上保険株式会社
- 三井住友海上火災保険株式会社
- 三井ダイレクト損害保険株式会社

2 手続

(1) 概　要

　示談あっせん手続は、損害賠償の金額面で相手方と折り合いがつかないときに、センターの委嘱する弁護士が双方の間に入り、判例や「交通事故損害額算定基準」などを参考に、公正中立の立場から、短期間のうちに、適正な賠償額による示談が成立するよう援助するものである。

(2) 面接相談・示談あっ旋の申出

　示談あっせんを希望する者は、面接相談を経た上で、「示談あっ旋申出書」

第2編　分野別の各ADR

に必要事項を記載するなどの手続を行う（当事者の代理人である弁護士又は認定司法書士からの持ち込みの場合、面接相談は不要である。）。

なお、本ADRは法務大臣の認証を受けておらず、示談あっせん手続の申出に時効中断効はないので、時効の管理には注意が必要である。

(3) 示談あっせん申出が受理されない場合

以下の事由に該当する場合には、示談あっせん申出は受理されない。

① 調停又は訴訟手続が係属中であるとき
② 他の機関のあっせんを申し出ている事案であるとき
③ 不当な目的により申出をしたものであると認められるとき
④ 当事者が権利又は権限を有しないと認められるとき
⑤ 弁護士法第72条（非弁護士の法律事務の取扱い等の禁止）違反の疑いがある者からの申出であるとき
⑥ その他示談あっせんを行うに適当でないと認められるとき

(4) 手続応諾義務等

申込みをした後、示談あっせんを受理したセンターの事務局から相手方に対し、示談あっせんに応じるか否かの確認を書面で行い、相手方に示談あっせんに応じる意思があることが確認されると、示談あっせんを担当する弁護士が決定される。なお、関係9共済については、日弁連との協定により示談あっせんに応じることとなっている[2]。

公平を担保するために、相談と示談あっせんは別の弁護士が担当する。

(5) あっせん期日

第1回のあっせん期日は申出から3～4週間後であり、3回程度で示談に

---

2) 脚注1）参照。

至ることが目標とされている。示談あっせん担当弁護士は、申出人及び相手方双方の事情を聴取し、調整を図り、積極的に示談案を提示し、第2回期日には成否の見込みを立て、第3回期日には結論を出すように努めることとされている[3]。なお、申出人はいつでもあっせんの申出を取り下げることが可能である。

申出人及び相手方の間で合意に達したときは、示談あっせん担当弁護士において「示談契約書」又は「免責証書」を作成し、申出人及び相手方に交付する。

当事者の一方が合意することを拒否した場合は、その時点であっせん手続は終結し、示談は不成立となる。後述する審査手続に移行できる場合以外は、手続はこれで終了することとなる。

(6) 審査手続

日弁連と関係9共済の各協定に基づき、センターが行った関係9共済の示談あっせんが不成立となった事案のうち、①関係9共済が当事者の一方(被共済者)の代行をしているもので、被害者から審査の申出があったとき、又は、②被共済者から審査の申出があったものにつき、被害者がその申出に同意したときに、センターが審査業務を行うことになる。

審査を希望する者は、「審査申出書」に必要事項を記載するなどの手続を行うが、①当該事案が調停又は訴訟手続に係属中であるとき、②審査が不相当又は適しないと認められるときは、審査を受理しない。

審査は、3名以上の審査委員によって構成される審査委員会が、原則とし

---

3) 栃木県において調査したところ、次のとおりであった。平成26年度：申出受理件数34、あっせんの終了までの期日が1回：14件、2回：18件、3回：1件。
　平成27年度：申出受理件数22、あっせんの終了までの期日1回11件、2回8件、3回1件。
　平成28年度：申出受理件数22、あっせんの終了までの期日が1回：17件、2回3件、3回2件。

て申出のあった日から14日以内に第1回委員会を開催し、すみやかに審査業務を実施する。

審査委員会は、原則として当事者双方、関係共済及び担当弁護士の出席を求めて説明及び意見聴取をする。

また、審査委員会は、当該事案につき審査委員又は担当弁護士に事実の調査を行わせることができる。なお、申出人はいつでも審査を取り下げることができる（但し、被共済者が申出人の場合は、取下げについて被害者の同意が必要である。）。

審査委員会は、評決に至るまでに示談あっせんを試みるが、合意に至らない場合は、審査の結果を当事者双方に告知し、告知に対する同意又は不同意の意思表示を、告知を受けた日から14日以内に回答するよう告げる。

当事者双方が上記期間内に同意又は不同意の意思表示をしないときは不同意とみなされる。

被害者側が審査結果に同意するか否かは自由である一方、加害者側の関係9共済は、被害者側が審査結果に同意したときは、審査意見（評決）を尊重することとされており、審査意見に沿った示談書が作成されることになる。

被害者側が審査結果に不同意のときは、審査手続は終結となる。

3　費　用

面接相談、示談あっせん、審査のすべての手続が無料である。

4　取扱件数等

	2011年度	2012年度	2013年度	2014年度	2015年度	2016年度
新規受理数	1,687	1,724	1,445	1,419	1,221	1,179
前年度繰越数	255	237	254	186	170	158
次年度繰越数	237	254	186	170	158	156

第1章　交通事故

成立数	1,421	1,421	1,266	1,202	1,018	992
成立率	83.3%	83.2%	83.7%	83.8%	82.6%	84.0%

5　利用が想定されるケース

　センターは、示談あっせん手続を利用する際の費用が無料である。

　また、示談あっせん手続には専門家である弁護士が関与するため、提示される示談案（損害の算定基準）が裁判基準に近く、当事者に代理人弁護士が選任されない場合でも妥当な基準に基づく解決が期待できる。

　そのため、軽微な傷害を負った人身事故や修理代が軽微な物損事故などの被害者が弁護士費用特約を利用することができない場合、弁護士を代理人に選任すると費用倒れになる可能性があることから、被害者本人においてセンターを利用することなどが想定される。

　当事者双方に代理人がいる場合でも、双方の主張の隔たりが小さく、裁判手続になったとしても和解での決着が相当程度見込まれる事案においては、第1回のあっせん期日が申出から3～4週間後に実施され、3回程度で示談に至ることが目標とされている示談あっせん手続を利用することで、裁判上で和解するよりも早期の解決をすることを目指して利用することも想定される。

6　まとめ

　示談あっせん手続は、費用が無料で裁判手続より迅速である。

　また、損害の算定基準が裁判基準に近く、近時の示談成立率は80%を超えており、非常に高い。

　特に、日弁連との協定に基づき、関係9共済は示談あっせん手続に応じることとされ、被害者がセンターの審査結果（審査意見）に同意したときは、審査結果を尊重しなければならないとされているため、加害者側が関係9共済と契約しており、被害者側から示談あっせん手続を利用する場合においては、示談あっせん手続により解決に至る可能性が非常に高いと思われる。

もっとも相手方が関係9共済以外であり、示談あっせん手続そのものに応じなかったり、センターから示された解決案に応じなかったりする場合などには、裁判手続などその他の手続の利用を検討しなければならない。

❸ （一財）自賠責保険・共済紛争処理機構

> 名　　称　　自賠責保険・共済紛争処理機構
> 事業者名　　一般財団法人　自賠責保険・共済紛争処理機構
> 住　　所　　東京都千代田区神田駿河台3丁目4番地
> 　　　　　　龍名館本店ビル11階
> TEL：0120-159-700　　URL：http://www.jibai-adr.or.jp/

概　要

　　自賠責保険・共済の保険金又は共済金の支払い内容について、公正中立な第三者が審査を行うものである。

ポイント

・自賠責の保険会社・共済組合の判断が示されていることが前提となっている。
・損害保険料率算出機構の「異議申立」をした後でも利用できる。
・保険会社・共済組合側には調停結果の片面的遵守義務がある。
・申請者は調停結果に不満があれば訴訟提起が可能である。

1　取り扱う紛争の範囲

　自賠責保険・共済の保険金又は共済金の支払いに関して、被害者や保険・共済の加入者と保険会社・共済組合との間で生じた紛争である。自賠責保険・共済に請求し、保険会社・共済組合から支払い（不払）の通知があった事案や、自動車（任意）保険・共済の対人賠償について自賠責保険・共済の支

第1章　交通事故

払いに係る部分の判断（事前認定）がなされている事案等を対象としている。

典型的には、後遺障害の等級、因果関係の有無、責任や重過失の有無に対して、保険会社・共済組合が示した判断に納得できない場合が該当する。

人身傷害補償型自動車保険・共済や、車両損害等の物的な損害に関する紛争は、対象とならない。

2　手続

申請者が紛争処理申請書を自賠責保険・共済紛争処理機構（以下「本機構」という。）に送付すると、本機構が保険会社・共済組合から自賠責保険の支払いに関わる一件書類を取り付け、受理判断を行う。受理されると、申請者に「受理通知」が送付される。その後、紛争処理委員会で一件書類をもとに審査（調停）[1]を行い、審査結果を書面にて申請者（加害者又は被害者）、保険会社・共済組合及び加害者又は被害者の関連当事者に通知する。

申請時から審査結果が出るまでの期間は、事案によって異なるが、概ね3～4か月が一応の目安である。

手続は、非公開である（自賠法23条の13）。

なお、受理の可否判断の結果、審査の対象とならなかった事案については、申請者に対して「不受理通知」が送付される。また、「受理通知」送付後、新たな事実や紛争当事者間の交渉状況の変化により審査ができないことが判明した場合には、審査は打ち切られ、申請者に対して「打切り通知」が送付される。

申請者は、審査結果が出るまで、いつでも文書により申請を取り下げることができる。

紛争処理申請書記入例は、本機構のHPに掲載されている。

1）　本機構はHP等で「審査（調停）」という言葉を用いているが、本機構が行う業務は当事者から提出された書類の審査であり、当事者が一堂に会し面談を行ういわゆる調停ではない。

3 費用

原則として無料である（紛争処理業務規程19条本文）。

ただし、当事者からの申出により鑑定等の特別な手続をするときは、その手続に要する費用は当事者負担となる（紛争処理業務規程19条但書、15条4項）。

4 取扱件数等

本機構における紛争処理の取扱件数等は、以下のとおりである。

年度	受付件数	審査件数	変更件数	変更率
平成27年度	1,092件	940件	88件	9.4％
平成28年度	1,129件	968件	65件	6.7％

受付件数は、増加傾向にある。

変更率（変更件数／審査件数）は、平成24年度以降、10％を下回っている状況にある。変更件数のうち、大多数を占めるのは、後遺障害に関する紛争である。

5 特徴等

(1) 自賠法に基づく「指定紛争処理機関」

本機構は、平成14年4月1日に改正施行された自動車損害賠償保障法に基づく「指定紛争処理機関」として国土交通大臣及び金融庁長官の指定（同法23条の5）を受けて、裁判外紛争処理機関として設立された。平成23年4月1日に一般社団法人及び一般財団法人に関する法律に基づき、一般財団法人に移行し、自動車事故による相談等事業も開始している。

自賠法23条の11に基づき、具体的な紛争処理業務の実施方法については、紛争処理業務規程に細かく規定されている。

第1章　交通事故

(2) 損害保険料率算出機構における「異議申立」との関係

　本機構による審査（調停）は、損害保険料率算出機構における「異議申立」とは全く別の紛争処理制度である。

　加害者又は被害者が自賠責保険の請求をした場合、損害保険料率算出機構の自賠責損害調査センターにおいて損害調査が終了すると、その調査結果が保険会社・共済組合に報告される。保険会社・共済組合は報告を受けた後、支払額を決定の上、支払いをすることになるが、請求者である加害者又は被害者が自賠責保険から支払われる保険金額又は損害賠償額について納得できない場合、保険会社・共済組合に異議申立てを行い、自賠責保険（共済）審査会の審査を受けることができる。これが損害保険料率算出機構における「異議申立」である。この「異議申立」は、何度でも行うことができる。

　一方、本機構による審査（調停）は、損害保険料率算出機構とは独立した全く別の紛争処理機関であるから、「異議申立」を経ているか否か、何度「異議申立」をしたかどうか等にかかわらず、紛争処理申請をすることができる。そして、自賠責保険（共済）審査会とは別の審査機関である本機構の紛争処理委員会が審査を行うこととなる。本機構による審査結果に対して再度の申請（異議申立）をすることはできない。

　よって、加害者又は被害者が自賠責保険の保険会社・共済組合が示した判断に納得できない場合には、まず「異議申立」を行い、それでも納得できないときに本機構の紛争処理申請をすることが考えられる。

(3) 紛争処理委員会での審査

　本機構の紛争処理委員会は、専門的識見を有する弁護士、医師、学識経験者等で構成される公正中立な第三者機関である。

　紛争処理委員会での審査（調停）は、自賠責保険・共済の決定について、法律や自賠責の支払基準に照らして、その判断が妥当か否かを適正に審査することを旨としている。そのため、面談による話し合い等は行われず、審査

41

は文書(申請者から提出された申請書及び本機構が入手した資料等)により行われ、委員会の判断結果が当事者らに通知される。当事者らの主張内容を調整するなどして進められるものではなく、この点で、裁判所で行う「調停」とは大きく異なる。

(4) 申請書類の提出時期と時効中断効

自動車(任意)保険会社・共済組合が自賠責保険・共済の支払金を含めて交渉を継続している場合(一括払)、その交渉期間中はいつでも紛争処理の申請ができる。

それ以外の場合、自賠法の時効が適用される関係上、事故発生から3年を経過してからの治療費の請求や、症状固定から3年を経過してからの後遺障害の請求などは消滅時効期間にかかる可能性がある。

なお、本機構に紛争処理申請を行っても時効中断効はない。

よって、本機構に紛争処理申請をする時点で時効の期限が迫っている場合は、予め自賠責の保険会社・共済組合に時効中断申請書を提出して、時効中断の手続をする必要がある。その他の時効中断事由については割愛するが、時効の管理には十分な注意が必要である。

(5) 説明又は資料提出の請求

本機構が行う紛争処理業務の本質は、自賠責の保険会社・共済組合が行った判断が妥当であるか否かを審査することであるため、当該判断に際して調査の対象となった全ての資料を審査する必要がある。

紛争処理申請がなされると、本機構は保険会社・共済組合から自賠責保険の支払いに関わる一件書類を取り付けるが、その他に保険会社・共済組合に一件書類に含まれない資料等があると思われるような場合には、その提出を求めることとなり、保険会社・共済組合は、正当な理由がない限り、これを拒むことができない(自賠法23条の12)。

(6) 片面的遵守義務

自賠責保険約款19条2項には、「当会社は、前項の指定紛争処理機関による紛争処理が行われた場合、その調停を遵守します。ただし、裁判所において、判決、和解または調停等による解決が行われた場合には、この限りではありません。」と定められている。

すなわち、保険会社・共済組合側には、本機構の審査(調停)結果を遵守する義務がある。

他方、申請者側には、審査結果を遵守する義務はない。よって、審査結果が不満である場合、再度の紛争処理申請(異議申立)はできないものの、加害者や保険会社・共済組合等を相手として民事訴訟を提起することができる。

この点は、申請者にとって極めて大きなメリットである。

(7) 紛争処理ができない場合

当事者間での和解により紛争が解決しているときは勿論、民事調停又は民事訴訟が係属中であるときは、本機構での紛争処理はできない。

また、他の相談機関又は紛争処理機関で解決を申し出ている場合も受理されないが、他の機関での中断・中止・終結の手続をすれば、受理される。

更に、既に自賠責保険の支払限度額まで支払われている場合のように、自賠責から支払われる保険金・共済金等の支払額に影響がない場合も受理されない。

なお、本機構によって既に紛争処理がなされた場合も再度の申請はできない(前記(2)参照)。

6 利用例

(1) 後遺障害(非該当事例)

上肢の知覚異常等の神経症状について、後遺障害には該当しないとした自賠責保険・共済の結論に納得できず、2度の異議申立をしたが、結論が変わ

らないというように、後遺障害の該当・非該当、若しくは認定等級に承服できない場合に、本機構に紛争処理申請をすることが考えられる。

なお、自賠責保険・共済の結論が出た後に、新たな医証（診断書、鑑定意見書、画像等）を入手しても、本機構の審査手続においては追加資料として提出することができない。これらの新たな医証について自賠責保険・共済の判断が示されていないからである。よって、このような場合には、保険会社・共済組合へ再審査（異議申立）を行って、その結論について本機構の審査対象とすればよい。本機構への申請後に、新たな医証を入手した場合には、一旦本機構の手続を取り下げ、異議申立後に再度申請することとなる。

(2) 後遺障害（人身傷害の等級認定）

本機構においては、人身傷害補償型自動車保険・共済に関する紛争は対象とならない（前記1参照）。

しかし、被害者が契約者として加入する任意保険・共済の等級認定に不満があるときには、相手方加害者が加入する自賠責保険会社・共済組合に被害者請求（いわゆる16条請求）を行い、その結論に納得できない場合には、本機構による審査の対象となる。

(3) 有無責

センターラインオーバーによる対向車との正面衝突事故であったことから、保険会社・共済組合から相手方無責の判断がなされたが、対向車の運転手には前方不注視があり、また大幅な速度違反があることなどから、無責判断に納得できないとして、本機構に紛争処理申請をすることが考えられる。

この場合においても、自賠責保険・共済の結論が出た後に、新たな資料（目撃証言や工学鑑定書等）を入手したときには、前記(1)と同様、一旦本機構の手続を取り下げることとなる。

7 まとめ

　本機構の審査（調停）は、損害保険料率算出機構の「異議申立」とは全く別の紛争処理手続である。審査による原判断の変更率は、近年10％を切っている状況にあるが、「異議申立」によっても判断が変更されない場合等に、利用の価値は十分にあろう。
　但し、一度本機構の判断がなされると、次の手段は民事訴訟提起になることには注意が必要である。

❹ 自転車ADRセンター

名　　称	自転車ADRセンター
事業者名	一般財団法人　日本自転車普及協会
住　　所	東京都品川区上大崎3丁目3番地1号　自転車総合ビル4階
TEL：03-4334-7959　　URL：http://www.bpaj.or.jp/adr/	

概　要

　自転車事故に関する紛争について、公正中立な第三者が調停委員として調停手続により解決を図る制度である。

ポイント

・自転車事故に特化したADRである。
・認証ADRであるためADR法25条に基づく時効中断効がある。
・調停委員には、弁護士が選任されている。

1 取り扱う紛争の範囲

　自転車ADRセンター（以下「センター」という。）調停手続規則（以下「規則」という。）3条に基づき、日本国内において発生した、①自転車と歩行者

第2編　分野別の各ADR

との間の事故、②自転車と自転車との間の事故、③自転車による器物の損壊、を対象としている。但し、自転車の構造上の欠陥を理由とする自転車製造業者又は販売業者に対する損害賠償請求に関する紛争は対象外である。

2　手続

(1) 受付等

　受付は、電話により行う（規則11条1項）。その後、面談日を予約し、適宜の場所でまず無料の面談を行う必要がある。受付が行われた後、利用相談員[1]から折返しの連絡がある。この際には、調停手続の説明が行われ、事故の概要についての聴取が行われる（規則12条1項）。

(2) 調停申立て及びその受理等

　実際に調停手続を利用する場合には、センターに調停申立書を提出する（規則13条1項ないし4項）。申立書が受理されると、事件管理者[2]が、申立受理通知を相手方へ送付し、その後速やかに電話又は面談により相手方に対して調停手続の概要を説明する（規則17条1項ないし3項）。その後、調停手続に応ずるか否かの意思を確認するため、配達証明郵便により応諾確認通知を送付し、受領後14日以内に回答を求める（規則17条2項）。相手方から調停手続に応じない旨の意思が記載された書面が返送された場合又は14日の期間経過後1週間以内に回答書が返送されなかった場合には、調停手続打切決定書が作成され、これにより調停手続は打切りとなる（規則18条）。

　相手方が調停手続に応じる場合、相手方は回答書を提出する。この場合、3名の調停委員が選任され、調停委員会が結成された上（規則19条1項及び

---

1 ）　利用相談員は、一般財団法人自転車産業振興会、一般財団法人日本交通安全教育普及協会などの自転車関連団体の職員から指名される。
2 ）　事件管理者は、利用相談員と同じく、自転車関連団体の職員であり、当該事件の利用相談員とは異なる者である（規則15条2項）。

4項)、調停期日が決定及び通知される(規則26条1項)。調停委員候補者名簿には、弁護士及び自転車関連団体の役員若しくは職員(役員又は職員であった者を含む。)であって、自転車の事故防止又は安全啓発に係る活動に3年以上従事したことのある者が記載されている。名簿への掲載は、弁護士及び自転車関係団体からの推薦に基づき、センター会議の議決により行う。

(3) 調停期日

調停期日においては、中立かつ公正な立場の調停委員3名が、申立人及び相手方の双方から言い分を聴取し、双方が納得できる形での和解を目指す。期日は非公開である(規則5条)。当事者から、準備書面や書証が提出されることもある。

合意が成立した場合には、和解合意書が作成される(規則32条)。合意成立の見込みがない場合には、手続打切りとなる(規則35条)。なお、本ADRは、ADR法5条に基づいて法務大臣の認証を受けた認証ADRであることから、同法25条に基づく時効の中断効が生じる。

3 費用

申立手数料は、5,000円(税別)である。

和解が成立した際に発生する和解成立手数料の金額は、経済的利益の額によって算出される。例えば、経済的利益が1,000,000円までの部分は100,000円までごとに3,000円である。なお、和解成立手数料は、和解合意の中で当事者間の負担割合を定め、その定めに従って納付することになる。

センターを通じて専門家等に事故鑑定を委託する場合には、専門家に支払う鑑定料のほか、鑑定委託の対価として、1事件につき10,800円(税込)をセンターに支払う必要がある。更に、旅費・宿泊費等の実費が必要となる場合がある。鑑定委託の対価、鑑定料及び実費については、当事者間で協議の上、負担割合について決定する。

4　取扱件数等

本機構における紛争処理の取扱件数等は、以下のとおりである。

年度	受付件数	面談件数	受理件数	手続開始件数	和解件数
平成25年度	53件	28件	12件	10件	5件
平成26年度	23件	20件	10件	10件	5件
平成27年度	27件	21件	11件	8件	9件

※平成25年度のみ、平成25年2月21日（法務大臣による認証日）から同年3月31日までの期間を含む。

平成27年度中に手続が終了したのは、12件である。このうち和解が成立したのは9件、和解の見込みがないために手続打切りとなったのは1件、不応諾により終了したのは1件、一方の離脱により終了したのは1件である。当事者は全て個人であり、一方に代理人（法定代理人を除く。）が選任されたものは5件、双方とも代理人が選任されなかったものが7件である。これらの紛争に関与した調停委員は延べ39名であるが、その全てが弁護士である。

このうち、不応諾を除く11件についての所要期間は、1か月以上3か月未満が4件、3か月以上6か月未満が3件、6か月以上1年未満が3件、1年以上2年未満が1件であった。調停期日の回数としては、1回が3件、2回が4件、3回が3件、5〜10回が1件であった。

5　特徴等

(1) センターの目的

センターは、昨今の自転車ブームに伴い自転車が絡む交通事故が増加している一方で、保険制度が未整備であることなどから賠償システムが確立しておらず、自動車事故と比較して被害者保護に欠けるところが多いとの問題意識から、平成25年に設立された新しい紛争解決機関である。運営主体は一般社団法人日本自転車普及協会であり、自転車事故に関する紛争の解決を目的

の1つとしながらも、持ち込まれた紛争の解決を通じて事故の原因を分析し、それに基づいた安全啓蒙活動等を行うことによって自転車事故を予防することをも重要な目的としている。

(2) 調停委員の特徴

現在までに手続を担当した調停委員は全て弁護士である。法律家である弁護士が調停手続を主宰し和解案を提示することによって当事者の納得感を高めることができるため、意識的にこのような運用がなされている。調停委員となる弁護士は必ずしも交通事故を専門的に扱う弁護士に限らないが、自転車に興味があり自らも日常的に乗車している弁護士が多い。

(3) 利用相談の存在

調停申立てが行われる前に、利用相談員が、本手続の利用を希望する者と無料の面談を行い、手続の概要を説明し、事故の概要を聴取するとともに、適宜助言を行う。これにより利用希望者は、本手続の利用の適否を含めて、弁護士に相談・依頼することなく紛争の解決手段に関して一定の見通しを得ることができる。

(4) 利用に適するケース

損害額が必ずしも大きくない自転車事故であって、裁判手続の利用は躊躇されるが、中立的な第三者による仲介を受けたいというような事案に適している。また、利用相談員及び調停委員が丁寧に当事者の意見を聞くことが可能であることから、感情的な確執の大きい事案の解決にも適している。

(5) 過失割合の判断基準

基本的には「民事交通事故訴訟損害賠償算定基準」(通称「赤い本」)に従って、過失割合を判断している。もっとも、自転車事故は自動車事故に比べる

と、過失割合に関する判例の蓄積が少ないため、個別具体的な事案の特殊性を重視し、妥当な過失割合を提案している。また、過失割合の双方への説明、歩み寄りが困難と思われる事案について、明確な過失割合を明示せず、総額の金額での和解案を提案し、和解が成立したケースも存在する。なお、このようなケースで当事者が損害賠償保険に加入している場合には、過失割合の明示がなくても保険金の支払いが得られることについて保険会社に確認を取る必要がある。

(6) 利用に適さないケース

自転車の交通事故の場合は自動車の場合と異なり、事故現場の検証や事故の発生原因の究明があいまいなまま処理されているケースがままある。事故の内容自体について双方の主張に大きな隔たりがある事案では、十分な事実認定ができず、和解に至ることが困難な場合がある。

6 利用例

(1) 自転車対歩行者の事故

自転車が低速で左側通行中、交差点で歩行器使用の歩行者と接触した。歩行者が転倒により大腿骨転子部骨折等の傷害を負った。近隣住民同士での訴訟を回避したい加害者がADRの申立てを行ったが、損害額の認識があまりに乖離していたため、期日を重ねるも和解には至らなかった。

(2) 自転車対自転車の事故

申立人がサイクリングロードを自転車で走行中、後方から走行してきた相手方が追い抜いた直後にふらつき、対向してきた第三者と接触転倒し、申立人もこれに巻き込まれて転倒した。申立人は鎖骨骨折、右肩、両肘、右腰、右頸椎の打撲、全治6か月と診断された。明確な過失割合を盛り込まない趣旨説明と総額70万円の支払いを内容とする和解が成立した。

第1章 交通事故

7　まとめ

　本ADRは、自転車事故に特化したADRであり、係争額が少額な事案、心理的な確執が大きい事案などに有用であると思われる。センターは自転車の安全利用の啓蒙活動の一翼として設立されたものであり、自転車の交通ルール等についての適切な説明・指導も受けられるため、これが当事者間の納得を高める効果も期待できる。

第2章 消費者

❶ 国民生活センター

> 名　　称　国民生活センター紛争解決委員会
> 事業者名　独立行政法人　国民生活センター　紛争解決委員会
> 住　　所　東京都港区高輪3-13-22
> TEL：03-5475-1979
> URL：http://www.kokusen.go.jp/adr/index.html

概　要

　国民生活センター紛争解決委員会（以下「本委員会」という。）は、独立行政法人国民生活センター法（以下「センター法」という。）に基づき国民生活センター（以下「センター」という。）に設置され、重要消費者紛争について、和解の仲介や仲裁を行う。

ポイント

・センターが指定する重要消費者紛争を対象とする。
・審理期間が4か月程度と迅速で、約6割で和解が成立している。
・和解における合意事項が守られなかった場合等、合意事項を守るよう勧告を出してもらえる。
・和解の仲介の申請についても特別法に基づく時効の中断効がある。

1　取り扱う紛争の範囲

本委員会が、「和解の仲介」や「仲裁」を行うのは、重要消費者紛争（消

費者と事業者との間で起こる紛争のうち、その解決が全国的に重要であるもの）である。

重要消費者紛争とは、消費生活に関し、消費者（消費者契約法や景品表示法に基づく差止請求を行う適格消費者団体も含まれる。）と、事業者との間に生じた民事上の紛争である「消費者紛争」のうち、次の①〜③のいずれかに当てはまると判断されることにより、センターの指定を満たすものをいう。

① 同種の被害が相当多数の者に及び、又は及ぶおそれがある事件に係る消費者紛争
② 国民の生命・身体又は財産に重大な危害を及ぼし、又は及ぼすおそれがある事件に係る消費者紛争
③ ①・②に掲げるもののほか、争点が多数であり、又は錯綜しているなど事件が複雑であることその他の事情により本委員会が実施する解決のための手続によることが適当であると認められる消費者紛争

上記①の具体例としては、消費者契約の締結の勧誘、商品・役務等の広告・表示、商品・役務等の内容、事業者が定めた約款等の契約条項に関して、広域的に相当多数発生し、又は発生するおそれのある紛争等が挙げられる。

上記②の具体例としては、商品・役務等の欠陥等による死亡、約１か月以上の治療を負った事故に関する紛争や、財産に対して、商品・役務等によって、重大な損害が発生する紛争等が挙げられる。

上記③の具体例としては、インターネット取引や新たな商品・役務等の争点の整理が必要な紛争等が挙げられる。

2 組織等

本委員会は、センター法11条に基づき、センターに設置された委員会である。

本委員会は、法律又は商品若しくは役務の取引に関する専門的な知識・経

験を有する者から、内閣総理大臣の認可を受けて、センターの理事長が任命する15人以内の委員で組織される（センター法12条1項、13条1項）。このほか、弁護士や大学教授など各分野の専門家が特別委員として任命されている。

消費生活上のトラブルが生じ、各地の消費生活センター等やセンターへ寄せられた相談のうち、助言やあっせん等の相談処理による解決が見込めなかったときなどに、本委員会へ「和解の仲介」や「仲裁」を申請することができる。

消費生活センター等の相談を経ずに、当事者が直接、本委員会に申請をすることもできる。但し、直接申請されても、迅速な対応が必要な場合等、事案に応じて消費生活センターのあっせんを紹介する場合もある。

なお、消費生活センター等を経て申請される件数は、申請全体の約7割を占めている。

3 手続

本委員会が行う紛争解決手続は、「和解の仲介」と「仲裁」の2種類がある。「和解の仲介」とは、仲介委員が当事者間の交渉を仲介し、和解を成立させることによって紛争解決を図るものである。「仲裁」とは、仲裁委員が判断（仲裁判断）を行い、当事者がその仲裁判断に従うことで紛争解決を図るものである。

(1) 和解の仲介に関する手続

ア 和解の仲介の申請・仲介委員

本委員会へ和解の仲介が申請されると、委員又は特別委員から1人又は2人以上の仲介委員が委員長により指名される。指名された仲介委員は、中立かつ公正な立場で和解の仲介を行う。

申請は、指定の書面で行う必要があり、本委員会のHPに書式が掲載されている。手続に応じるか否かは、他方当事者の任意とされる。但し、仲介委

員は、和解の仲介を行うために必要があると認めるときは、当事者に対し、手続への出席又は事件に関係のある文書若しくは物件の提出を求めることができる（センター法22条）。

なお、申請された事案が、仲介委員によって重要消費者紛争に該当しないと判断されると、申請は却下される。

　イ　和解の仲介手続の開始

手続が開始されると、複数回の話し合いが行われる。仲介委員は、面談、電話、書面など、適当と認める方法によって和解の仲介を行う。仲介委員は、申請日から4か月以内に手続が終了するように努めるとされており、現状では、3か月程度で終了している場合が多い。

申請された事案に訴訟が係属している場合において、当事者間において和解仲介手続が実施されているとき又は当事者間に和解仲介手続より紛争解決を図る旨の合意があるときは、当該当事者共同の申立てがなされた受訴裁判所は、4か月以内の期間を定めて訴訟手続を中止する旨の決定をすることができる（センター法28条1項）。

　ウ　和解案の受諾勧告

当事者双方の主張がかみ合わないため、合意に達せず解決が見込めないような場合等、必要に応じて仲介委員が和解案を作成し、当事者に和解案の受諾を勧告することができる（センター法25条）。

　エ　和解の成立・義務履行の勧告

和解が成立した場合、和解契約書（和解書）が作成され、当事者双方は和解書で取り決めた合意事項をそれぞれ履行する。和解で定められた合意事項が守られない場合、当事者からの申出があり、紛争解決委員会が、これを相当と認めるときは、合意事項を守るよう、もう一方の当事者に勧告することができる（センター法37条1項）。

　オ　手続の終了・時効の中断効

和解が成立する見込みがないと認めるときなどは、手続は終了する（不

第2編　分野別の各ADR

調)。和解の仲介の申請をした者が、不調により手続が終了した旨の通知を受けた日から1か月以内に和解仲介手続の目的となった請求について訴訟を提起した場合、時効の中断に関しては、和解の仲介の申請時に訴えの提起があったものとみなされる(センター法27条)。

　カ　その他

和解仲介手続は非公開で行われる(センター法23条)。

本委員会は、和解仲介手続が終了した場合において国民生活の安定及び向上を図るために必要と認めるときは、結果の概要を公表することができる(センター法36条)。その際、事業者が手続の実施に合理的な理由なく協力せず、将来における当該事業者との同種の紛争について委員会の実施する手続によっては解決が困難と認められる場合や、当該事業者との間で同種の紛争が多数発生していたり、重大な危害が発生している場合など公表する必要が特に高いと認められる場合等では、当該事業者の名称や所在地も公表することができる(紛争解決委員会業務規程52条3項)。

(2)　仲裁に関する手続

　ア　仲裁合意・仲裁の申請

本委員会へ仲裁手続を申請するには、あらかじめ「仲裁委員に紛争の解決を委ね、その判断に従う」ことについて、両当事者が書面により合意していることが必要である。

申請がなされると、委員長から指名された仲裁委員は、中立かつ公正な立場で仲裁を行う。申請は、書面で行う必要があり、本委員会のHPに書式が掲載されている。なお、申請された紛争が、仲裁委員によって重要消費者紛争に該当しないと判断されると、申請は却下される。

　イ　仲裁手続の開始

手続が開始されると、複数回の話し合いが行われ、最終的に、仲裁委員が仲裁判断をする。

なお、当事者双方の書面による承諾があれば、仲裁委員は和解を試みることもできる。和解が成立し、かつ、当事者双方の申立てがあれば、和解における合意を内容とする決定をすることができる（仲裁法38条1項）。この決定は、仲裁判断と同様の効力がある（仲裁法38条2項）。和解が成立しないときは、仲裁委員が仲裁判断をする。仲裁判断は、確定判決と同一の効力を有する（仲裁法45条1項）。

　　ウ　その他

手続は非公開で行われる（センター法32条）。

結果の概要の公表や、義務履行の勧告は、和解の仲介による手続と同様である。

4　費用

いずれも無料である。

5　取扱件数等

本委員会における紛争処理の取扱件数等は、以下のとおりである。

年度	申請件数	手続終了件数	和解成立件数
平成27年度	155件	158件	94件
平成28年度	167件	181件	103件

申請件数は、例年、百数十件である。なお、申請件数のうち仲裁に関する件数はごく少数にとどまる。

実質的な手続が終了した事案のうち、約6割で和解が成立している。

分野別にみると、近年最も多いのは金融・保険サービスで約20％であり、内容別では、契約・解約が最も多く、次いで、販売方法、品質・機能・役務品質等となっている。

なお、前記1、①の類型が圧倒的多数であり、前記1、②及び③の類型は

極めて少数となっている。

6 解決事例

(1) 終身保険の解約に関する紛争

申請人は、訪ねてきた相手方代理店の職員による勧誘を受け、終身保険の契約をした。後日、申請人が、相手方保険会社に解約を求めたものの、これに応じてもらえないばかりか、更なる支払いを求められた。申請人は、契約をなかったことにし、既払い金約200万円の返還を求め地元消費生活センターに相談したが、相手方保険会社は「契約は有効に成立している」と反論する。

申請人が、和解の仲介を申し立てたところ、相手方保険会社は、70歳以上の方と契約する場合、説明時に家族の同席を依頼する旨の内規があるにもかかわらず、相手方代理店担当者がこの依頼を行ったか否かが明らかではなく、高齢者募集における配慮が足りなかったことが認められ、申請人の請求を認めることにした。

期日において相手方保険会社は、申請人の請求どおり、契約を解除し、既払い金を全額返金する方針を表明し、相手方代理店は、手続には協力するものの、債権債務については関与しないとの内容で、和解が成立した。

(2) タブレット端末の利用料金に関する紛争

申請人は、相手方店舗でタブレットを購入した帰り、飲食店で置き引きに遭い、タブレットを盗まれた。申請人は、すぐに相手方に連絡し、盗難に遭ったことを伝えて回線停止を依頼したが拒否された。しばらくは基本料金等の支払いを継続していたものの、基本料金等を滞納するようになった。

その後、契約を解除せずに通信サービスの利用を月額数百円の負担で休止する手続があることを知った申請人は、相手方への盗難の連絡以降に支払った基本料金等（約35万円）の返金を求めた。

第2章 消費者

相手方は、目的が違うため、盗難・紛失の場合に休止手続の制度を使うことはできないなどと反論したものの、解決案として、既払い金からタブレットの機器代金と解除料を差し引いた約14万円を返金し、通信料未納分に係る請求を放棄する案が提案された。

申請人がこれに同意し、和解が成立した。

7 まとめ

和解の仲介手続は、4か月以内に手続が終了するように進められておりスピーディーな解決が見込まれる。また、費用が無料であること、和解案の受諾勧告の制度があること、実際の和解率も約6割と高いこと、和解で定められた義務に関する履行勧告の制度もあることから、本委員会を利用する価値は十分にあろう。

但し、対象とされる紛争は、重要消費者紛争に限定されている点に留意する必要がある。

❷ 国民生活センター 越境消費者センター（CCJ）

```
名    称　国民生活センター 越境消費者センター（CCJ）
事業者名　独立行政法人 国民生活センター
住    所　〒108-8602 東京都港区高輪3-13-22
TEL：03-3443-6211
URL：http://www.kokusen.go.jp/ncac_index.html
```

概　要

越境消費者センター（CCJ：Cross-border Consumer center Japan、以下「CCJ」という。）は、平成23年に消費者庁によって設立され、平成27年に国民生活センターがCCJの運営を承継している。

CCJは、日本の消費者と海外事業者とのトラブル及び海外の消費者と日本の事業者とのトラブルに関して、相手方に対する交渉や書面作成についての助言を行う機関であり、他国の窓口機関とも協力し、事案の解決をサポートする。

　いわゆるあっせんや仲裁手続は行わないが、相談に対する助言や提携する海外窓口機関を通じて事案の解決を図る。

ポイント

・海外の事業者と取引した消費者及び海外の消費者と日本の事業者のトラブルに対する相談窓口となる機関である。
・国民生活センターの一部門である。
・世界数か国に提携している窓口機関を有し、相手方事業者に相談内容を伝達するなどして事業者の対応を促す。

1　取り扱う紛争の範囲

　海外ショッピング（インターネット・店頭取引を含む）などによる、日本の消費者と海外の事業者との取引及び海外の消費者と日本の事業者との取引に関するトラブルを対象とする。

　事業者間取引、消費者間取引に関する相談は受け付けていない。

2　相談手続等

　CCJでは、海外の消費者と日本の事業者との取引についての相談についても取り扱っているが、ほとんどの相談は日本の消費者と海外の事業者との間の取引についてであるため、以下では後者についての手続を説明する。

　まず、消費者は、CCJのHP上の相談受付フォームから相談内容を送信する。なお、事前に相手方海外事業者に連絡していることは相談の条件ではないが、CCJからのアドバイスの中で、連絡を取るよう求められることが多い。CCJから、どのように連絡を取れば良いかという助言を得た上で、相談者から

第2章 消費者

相手方海外事業者に対して連絡を取るという順序によることも可能である。

これに対し、CCJが相談内容を確認し、助言内容をメールにて相談者へ回答する。

また、CCJでは、相談内容を翻訳し、提携している海外の窓口機関と連携し、相手方海外事業者に相談内容を伝達したり解決策を提示する等して海外事業者に対応を促すことも行っている。

3 費用

無料である。

4 取扱件数等

(1) CCJが受付を開始した平成23年10月から平成29年3月までの間に20,000件以上の相談が寄せられており、平成25年度以降、年間の相談件数は4,000〜4,500件程で推移している。

なお、海外の消費者からの相談件数は年間数十件程度に留まる。

(2) 相談に対するCCJからの初回の回答は、相談を受けた日の翌日から3営業日以内に行うことが原則とされている。

5 特徴等

(1) CCJは、以下の国と地域の窓口機関との間で、相談業務の連携に関する了解覚書を締結している（平成29年12月25日現在）。

なお、相手方海外事業者がそれ以外の国と地域に所在する場合でも、可能な限り情報収集に協力を得られる。

> アメリカ、カナダ、メキシコ、アルゼンチン、ブラジル、コロンビア、ベネズエラ、エクアドル、ペルー、パラグアイ、チリ、ドミニカ、スペイン、イギリス、ロシア、韓国、台湾、シンガポール、マレーシア、ベトナム、フィリピン、タイ

(2) CCJの目的は、相談者が相手方海外事業者とのトラブルを自主的に解

決することを支援することであり、CCJは、相談者に対し争点の整理・情報提供・助言を行う機関である。そのため相談者に代わって直接相手方海外事業者と連絡を取ることはない点に留意する。

但し、海外に窓口機関がある場合は同機関を介して相手方海外事業者に相談内容を伝達するなどし、事業者に対応を促す場合がある。

(3) ECネットワークとの関わり

CCJと類似する相談窓口として、一般社団法人ECネットワークがある。

海外の関係機関との連携を行うなど共通点がある一方、ECネットワークでは、CCJが取り扱わない消費者間の取引に関する相談も受けているなどの相違点がある。

また、CCJではADRを行わないのに対し、ECネットワークでは、ADRを行う場合がある。

6 相談事例

(1) 事例1

ア 相談概要

マルチ商法を行っている海外事業者との契約を解除したいが、書面をどのように記載すればよいかわからない。そもそも、事業者の所在する国で日本のクーリングオフ制度は通用するのか。

イ CCJによる対応

相談者は日本で勧誘を受けており、事業者から契約内容について示した法的書面が発行されていないため、日本のクーリングオフの適用を主張すること及び書面の内容をアドバイスしたところ、無事に解約、返金された。

(2) 事例2

　ア　相談概要

　海外のアクセサリー通販サイトで商品を購入したが、3週間を過ぎても商品が届かないため、翻訳ソフトを使って英文にて問い合わせた。事業者から商品を送ったとの返事があったが、商品はまだ届いていない。事業者とのやり取りが英文のため、要領を得ず困っている。

　イ　CCJによる対応

　相談者と事業者との英文のやり取りを確認したところ、事業者は商品を送っていた事実が確認できた。しかし、配送会社は連絡が取れないため、CCJが作成した英文で事業者にキャンセルを申し出たところ、相談者の主張が受け入れられ、返金された。

(3) 事例3

　ア　相談概要

　韓国のネット通販サイトで、カラーコンタクトレンズを購入した。届いた商品のうち、片方のレンズに亀裂が入っていたため返金を求めたところ、「3、4日以内に返金する」とのことであった。しかし1週間たっても返金されず、連絡も取れず、困っている。

　イ　CCJによる対応

　KCA（韓国消費者院）へ協力を依頼し、商品が不良であることの証拠などをKCAに送付した。KCAが販売サイトに事実確認を求めたところ、販売サイトが非を認め、速やかに返金がなされた。

(4) 事例4

　ア　相談概要

　アメリカ滞在中に、現地で銀行口座を開設した。日本へ帰国後、解約依頼書を送付したにもかかわらず、口座手数料が自動的に引き落とされ続け、銀

行へ連絡しても返信がなかった。

　イ　CCJによる対応

　BBB[1]へ協力を要請し、BBBが銀行へ事実確認を求めたところ、銀行が解約依頼書を見落としていたことが発覚した。その後口座は解約され、口座手数料も消費者へ返金された。

7　まとめ

　CCJは、相談者自身が主体となり問題を解決する過程において、相手方海外事業者への対応をサポートする機関である。

　多数の国と地域の窓口機関と提携しており、相談内容を翻訳・伝達するとともに、解決案の提示を行うことで、窓口機関を介して相手方海外事業者に対応を促し、上記相談事例のような解決が図られる場合もある。

　その他、手続費用が無料であることや、相談から最初の回答まで3営業日以内ということからしても、消費者が海外事業者との取引に関するトラブルに直面した際の相談機関として有用であると思われる。

❸　各都道府県・各市区町村　消費生活センター

名　称	各都道府県・各市区町村　消費生活センター
住　所	各消費生活センターの住所 各都道府県庁内・各市区町村庁内に設置されていることが多い。

概　要

　消費生活センターは、都道府県及び多くの市区町村に設置されており

---

1)　Better Business Bureaus。CCJが提携するアメリカの消費者相談機関である。

第2章　消費者

（平成29年4月1日時点で全国829か所）、商品やサービスなど消費生活全般に関わる苦情や問い合わせなど、消費者からの相談を専門の相談員が受け付け、公正な立場で処理に当たる機関である。

都道府県及び市区町村の消費生活センターの設置根拠は消費者安全法10条であり、各都道府県及び各市区町村において、条例、規則、要綱等を作成し、各消費生活センターを運営している。

▶ポイント
・都道府県及び多くの市区町村に設置されている。
・広く消費者問題の相談を受け付け、必要に応じてあっせん手続へと移行する。
・専門家による無料かつ個別ケースに応じた迅速な手続である。

1　取り扱う紛争の範囲

取り扱う紛争の範囲については、各消費生活センターによる。

一般的に、各都道府県及び各市区町村在住者の消費生活に関する事項全般を取り扱っている。

2　手続

利用手続については、各消費生活センターによるため、各消費生活センターのHP等を参照されたい。

一例として、以下では、宇都宮市消費生活センターの手続例を説明する。

宇都宮市消費生活センターでは、宇都宮市在住の消費者が、まず、電話又は来所により相談の受付を行い、消費生活相談員[1]が相談を実施する。なお、消費生活相談については、平成27年7月1日より、消費者ホットラインの全

1）　消費生活相談員とは、生活相談員資格試験に合格した者又はこれと同等以上の専門的な知識及び技術を有すると都道府県知事若しくは市町村長が認める者（消費者安全法10条の3）である。

国共通電話番号が「188番（いやや）」と３桁の電話番号の運用が開始されており、最寄りの消費生活相談窓口が案内される。

　まずは、消費生活相談員の助言により当事者間の自主的な解決を促すが、高齢や若年などで自主交渉が難しい場合など、消費生活センターにより必要と判断された場合には、相談者の意向を確認の上で、消費生活相談員によるあっせん手続が実施される。

　あっせん手続が実施される場合、消費生活相談員より事業者に電話等で連絡を取り、相談者から聴き取り結果を伝え、次に事業者からも事情を聴き取り相談者に伝えるなど、両者の間に消費生活相談員が入り双方の意見を調整する。

　なお、あっせんについて期間の目安は特には定められておらず、事案によって異なるが、早ければ１週間程度で終了する場合もあるが、中には半年を超える場合もある。

　合意が成立した場合でも、書面を作成することはしない。

3　都道府県消費生活センターと市区町村消費生活センターの棲み分け

　各消費生活センターによるが、一般的には、消費者が在住している市区町村の消費生活センターへ相談し、事業者の活動範囲が広域である等都道府県による対応が相当な場合には、都道府県の消費生活センターが対応するという制度となっているようである。

　もっとも、在住している都道府県及び市区町村のいずれに相談することも可能となっている。

　詳細については、各消費生活センターへ問合せをされたい。

4　費用

　基本的に、消費者、事業者ともに無料であるが、各消費者センターに確認されたい。

5 取扱件数

　宇都宮市（人口約50万人の栃木県の県庁所在地）では、平成28年度に392件のあっせん手続が実施されているなど、全国的に利用件数は多い。

　また、平成28年度の宇都宮市の実績では合意による解決が353件（約90％）に及ぶなど、あっせん手続が実施された場合の合意による解決割合は極めて高い。

6 特徴等

(1) 消費者問題の相談の窓口

　消費生活センターの事業は、相談者である消費者と事業者との話合いによる紛争解決を目指すものであり、まずは、消費生活相談員から助言が行われ、これにより当事者間で自主的に解決されているものが大半のようである。クーリングオフ制度の行使は相談の段階で助言される。

　もっとも、既に事業者と交渉を行ってきたが進展していない場合や契約内容が理解できない高齢又は若年の相談者で自主交渉が難しい場合等、個別具体的な事情においてあっせん手続が相当と判断された案件では、相談者の意向を確認の上で、あっせんが実施される。「5　取扱件数」に記載したとおり、消費生活センターでは相当数あっせん手続が実施されており、かつ、あっせん手続が実施された場合の合意による解決割合は高く、消費生活センターは、国民の消費者問題における紛争解決に相当寄与していると言える。

(2) 国民生活センターとの棲み分け

　国民生活センターで取り扱う紛争は重要消費者紛争に限定されているが、消費生活センターにおいては、消費生活に関する事項であれば原則として全ての問題について取り扱う。

　消費生活センターのあっせんが不調に終わり国民生活センター紛争解決委員会への申請に至る場合もある（平成21年度から平成29年10月までに国民生活

センター紛争解決委員会に申請がなされたもののうち、「消費生活センターの相談を経たもの」が約75％となっている。)。

消費生活センターは土日祝日の相談を受け付けていないところもあるが、国民生活センターでは土日祝日の相談窓口を設けているため、消費者ホットラインで、国民生活センターの相談を案内されることもある。

(3) 専門家による助言・あっせん

消費生活センターにおける助言・あっせんは、消費者問題の専門家である消費生活相談員によって行われる。

(4) 法的効力

消費生活センターにおけるあっせん手続においては、相手方の手続応諾義務、資料提出義務、あっせん案受諾義務等は規定されていない。また、合意に至った場合にも、合意が執行力等を有することはなく、あくまで私法上の合意が成立するに過ぎない。

その一方で、各自治体は、条例により事業者に対し行政指導等を行うことが可能である。例えば、栃木県消費生活条例では、栃木県知事は、事業者が不適正な取引行為を行っていると認めるときは、事業者に対し、当該行為の改善を勧告することができる（同条例11条の4）ほか、宇都宮市消費生活の安定及び向上に関する条例にも、市長が不適正な取引行為を行う事業者に対し、指導や勧告をすることができる規定がある（同条例24条）。

(5) あっせん不調の場合

あっせん手続が実施されたものの、消費者及び事業者間で合意に至らなかった場合、国民生活センターにおける仲裁判断のような判断が示されることはなく、あっせん不調として手続は終了する。また、ADR法25条に基づく時効中断効等の法的効力は認められていない。

不調となった場合、消費者は、重要消費者紛争であれば国民生活センターへ和解の仲介や仲裁の申請をすることができる。また、場合により消費生活センターから弁護士相談等を紹介されることもある。

7 あっせん手続を実施した場合の解決事例

(1) 自宅工事契約の訪問販売

判断能力が不十分な相談者が、事業者との間で、訪問販売により、契約内容を十分理解しないまま、自宅の外壁工事及び屋根改修工事の高額の請負契約を締結したため、消費生活センターへ相談に来た。

外壁工事については、消費生活センターの助言により、相談者より事業者及びクレジット会社に対し、クーリング・オフのはがきを送付した。消費生活センターからも事業者へ連絡し、クーリング・オフをすることを伝えたところ、了承され解決に至った。

屋根改修工事については、消費生活センターから事業者へ連絡し、工事を中止してもらい、相談者の判断能力が不十分で契約内容をよく理解していないことや、冷静な検討をする時間を与えずに勧誘したことなどの問題点を指摘した。事業者からは、当初、解約ではなく減額の提案があったものの、交渉を重ねた結果、「相談者の負担なく解約し、屋根は当社の負担で原状回復する」旨の回答があり、相談者も了承して解決に至った。

(2) 1回のお試しのつもりだった定期購入

相談者が、SNS上の広告を見て、1回のお試しと考え、ダイエット用スムージーのモニター契約の申込みをした。ところが、同一の商品と請求書が2回にわたり届き、インターネットで事業者を検索すると最低4回の定期購入の契約であるとの書き込みを発見したため、消費生活センターへ相談に来た。

消費生活センターが、事業者の注文画面等を確認した結果、モニター契約のコースと定期購入のコースが同じコースであることが確認しづらい内容で

あった。

　消費生活センターから事業者へ連絡をしたところ、事業者は、注文画面に不備があったことを認め、送付した商品は相談者が送料を負担して返送することで解約すると提案があり、これに相談者も了承したため、解決に至った。

8 まとめ

　消費生活センターにおいては、積極的にあっせん手続を実施することは予定されておらず、第1次的には、広く国民に対し、消費者問題に関する相談窓口を設け、専門家である消費生活相談員からの助言により自主的な解決を促すものである。

　もっとも、当事者の自主的な交渉が難しい場合や必要と判断された場合には相談者の意向を確認の上で消費生活センターのあっせん手続に移行し、無料で専門家によるあっせんを受けることができる。あっせん手続においては相手方に手続応諾義務等は存在しないものの、あっせん手続が実施された場合の合意による解決割合は高い。

　従って、消費生活センターは、消費者問題に関する紛争解決手段として利用価値が高いと言えよう。

❹ Consumer ADR

名　　称	Consumer ADR
事業者名	公益社団法人　日本消費生活アドバイザー・コンサルタント・相談員協会
住　　所	東京都渋谷区渋谷1-17-14　全国婦人会館2階
TEL：03-6450-6631　　URL：http://nacs.or.jp/	

第2章 消費者

概 要

　Consumer ADRは、公益社団法人日本消費生活アドバイザー・コンサルタント・相談員協会（以下「NACS[1]」という。）が主催するADRであり、ADR法に基づく法務大臣の認証を得ている。同協会は、1988年に設立され、2011年には消費者団体として初の公益社団法人に認定された「消費生活に関する我が国最大の専門家団体」である。

ポイント

- 特定商取引法に関する消費者取引の紛争解決のため、相談、あっせん及び裁定等の手続を行うADRである。
- 手続費用が非常に廉価である。
- 認証ADRであり、ADR法25条に基づく時効中断効がある。

1 取り扱う紛争の範囲

　裁定手続に関しては特定商取引法に関する紛争である。ただし、相談及びあっせんに関しては消費者問題一般についても取り扱っている。

2 組織等

　NACSでは、実施組織としてConsumer ADR特別委員会を設け、相談受付[2]、相談処理[3]、裁定手続移送準備[4]、裁定手続の各部門を設置・運営している。
　ADR特別委員会は、申立案件ごとに候補者名簿[5]から当該案件の裁定手続

---

[1] NACSとは、「NIPPON ASSOCIATION OF CONSUMER SPECIALISTS」の略称である。
[2] 相談受付は土日に実施される。電話相談を受け、その内容によりアドバイス、情報提供、助言等を行い、必要に応じて仲介・あっせんを行う。
[3] 調査等を必要とする複雑な相談で、当日解決に至らなかった相談を、仲介・あっせんを要する継続相談として、平日に処理担当者が処理に当たり、解決を図る。
[4] 相談受付・相談処理から移送された継続相談の中で、必要に応じて、Consumer ADR裁定委員会において解決をはかる準備を行う。

を行うにふさわしい者3名（弁護士1名を含む）を担当手続実施者として選任し、これが裁定委員会を構成する。

3 手続

(1) はじめに

Consumer ADRにおける裁定手続は、裁定委員会が、公正中立な立場から紛争当事者双方の主張及び意見を聞くなどして、話し合いによる解決を試み、その解決に至らない場合には、裁定案を提示して和解の成立を図る手続である。

(2) 裁定手続までの手続の流れ

まず、裁定手続の前提として、相談やあっせんがなされる。

相談者がNACS消費者相談（ウィークエンド・テレホン）を行うと、NACS消費相談室において、特定商取引法に関する紛争か否かの判断がされる。特定商取引法に関する紛争であると判断された場合には、相談者にその旨が告げられ、相談者にあっせんの申請を行うかどうかの意向を確認する。

相談者があっせんを希望する場合には、NACSに対し申請書を提出する。

なお、特定商取引法に関する紛争でない場合でも、あっせんは可能である。もっとも、紛争が特定商取引法に関する紛争でない場合には、相談者に対し、裁定手続には移行することができないため、あっせんが不調になる可能性が高い旨を説明し、それでも相談者からの求めがあれば、申請書の提出を受けあっせんを行う。

あっせんでは、相手方である事業者に対し、口頭であっせんを開始することを通知し、相談者の相談内容や相談者の意向を説明する。

---

5) 候補者は、消費者問題の専門家及び弁護士10名以内が任命されている（業務規程19条）。

第2章　消費者

あっせんの時点で解決に至ることも多いが、相手方である事業者が相談者のあっせんに応じる意思がない場合やあっせんの意思はあるものの条件面で折り合いがつかず解決に至らなかった場合には、相談者にあっせんの不調が通知される。

あっせんが不調になると、相談員が相談者にConsumer ADRの裁定手続に関する説明を行い、相談者に裁定手続の申立てを行うか否かの意向を確認する。そして、相談者が裁定手続への移行を希望した場合には、相談者は裁定手続申立書を提出する。

(3)　裁定手続の流れ

相談者が裁定手続の申立てを行った場合、その旨が事業者に通知され、第1回期日を決めた上で、裁定手続が開始される。

裁定手続の期日は特別な事情がない限り3回までであり、裁定期日においては、裁定委員会が当事者双方から話を聞き、裁定案の提示がなされる。裁定案に双方が応じた場合には、所定の和解書を作成し、担当手続実施担当者が署名又は記名押印し、双方に和解書を交付する。裁定案に一方当事者が不同意であった場合[6]には手続が終了し、その旨を双方に通知して終了する。

(4)　和解が成立する見込みがない場合の手続

裁定委員会は、紛争の一方当事者が正当な理由なく2回以上手続期日に欠席したときや紛争の一方当事者が和解をする意思がないことを明確にしたとき等、紛争当事者間に和解が成立する見込みがないものとして、速やかに、決定をもって裁定手続を終了する。

和解の見込みがないと判断された場合、所定の裁定手続終了通知書が当事

---

6)　裁定案の提示を受けた手続期日終了後14日以内に同意・不同意の意思表示がなされない場合には、不同意の意思表示とみなされる。

者双方に送付される。

4 費用

裁定手続を利用するに当たって、申立人は、Consumer ADR特別委員会に対し、申立費用5,000円（税込）を原則として現金で納付する必要がある。但し、相手方が裁定手続の実施を依頼しなかったとき、又は裁定手続を依頼したにもかかわらず、手続期日に出席することなく、当該裁定手続が終了したときは、納付された申立費用の半額が申立人に返還される。また、和解成立となっても、申立費用以外の費用はかからない。

なお、相談、あっせんは費用がかからない。

5 取扱件数等

年度	相談受付	相談処理	裁定手続移送準備	裁定手続へ付託
	（うち当日終了）			裁定手続で解決
平成27年度	1,530	65	19	3
	(1,465)			2
平成28年度	1,616	51	20	0
	(1,565)			0
平成29年度	1,518	67	21	1
	(1,451)			0

6 過去の解決事案

(1) 英会話教室の中途解約に基づく返金請求の事案

ア 事案

聴力障害があり、声を発することができない申立人が英会話教室の受講を申し込んだ。

申立人は、12か月程度受講をしたが、筆談によって英会話力をアップする

のは困難だと感じ、通学を諦め、授業料の支払いを停止した。すると、簡易裁判所から支払督促が届いたため、事業者との話し合いをしようと考え、Consumer ADRでの解決を希望した。

　　イ　結　果

相談室で相手方事業者に相談者の状況と意向を伝え、「特定商取引法」の特定継続的役務提供契約の中途解約精算を申し入れたところ、事業者から中途解約精算に応じるとの回答を得た。

その後、相手方から精算条件が提示されて、申立人も相手方が提示した条件に合意したため、解決に至った。

(2)　アポイントメントセールスで購入したネックレスの中途解約の事案

　　ア　事　案

自宅に見知らぬ女性から電話があり宝石店に誘われた申立人は、宝石店において長時間の説明を受け、強く勧められた結果、ローンでダイヤモンドのネックレスを購入することになった。しかし、支払いが苦しいので解約したいとの申立てがあった。

　　イ　結　果

裁定手続における話し合いの結果、事業者は解約には応じなかったが、減額の申出があった。減額された残金を申立人が支払うことで申立人が納得したため和解に至った。

主任手続実施者より、上記和解条項の文面が読み上げられ、双方がその内容を確認した後、裁定手続を終了した。

7　特徴等

(1)　裁定委員会の構成

裁定手続においては、Consumer ADR特別委員会が、申立案件ごとに候補者名簿に記載されている者のうちから、当該案件の裁定手続を行うにふさわ

しい者であって、その公正性に疑いを生じさせない者3名を担当手続実施者として選任し、担当手続実施者のうち少なくとも1名は弁護士が選任される。

(2) 裁定手続
　ア　事業者には、裁定手続に応諾する義務はない。
　イ　裁定手続は非公開でなされる。
　ウ　認証ADRであるため、ADR法25条に基づく時効中断効が認められる。

(3) 秘密保持
手続実施者候補者等が秘密保持に関する誓約書を提出するなど秘密保持が図られている。

8　まとめ

本件は、特定商取引法分野に特化したADRである。

裁定手続の前提として、あっせん手続が行われる。あっせん手続は口頭であっせん開始を通知するなど、簡易・迅速な手続であり、あっせん手続で解決に至る事例も一定数存在する。

裁定手続は、相手方に手続応諾義務は認められていないものの、同分野に精通した弁護士等の専門家による裁定手続が、廉価な費用で行われること、裁定案の提示も3回以内の期日に提示されることが予定されており手続が迅速であること、認証ADRであることからADR法25条に基づく時効中断効が認められることから、特定商取引法分野におけるADRとしては有用であると言える。

コラム　立教大学観光ADRセンター

　消費者問題を取り扱う認証ADR機関の中でも、立教大学観光ADRセンター（以下「センター」という。）の取組みは、ユニークなものである。
　立教大学を運営する学校法人立教学院が平成24年2月に認証紛争解決事業者として認証を受け、センターが設立された。このように、大学がADRを実施すること自体が、珍しく画期的なことであった。
　立教大学は、日本の観光教育の草分けと言われる観光学部や観光研究所を有し、観光業界に多数の実務家を輩出しており、観光関連領域における法的紛争の解決について関心が高かった。旅行や宿泊に関するトラブルは市民にとって日常的なものである一方、訴訟に持ち込まれることが少なく、いわば放置されている現状があり、その解決策が模索されていたのである。他方、法科大学院における法曹養成教育を充実させるべく、大学内での法律実務活動のニーズも生まれていた。
　このような背景から設立されたセンターでは、日本国内において締結された、旅行業（旅行業法2条1項）を営む事業者と消費者との旅行契約に関する紛争及びホテル営業・旅館営業又は簡易宿所営業（旅館業法2条）を営む事業者と消費者との宿泊契約に関する紛争を取り扱うこととなった。これまでは、弁護士や学内教員を調停人として、調停人3名から組織される調停委員会による調停のみが行われている。開設から平成28年度末までのADR申立件数は24件だが、相手方には手続応諾義務がなく、相手方が応諾したものは12件に留まる。当初は、宿泊業者の応諾拒否が目立っていたが、センターでは、ADRによる紛争解決の社会的意義をアピールすることに努め、理解を求めてきた。
　今後の課題として、インターネットの普及等に対応して旅行・宿泊業界のサービスの有り様も刻々と変化する中、旅行会社を介さない航空券の直接販売や国外のホテルとの直接の宿泊契約等が増え、新しい形態のトラブルも散見されるようになっており、このような旅行・宿泊業界の実情に合わせて、センターにおいても取り扱う紛争領域を拡張・充実させていくことが期待される。
　市民にとって身近な旅行・宿泊トラブルの解決に光を射す、同センターの先駆的取組みは、今後より一層注目されることになろう。

第3章 製 造 物

❶ 家電製品PLセンター

名　　　称	家電製品PLセンター
事業者名	一般財団法人　家電製品協会
住　　　所	東京都千代田区霞が関3丁目7番1号　霞が関東急ビル5階
TEL：0120-551-110　　URL：http://www.aeha.or.jp/plc/	

概　要

　家電製品PLセンター（以下「センター」という。）は、多種多様な家電製品の安全性の向上、アフターサービスの充実、製造物責任に関する検討、更には、環境問題と密接な関わりをもつ使用済み家電製品対策、省エネルギー・省資源対策など、家電製品に共通する諸問題について、調査・研究と政策の立案、実施を行っている一般財団法人家電製品協会により運営されている機関である。家電製品を巡るトラブルに関し、相談、あっせん及び裁定を実施することを通じて解決を図っている。

ポイント

・機動的なあっせん手続と、専門的な判断がされる裁定手続を取り扱っている。
・裁定委員会の委員には専門的知見を有する技術者が含まれ、裁定書には技術的な根拠付けがなされる。

第3章 製造物

1 取り扱う紛争の範囲

　家電製品の事故に関する、一般消費者と製造業者等（家電製品の製造、加工又は輸入を行う者及び氏名等の表示により実質的な製造者等と認められる者）との間の民事上の紛争を対象としている。
　対象となるのは、一般消費者にとって身近な調理・家事・理美容・電気暖房機器等を含むほぼすべての家電製品（ジャンル別に10グループに区分された203種の製品で、詳細はセンターのHPに掲載された対象製品の表にて公表されている）であるが、一般消費者が専ら家庭内の日常生活で使用するものに限られる。
　対象となる事故は、家電製品が原因と思われる事故であって、人の生命、身体又は当該家電製品以外の財産への被害（拡大損害）が生じた事故、及び家電製品が原因と思われる事故であって、拡大損害が生じる可能性はあったが、被害が当該家電製品のみに止まり、拡大被害が生じなかった事故である。拡大損害が生じる可能性すらなかった事故は対象ではない。また、家電製品の据付工事等のサービスのみに起因する事故は除かれる。

2 手続

(1) **あっせん手続**

　ア　あっせん手続依頼の方法

　あっせん手続の依頼は、電話、ファクシミリ、電子メール、郵便又は来所による面談のいずれかの方法により可能である。
　但し、あっせん手続の依頼は、一般消費者側からでなければならず、製造業者等からの依頼はできない。

　イ　あっせん手続実施者

　依頼のあったあっせん手続がセンターの定める受付要件に該当するものとして、センターにより受付がなされると、カウンセラー[1]又はセンターの顧

問弁護士の中からあっせん手続の手続実施者が指名され、手続実施者から一方当事者である製造業者等に、あっせん手続の開始に合意するか否かの確認がなされる。

 ウ あっせん手続の開始

上記あっせん手続の開始について製造業者等が合意をし、手続が開始されると、手続実施者により、依頼者及び製造業者等からの主張・要望等の聞き取りや、事故の原因と思われる対象家電製品の確認、被害状況等の事実確認が行われ、原因究明が行われる。

手続実施者は、必要に応じて、又は依頼者若しくは製造業者等の要請に基づき、一般財団法人日本品質保証機構や一般財団法人電気安全環境研究所等の外部の機関を用いて原因究明を行うことがある。

手続実施者は、依頼者又は製造業者等から提出された資料、意見、外部の機関の作成した調査結果等を総合的に判断し、あっせん案を作成し、これを依頼者及び製造業者等に提示し、解決に向けて調整し、合意形成を目指す。

 エ あっせん手続の終了

依頼者及び製造業者等があっせん案に合意した場合、センター並びに手続実施者、依頼者及び製造業者等は合意書を取り交わし、あっせん手続が終了する。

 オ 裁定手続への移行

依頼者は、あっせん手続において、裁定手続への移行を依頼することができ、製造業者等がこれに合意し、家電製品紛争審査会[2]（以下「審査会」という。）が裁定手続への移行を可とする議決をした場合は、裁定手続に移行する。

1） センターに所属する職員であって、家電製品に関する苦情処理の実務経験を有する者及び家電製品関連技術の専門知識を有する者の中から相談業務及びあっせん業務に従事する者としてセンター長が指名した者。

2） 裁定手続の実施を通じて一般消費者と製造業者等との紛争の解決を図るため、センター内に設置された機関で、委員は、弁護士、学識者、消費者問題有識者及び技術者で構成される。

(2) 裁定手続
　ア　裁定手続依頼の方法
　裁定手続の依頼も、あっせん手続と同様、電話、ファクシミリ、電子メール、郵便又は来所による面談のいずれかの方法により可能である。
　なお、裁定手続の依頼は、一般消費者側からでなければならず、この点はあっせん手続と同様である。
　イ　裁定手続の開始
　裁定手続の依頼について、依頼された案件の主体や紛争内容等が受付要件に該当するものとして、センターにより受付がなされると、一方当事者である製造業者等に、裁定手続の開始に合意するか否かの確認がなされる。これに製造業者等が合意をすると、その旨がセンターから審査会の会長に通知され、審査会において、当該案件についての裁定手続の開始の可否を議決する。審査会において、裁定手続の開始を可とする旨議決され、手続実施者[3]の指名が完了すると、裁定手続が開始される。
　ウ　裁定手続の内容
　裁定手続では、原則として依頼者と製造業者等の双方の出頭が求められており、裁判所で行われる調停と同様、裁定委員会が、双方から交互に意見を聞く。また、裁定委員会により、事故の原因と思われる対象家電製品の確認、被害状況等の事実確認が行われ、原因究明が行われる。
　裁定委員会は、必要に応じて、又は依頼者若しくは製造業者等の要請に基づき、一般財団法人日本品質保証機構や一般財団法人電気安全環境研究所等の外部の機関を用いて原因究明を行うことがある。
　裁定委員会は、依頼者又は製造業者等から提出された資料、意見、外部の機関の作成した調査結果等を総合的に判断し、裁定書を作成し、裁定書の受

---

3) 審査会の会長により、審査会の委員の中から、専門分野が弁護士、消費者問題有識者、技術者である者各1名を含む3名ないし5名が指名される。指名された手続実施者は裁定委員会を構成する。

諾を依頼者及び製造業者等に勧告する。
　　　エ　裁定手続の終了
　勧告された裁定案を依頼者及び製造業者等が受諾した場合、センター並びに手続実施者、依頼者及び製造業者等は合意書を取り交わし、裁定手続が終了する。

(3) あっせん手続と裁定手続の相違点

　あっせん手続においても、最終あっせん案は書面で提示されることがほとんどであり、裁定書が出される裁定手続と、解決案が書面で出される点に変わりはないが、裁定委員会の委員には技術者が含まれており、裁定書は、あっせん案に比べて、より高度の専門的技術的な根拠付けがなされる点で、あっせん案と異なる。

3　費用

(1) あっせん

無料である。

(2) 裁定

依頼者が費用の10,000円（税込）を負担する。

(3) 調査委託費

　あっせん・裁定いずれの手続においても、依頼者及び製造業者等の依頼により原因究明を外部調査機関に委託した場合の費用は、当該調査委託を依頼した方が実費を負担する。

4　取扱事件数

　あっせん手続及び裁定手続の受付件数の合計は、センターが設立された平

成7年は83件で、その後徐々に増加し、平成12年には108件であったが、その後減少し、平成19年以降は10件に満たない状況が続いている。

このうち、裁定手続の受付件数は、平成7年のセンター設立以降をすべて合計しても、10件にとどまる。

5 合意成立の割合

平成19年に法務大臣による裁判外紛争解決手続の認証を受けて以降、あっせん手続、裁定手続により、最終的に合意に至ったのは、全体の70％以上である。

6 特　徴

(1) センターの設立経緯

平成6年7月1日に公布された製造物責任法（PL法）の審議の過程において、衆・参両院の商工委員会で「裁判によらない迅速公平な被害救済システムの有効性にかんがみ、裁判外の紛争処理体制を充実強化すること。」という付帯決議が採択された（平成6年6月）。

これを受けて、平成6年10月に、通商産業省（現、経済産業省）から「製品分野別裁判外紛争処理体制の整備について」が通達された。センターは、この通達の趣旨に基づき、家電製品の事故に関する紛争解決の窓口として、平成7年3月に設立された。

(2) 認証ADR

当該あっせん手続及び裁定手続は、認証ADRであるため、ADR法25条の規定に基づく時効中断効が認められる。

(3) 期　間

手続開始から、あっせん手続で3、4か月、裁定手続で4～6か月で終結

すること多い。

(4) 相　談

上記あっせん手続及び裁定手続のほか、センターでは、対象となる家電製品の事故に関する相談及び家電製品の機能、性能、安全性等に関する相談に対して、助言、又は情報の提供も行っている。

(5) 代理人

あっせん手続及び裁定手続ともに、3親等以内の親族、弁護士は代理人となることができる。

7　利用例

(1)　ドラム式洗濯乾燥機による火傷

消費者がドラム式洗濯乾燥機を使用中、エラー表示が出て途中停止したため、消費者が本体扉を開けたところ、その際に手の甲が本体扉の内側に接触し、火傷を負った。消費者は、治癒期間の約1か月休業したが、事業者が休業補償を拒否したため、これを求めて消費者からあっせん手続が依頼された。

あっせん手続において、双方に過失があったことを前提とする、あっせん案が示されたところ、これに両者が合意し、あっせん手続が終了した（手続期間約4か月）。

(2)　電気湯沸器（電気ジャーポット）による火傷

消費者は、乳児が電気給湯器の給湯ロック解除ボタンと給湯ボタンの両方を押してしまい熱湯が出て手に火傷を負ったと主張したが、事業者は、性能上・安全上の問題はなかったとして損害賠償を拒否したため、あっせん手続が依頼された。

あっせん手続では、当該電気給湯器は、給湯ロック解除ボタンと給湯ボタ

第3章 製造物

ンの両方を同時に押しても給湯できず、給湯ロック機構が正常に動作していることが確認されたため、「設計上の欠陥」が存在しないことを前提に、事業者が消費者に解決金を支払うあっせん案が示されたが、消費者は、あっせん案に納得できないとして、あっせん手続の終了を希望したため、あっせん手続が終了した（手続期間約2か月）。

8 まとめ

本ADRは、対象となる家電製品が多種多様であること、手続費用が無料又は低廉であること、裁定委員会の委員には技術者が含まれ、裁定書には技術的な根拠付けがなされること、弁護士も代理人となることができることなどから、家電製品の欠陥が原因と思われる損害賠償請求事案等を解決したいが、家電製品の欠陥について技術的な裏付けが必ずしも十分ではないものの、技術者の関与があれば当該家電製品の欠陥が明らかになると見込まれるような場合等に、利用価値はあるものと思われる。

❷ 消費生活用製品PLセンター

名　　称	消費生活用製品PLセンター
事業社名	一般財団法人　製品安全協会
住　　所	東京都台東区竜泉2-20-2 ミサワホームズ三ノ輪2F　一般財団法人製品安全協会内
TEL：03-5808-3303　　フリーダイヤル：0120-11-5457	
URL：http://www.sg-mark.org/plcenter.html	

概　要

消費生活用製品PLセンター（以下「センター」という。）は、一般財団法人製品安全協会が運営する紛争処理機関であり、消費生活用製品全般

に起因する事故やトラブルの相談及び調停事業を行っている。

> **ポイント**
> ・センターは、消費者から消費生活用製品に関する相談を受けた場合、消費者と企業との間の交渉が円滑に進むよう、事案によって、センターが当該企業に照会を行う。
> ・調停では、専門的知見を有する判定委員により構成された判定会のもとで手続が進行することから、専門的知見を参考にした解決が可能である。

1 取り扱う紛争の範囲

センターが、相談及び調停の対象とする消費生活用製品は以下のとおりである。

・乳幼児関連製品（ベビーカー、抱っこひも、乳幼児用ベッド等）
・家具、家庭、台所関連製品（椅子、脚立、ゆたんぽ、鍋等）
・福祉関連製品（シルバーカー、杖、手動車椅子等）
・スポーツ、レジャー関連製品（バット、ゴルフクラブ等）
・自転車関連製品（自転車、自転車用幼児座席、空気ポンプ等）
・その他（乗車用ヘルメット、ライター等）

但し、調停で取り扱う製品はSGマーク[1]が貼付されている製品又はそれに類似する製品であり、消費者生活用製品全般を取り扱う相談業務よりも範囲が絞られている。また、調停の対象となる紛争は、製品の欠陥によって人身被害が生じたり、当該製品以外の物に損害が生じたような、いわゆる「製造物責任関連事故」を対象としており、単なる製品の瑕疵や損害が当該製品の

---

[1] SGマークとは「Safe Goods」の頭文字を合わせたものである。SGマークは、一般財団法人製品安全協会が一般消費者の生命や身体の安全を確保することを目的として定めるSG基準に適合するものとして認証された製品に表示される安全・安心マークである。

みに生じた事案については対象としていない。

2 取扱業務

(1) 相　談

消費生活用製品に関する事故、苦情等の相談業務を実施している。

相談は原則的に電話により行われ、相談者への助言や相対交渉の援助を行う。

相対交渉の援助とは、相談者（消費者）に対し、企業側（製造業者、販売業者等）との交渉の際の注意点、交渉方法及び交渉に必要な知識・情報の提供等の援助を行うものである。

事案によっては、相談内容の争点を整理し、センターが相談者の相手方である企業側に対し、必要な資料の提出を求めるなどの照会を行い、当事者間の話し合いが円滑に進むよう努めている。照会結果はセンターから相談者へと伝えられる。相談者は、企業側との交渉材料として、照会結果を利用することができる。

このように、センターは、相談者と企業側の紛争が解決するような活動を行うが、センターが間に入って、一方当事者の代理人となり他方当事者との交渉を行うものではない。

なお、相談は無料で行っている。

(2) 調　停

ア　申立手続

当事者間での交渉がうまくいかず、解決に至らない場合、当事者双方の合意があれば調停手続を利用することが可能である。従って、調停の相手方が、手続に応諾する意思がない場合は、調停手続を利用することはできない。

調停は、上記のとおり、SGマークが貼付されている製品又はそれに類似する製品のみを取り扱う。

調停手続は、まずは、センターが電話で受付を行い、その後、調停の申立

書をセンターに提出する。調停申立書は、調停の電話受付後にセンターから送付を受ける。

申立費用は、当事者それぞれに10,000円（税別）が必要である。

調停の受付完了後、当該事件審理を担当する判定会が構成される。

判定会は、消費生活用製品に関して専門的知見を有する判定委員(弁護士、医師、技術専門職、消費者問題有識者）により構成される（1件につき3名〜4名ほど）。

　　イ　調停手続への出頭等

当事者は、調停期日において、センター内に出頭し、判定委員に対し、自らの主張を展開するとともに、これを裏付ける証拠の提出を行う。

本調停手続では、当事者に対し、出頭義務を課していないことから、不出頭をもって手続が終了することはないが、必要な証拠等の提出を行わないような場合等は、調停手続続行の意思確認を行った上で、手続は終了することがある。

　　ウ　外部の専門機関への原因究明・試験実施

製品事故のように原因究明が重要であり、製品の調査確認が更に必要と判断された場合には、判定会は、事案に応じて、当事者の了解を得た上で、第三者の専門機関に試験の実施を依頼することがある。

試験実施後、実施結果を踏まえて審査がなされる。

第三者の専門機関に対し、原因究明や試験実施を依頼した際にかかる実費は当事者が負担する。実費の負担割合は、基本的には当事者において折半するが、事案に応じて負担割合が異なる場合もある。

　　エ　解決案の提示

判定会は、当事者双方の主張を踏まえた上で審査を行い、当事者に解決案の提示をする。

当事者が合意すれば調停は成立となる。

但し、調停案について、当事者双方に応諾義務はなく、一方が応じない場

合には不調となる。

　　オ　手続期間

　書類がすべて整ってから、1か月から2か月おきに判定会が開催され、1～2回ほど判定会が開催された後、判定会が当事者に対して解決案を提示する。早ければ、調停申立てから2か月程で手続が終了する。

3　取扱事例

　センターにおいては、センターに対する相談概要は公表しているが、相談の結果及び調停の内容等については、公表をしていない。以下、センターが公表している相談の概要を掲載するので、センター利用の参考にされたい。

(1)　事故相談

・クロスバイク

　4か月前に購入したクロスバイクで走行中に前輪が外れ、転倒して骨折したため、メーカーに申し出たが、製品に問題はないと回答され納得がいかない。

・自転車の鍵

　10年以上前に購入した自転車の鍵のプラスチック部品が破損して指をケガしたがメーカーの対応が悪い。

・ソファ

　布製ソファの布地から飛び出していたステープル様の金具で左脚に切創を負った。製造販売業者は、製品の欠陥を認め、返品返金されたが、ケガの補償について折り合いがつかない。

・キッチンボード

　先日購入したキッチンボードの角が鋭利なため、手を切ってしまったが、販売会社の対応が悪い。

(2) クレーム相談

・自転車

5年ほど前に購入した自転車で走行中にブレーキをかけたところ、ドラムブレーキが爆発したようにボロボロになってしまったが、どのように考えればよいだろうか。

・フライパン（フッ素樹脂加工）

数回しか使用していないフライパンをガス火にかけたらフッ素樹脂加工の塗膜が膨らんだ。メーカーに申し出たところ、交換はするが調査はしないと回答され、納得がいかない。

・ゴルフクラブ

ほとんど使用していないゴルフクラブが2回も折れたが、販売店が返金に応じてくれない。

4 まとめ

センターは、消費者と企業側との製品に関する情報格差を埋め、センター独自の活動を通じて、消費者と企業側のトラブルの争点を明確にするなどして、当事者の交渉が円滑に行われるようサポートしている。相談で解決に至らなかった場合には、調停手続を利用することが可能であり、弁護士や技術者などの専門家によって構成された判定会が中心となって審理を行い、事案に応じて、外部の専門機関への原因究明・試験実施により、紛争を解決する。

訴訟に比べて、手続期間が短く、手続費用も低廉であることから、消費生活用製品に関するトラブルを簡易迅速に解決するためには有用なADRであると言える。

❸ 自動車製造物責任相談センター

| 名　　称 | 自動車製造物責任相談センター |

第3章 製造物

事業者名　公益財団法人　自動車製造物責任相談センター
住　　所　東京都千代田区内幸町２丁目2-3　日比谷国際ビル18階
TEL：0120-028-222　　URL：http://www.adr.or.jp

概　要

　自動車製造物責任相談センター（以下「センター」という。）は、製造物責任法の成立を契機として、自動車等の欠陥に関する紛争について、裁判によらない公平・迅速な解決を目指して、一般社団法人日本自動車工業会[1]が中心となって設立されたADRである。
　センターが取り扱う紛争解決業務は、①相談、②和解の斡旋、③審査の３つである。

ポイント

・和解の斡旋と審査は、法務大臣による裁判外紛争解決手続の認証を受けており、ADR法25条１項に基づく時効中断効がある。
・自動車工学や法律の専門家が手続に関与するため、迅速かつ公平妥当な解決が期待できる。
・和解の斡旋と審査は、紛争当事者双方の同意がないと手続を開始できない。
・和解の斡旋における斡旋案、審査における和解案や裁決について、両当事者に応諾義務はない。

1　取り扱う紛争の範囲

　自動車、二輪自動車及び原動機付自転車等のナンバープレートがついている車両（新車・中古車、国産車・輸入車を問わない）及びこれらの部品（ホイー

---

1)　一般社団法人日本自動車工業会は、1967年に前身である自動車工業会と日本小型自動車工業会との合併により、乗用車、トラック、バス、二輪車など国内において自動車を生産するメーカーを会員として設立された団体である。

ル、タイヤチェーン等）や用品（オーディオ、カーナビゲーション等）の品質・機能に関する紛争である。自転車、電動自転車、電動車いす、シニアカー等運転免許証が不要な製品に関する紛争は対象とならない。

典型的な紛争としては、①消費者が販売店から購入した車を使用中に、ブレーキ等の不具合に気付き、販売店に対し無償修理を求めたが、不具合の原因（製品の瑕疵又は不適切な使用方法やメンテナンス不足など消費者側の事情）や修理費の負担者を巡って争いとなるケースや、②車のエンジンから出火し建物に延焼した場合等のように、車の不具合が原因でその車以外の財産や人の生命・身体に損害が生じたケース（製造物責任法に基づく損害賠償が問題となる紛争）等がある。

2 手続

(1) 相談

自動車の専門家であるセンター相談員（以下「相談員」という。）が、電話により、消費者から事実関係を聴取した上で論点を整理し、技術的な解説や、販売店等との交渉の進め方、どこまで要求できるか等について、関連法規を踏まえて助言を行う。

なお、消費者と販売店との紛争において、消費者が希望する場合には、当事者間の交渉による解決を促進する趣旨で、相談員がメーカーに対し消費者の相談内容について情報提供することがある。但し、相談員が消費者を代理して交渉を行うことはないし、販売店等に対し指示命令する権限はない。

(2) 和解の斡旋[1]

ア 申立て

和解の斡旋手続は、紛争当事者双方が同意しなければ開始することができ

---

1) 事業者側が和解斡旋の申立てを行うことは、実務上想定されていない。

ない。消費者が和解の斡旋を希望する場合には、消費者自身が販売店等の紛争の相手方から同意の意思があることを確認しなければならず、同意確認後に、センターに斡旋申立書を提出する。その後、センターが、紛争の相手方に斡旋の申立てがあったことを通知し、斡旋の手続に応じる旨の同意書が提出された後に手続開始となる。

　　イ　手続の進行

　手続は非公開である。センターの嘱託を受けた弁護士（以下「センター付弁護士」という。）は、早期に斡旋案を提示し、原則として斡旋手続の開始日から2か月以内に手続が終了するよう努める（通常1～2か月で手続は終了する。）。斡旋手続開始前の相談の段階で、相談員が消費者から事情を聴取し、必要に応じ現物調査等を行っており、その結果をセンター付弁護士に報告することで、斡旋手続が円滑に進行する運用となっている。但し、斡旋手続の過程で、両当事者に対し、追加資料の提出を要請することがある。斡旋手続は、原則としてセンターの事務所において行うが、センター付弁護士が必要と判断した場合は、その他の場所や電話等の通信手段を利用して斡旋をすることもできる。

　　ウ　手続の終了

　センター付弁護士が提示した斡旋案に紛争当事者双方が同意する場合には和解書を作成し、紛争当事者のいずれか又は双方が斡旋案に同意しない場合には斡旋不調となり、斡旋手続は終了となる。相談員は、斡旋が不調に終わった場合、紛争当事者に審査移行について照会し、双方の同意があれば、審査手続に移行することができる。

　手続の詳細については、センターのHP上に和解斡旋の利用規程及び和解の斡旋に関する規則が掲載されている。

(3) 審　査
ア　申立て

　紛争当事者間の交渉では解決に至らなかった事案で責任の所在を明確にする必要がある場合や、和解の斡旋が不調に終わった場合等において、双方が同意したときには、センターの審査委員を手続実施者とする審査を行う。

　審査の手続は、紛争当事者双方が同意しなければ開始することができない。消費者が審査を希望する場合には、消費者自身が販売店等の紛争相手方から同意の意思があることを確認しなければならず、同意確認後に、センターに審査申立書を提出する。その後、センターが、紛争の相手方に審査の申立てがあったことを通知し、審査の手続に応じる旨の同意書が提出された後に手続開始となる。

イ　手続の進行

　手続は非公開である。審査は、自動車工学や法律の専門家である大学教授や弁護士等9名から15名以内の委員で構成される審査委員会に置かれる審査小委員会が行う。審査小委員会は、弁護士1名以上の審査委員により構成されている。審査小委員会は、原則として月に1回開催し、4回以内で解決するよう努める（通常3～4か月で手続は終了する。）。審査手続の開始が決まると、必要に応じて相談員が現地調査や現物調査を行い、相談段階で聴取した事情等を整理した上で審査小委員会に報告する運用となっている。但し、審査手続の過程で、両当事者に対し、審査小委員会に出席した上で意見を述べることを求め、又は追加資料の提出を要請することがある。審査手続は、原則としてセンターの事務所において行うが、審査小委員会が必要と判断した場合は、その他の場所や電話会議等の方法で行うこともできる。

　審査小委員会は、当事者の申立て又は職権により、鑑定人を選任して、損害の原因究明又は当事者が提出した意見及び資料等について鑑定し、その結果を鑑定書で報告することを求めることができる。また、審査小委員会は、事案が高度に専門的であるためその解明に必要であるときは、両当事者の意

見を聞いて、技術専門委員（公益社団法人自動車技術会[2]から派遣される。）を審査小委員会に出席させ、専門的知見の提供を求めることができる。

　　ウ　手続の終了

　手続の進捗に応じて、審査小委員会が和解案を示し、和解を勧めることがある。全ての当事者が和解案に同意する場合には、和解書を作成し、審査手続は終了となる。

　和解が成立する可能性がない場合又は審査案件が和解に適さないと判断される場合、審査小委員会は、裁定を行う。裁定の内容が申立棄却である場合を除き、紛争当事者は、裁定内容に同意するか否かを、裁定の通知を受けた後2週間以内に回答しなければならず、上記期間内に回答がない場合には、不同意とみなされる。全ての当事者が裁定に同意する場合は、和解書を作成し、審査手続は終了となる。一方又は全ての当事者が裁定に不同意の場合には、審査小委員会は当事者に裁定不同意の通知を出し、審査手続は終了する。

　手続の詳細については、センターのHP上に審査の利用規程及び審査に関する規則が掲載されている。

3　費　用

　相談及び和解の斡旋の利用手数料は、無料である。

　審査は、両当事者それぞれが金5,000円の事務手数料を負担する。審査小委員会が選任した鑑定人の鑑定費用及び派遣を要請した技術専門委員に関する費用はセンターが負担する。

　当事者が自己のために行った調査等に関する費用や、和解の斡旋や審査小委員会に出席するための旅費交通費等は、各当事者が負担する。

　2）　公益社団法人自動車技術会は、自動車に関わる科学技術の進歩発展を図り、もって学術文化及び産業経済の発展並びに国民生活の向上に寄与することを目的として設立された団体である。

4 取扱件数

センターにおける近年の取扱件数は以下のとおりである。

(1) 相　談

平成26年度の相談受付件数は2,786件、平成27年度は2,725件、平成28年度は2,624件であった。

(2) 和解の斡旋

和解の斡旋の平成26年度の申立件数は7件、平成27年度は9件、平成28年度は2件であった。

(3) 審　査

審査に関する申立件数は平成27年度と平成28年度はそれぞれ1件ずつであり、あまり利用されていない。

(4) 各手続の受付・申立件数について

上記のとおり、センターの取扱件数は、相談が群を抜いて多い反面、和解の斡旋及び審査は少ないと言える。

その理由は、前記2、(1)においても述べたとおり、相談員が消費者に対し、技術的事項（例えば、不具合の原因がわからない）、法的事項（不具合の原因に争いはないが正当な請求の範囲がわからない）及び交渉方法などについて、専門的見地から具体的に助言を行ったり、消費者の同意を得て消費者の相談内容をメーカーに情報提供することを通じて販売店等が解決に向けた具体的な行動（例えば、不具合の原因の検証を行うなど）をとることで、紛争が和解の斡旋及び審査に移行する前に解決に至っているためである。

加えて、和解の斡旋は、相手方となる販売店等の同意がなければ開始され

ないところ、現状においては、消費者が和解の斡旋を希望した相当数が販売店等から同意を得ることができず、和解の斡旋手続が開始できないことも、上記のように取扱件数に差異が生じている理由であると言える。

5 特徴等

(1) 時効の中断

センターにおける和解の斡旋や審査の手続は認証ADRであるため、ADR法25条に基づく時効中断効が認められる。

(2) 専門的知見に基づく公平妥当な解決が期待できること

①相談、②和解の斡旋、③審査の3つのサポートの各段階において、自動車の専門家と弁護士が協同して公平妥当な判断を導く体制が整備されている。

特に審査手続においては、原因究明等のため必要な場合に、鑑定人の選任や、外部の技術専門委員の手続参加が予定されており、その判断の信頼性は高い。鑑定費用や技術専門委員の嘱託費用はセンターが負担する点も、審査手続を利用するメリットの1つである。

6 利用例

(1) 相 談

自動車の品質・機能の不具合に関する紛争においては、技術的な知識や交渉力について、消費者と事業者の間に大きな格差があるため、センターに相談することは有用である。以下、解決事例を1つ紹介する。なお、センターのHP上に相談事例が掲載されている。

ア 消費者の相談内容

新車を購入して間もない時期から、エンストやエンジンの再始動ができない不具合が度々生じ、安心して車に乗ることができない。販売店で何らかの処置をしたようであるが、その後も不具合は直らない。修理できないなら返

車したい。

　　イ　相談員による助言の内容

　販売店が修理対応している段階で消費者が返車要求をすると、消費者都合と捉えられて一般的な査定価格での買取りになってしまう。返車要求する前に完全修理を要求するのが妥当である。その上で、修理が不可能又は修理が長引くようであれば、その時点で消費者に有利な条件での買取交渉ができる可能性がある。

　なお、センターでは、消費者が希望する場合には、メーカーに対し消費者の相談内容や困窮度合いを情報として提供することができる。

　　ウ　相談後の経過

　センターがメーカー側に消費者の相談内容を情報提供した後、販売店が原因調査を実施し、不具合の症状はエンストではなくエコストップ後の再始動不良であると判明した。販売店がバッテリーを交換したところ、不具合が改善され、消費者が自動車を継続使用することで解決した（相談受付から相談終了までの期間：約1か月）。

(2)　和解の斡旋

　当事者間の交渉で解決できなかった場合に、公平中立な立場にあるセンター付弁護士から和解案を示してもらうことは、解決に向けた1つの有効な手段である。以下、解決事例を1つ紹介する。

　　ア　消費者の要求

　中古車を購入後、走行中にエンジン警告灯が点灯し、再始動できなくなった。販売店からは、タイミングチェーンの伸びが原因であり、有償修理になると言われているが、故障の責任は販売店側にあるから、無償修理を要求したい。

　　イ　センター付弁護士の斡旋案

　タイミングチェーンの通常の耐用年数が経過していないこと、消費者によ

る車両の使用状況には特に問題がないことから、タイミングチェーンに何らかの問題があったと推測される一方で、保証期間が経過していることや、車両のメンテナンスの状況等を勘案し、修理費用について、消費者と販売店側の負担割合を定める内容の斡旋案を提示した。

この斡旋案に双方が同意し和解が成立した（相談受付から斡旋終了までの期間：約4か月）。

(3) **審　査**

審査手続は、自動車に関する高度な専門的知見に基づき責任の所在を明確にしたい場合や、和解の斡旋によっても解決に至らなかった場合等において利用することが想定される。解決事例を1つ紹介する。

　ア　事案の概要

新車購入後1年余りの間にブレーキが効かない不具合が2度発生し、2度目の時は接触事故が起きた。消費者は販売店に対し新しい車両との交換を要求したが、販売店側は、調査の結果、車両に異常は認められないとして車両の交換を拒絶した。

センターによる和解の斡旋は不調に終わり、審査手続に移行した。

　イ　審査の経過

不具合発生の状況や技術的内容について当事者の意見を聴くため、当事者双方に審査小委員会への出席を求め、事情聴取を行った。特に販売店側に対しては、技術的事項について詳細な質問を行い回答を求めるとともに、審査小委員会自らも現物調査を行った。

　ウ　審査小委員会の判断

車両に欠陥が存在したとは認定できないが、ブレーキ機能の不具合の原因が車両側になかったとも断定できない。当該車両は購入から1か月後にブレーキ機能に不具合が発生しており、審査小委員会による調査の際にもブレーキ関連の違和感を再現できたことから、消費者が車両に乗りたくないと

強く主張する心情も理解できる。

　以上の状況を踏まえ、販売店側が車両を相応の価格で買い取る和解案を提示したところ、双方が同意し和解が成立した（相談受付から和解成立までの期間：約13か月）。

7　まとめ

　近年では年間2,000件を超える消費者からの相談に対し、相談員による助言のみでサポートが終了する場合が圧倒的多数であり、和解の斡旋や審査の利用は低い水準にとどまっている。その要因の1つには、和解の斡旋や審査の手続開始に当たり販売店やメーカー側が相当数の案件で不同意の意思を表示している現状がある。しかし、和解の斡旋や審査は、裁判に比べて時間的・費用的コストが小さいことに加えて、高い専門性に基づく公平妥当な解決が期待できるADRであり、消費者だけではなく販売店やメーカーにとっても有用な紛争解決手段の1つになり得るはずである。今後は、センターが実施するADRが更に利用され、多くの紛争解決がなされることを期待したい。

第4章 労　働

❶ 各都道府県労働委員会（東京都、兵庫県、福岡県を除く）

名　　称	個別労働紛争のあっせん
事業者名	各都道府県の労働委員会（ただし、東京都[1]、兵庫県[2]、福岡県[3]を除く）
住　　所	各都道府県の労働委員会事務局

概　要

　個別労働関係紛争について、あっせん等の手段で解決を図るために、各地の労働委員会が実施している紛争解決手段である。

　あっせんにおいては、労働問題の専門家で経験も豊富なあっせん員が、公益側代表[4]、労働者側代表[5]、使用者側代表[6]の三者構成で入り、双方の主張の要点を確かめ、解決の可能性がある場合には、あっせん案を提示するなどして、紛争の解決を促す。

ポイント

・手続が迅速・簡便である。

---

1) 東京都では、東京都労働相談情報センターにて相談、あっせんが行われている。
2) 兵庫県では、兵庫労使相談センターにて相談のみが行われている。
3) 福岡県では、労働者支援事務所にて相談、あっせんが行われている。必要な事案では、労働委員会委員によるあっせんが行われている。
4) 弁護士・大学教授などの学識経験者等
5) 労働組合の役員等
6) 企業経営者等

- 費用は無料である。
- 手続は非公開である。
- あっせん員は、公益側代表、労働者側代表、使用者側代表という立場の異なる専門家が担当する。

1 取り扱う紛争の範囲

対象となるのは、労働条件その他労働関係に関する事項についての個々の労働者と事業主との間の紛争（以下「個別労働関係紛争」という。）である。

対象となる紛争の例としては、①労働条件の不利益変更などの労働契約に関する紛争、②パワハラ・セクハラなどの職場環境に関する紛争、③採用内定取消し等の採用や試用に関する紛争、④有期契約労働者の雇止め等非正規労働者の労働条件に関する紛争、⑤退職金の不支給など賃金に関する紛争、⑥整理解雇の有効性など労働契約の終了に関する紛争、⑦その他、懲戒処分の有効性に関する紛争などがある。

反対に、対象とならない紛争の例としては、①労働組合と事業主の間の紛争[7]や労働者と労働者の間の紛争、②労働局におけるあっせん手続中や民事調停が進行中である事件、裁判で係争中又は確定判決が出ている事件など、他の制度において取り扱われている紛争などがある。

2 手続

(1) あっせんの申請

事業所が所在する都道府県労働委員会事務局に、あっせん申請書を提出する。

(2) あっせん員指名

あっせん員は、あっせん員候補者の中から、通常、立場の異なる3名の専

---

[7] 紛争の内容が労働者個人と会社との間の権利義務に関しない紛争

門家（公益側代表・労働者側代表・使用者側代表、各1名）が指名される。

(3) **労働者及び事業主双方に対する事前調査**

あっせん員によるあっせんに先立ち、事務局職員が、申請書に基づき、労働者及び事業主双方から紛争の経過と主張の要点を聴取する。

この調査は、申請者に対しては主にあっせん申請時に、被申請者に対しては申請後できるだけ速やかに実施されることになっている。

(4) **あっせんによる調整**

あっせん員は、労働者及び事業主双方から個別に事情を聴き、その主張や意見について協議を行った上で労働者及び事業主双方に対する説得、意向の打診、紛争解決に向けての方針や、場合によっては、あっせん案の提示などを行い、紛争の解決を促す。紛争解決に向けて、複数回の期日を開催することもある。

(5) **あっせんの終結**

あっせんは以下の場合に終結する。

　ア　**解　決**

労働者及び事業主双方があっせん案を受諾した場合や、紛争事項について合意書等を締結した場合等には、あっせんは解決により終結する。

　イ　**打切り**

被申請者があっせんに応じないときや労働者及び事業主双方に解決に向けた歩み寄りが見られない場合等であっせん員が紛争解決の見込みがないと判断したときは、あっせんは打切られて終結する。

　ウ　**取下げ**

労働者及び事業主が紛争を自主的に解決した場合等で申請者があっせん申請取下書を提出した場合は、あっせんは取下げにより終結する。

3 費用

手続費用は無料である。

4 取扱件数等

(1) 近年のあっせんの取扱件数[8]

年度	申請件数	解決件数	打切件数	取下件数
平成25年度	376件	147件	121件	31件
平成26年度	319件	151件	143件	46件
平成27年度	343件	129件	150件	34件
平成28年度	290件	134件	137件	28件

(2) 概況

上記のとおり、近年のあっせん申請件数は平均330件程度であり、あっせんにおける解決件数は平均140件程度であり、解決率は42％前後となっている。解決までに要した日数は、平均で45日前後となっている。

5 特徴

(1) 手続が迅速・簡便・無料であること

長い時間と多くの費用を要する裁判に比べ、手続が迅速であり、申請は申請書を提出するだけの簡便な手続であり、費用も無料である。

(2) あっせん員は三者構成であること

あっせん員は、あっせん員候補者の中から、通常、公益側代表、労働者側

---

[8] 平成28年度は、福岡県で行われている個別労働紛争について労働委員会委員によるあっせんの件数も含まれている。

代表、使用者側代表の三者が選任されることになっており、あっせん員の中立性が確保されている。

(3) 非公開の手続であること
あっせんの手続は非公開であり、紛争当事者のプライバシーは保護される。

(4) 時効の中断効がないこと
あっせんの申請には時効中断効が認められていないことから、時効管理には注意が必要である。

(5) 労働局・紛争調整委員会によるあっせんとの違い
労働委員会によるあっせんは、労働局・紛争調整委員会によるあっせんと似通っている部分もあるが、前者は、①あっせん員として、通常、公益側代表、労働者側代表、使用者側代表の立場の異なる三者が選任されるという点、②あっせん期日も1回ではなく複数回開催されている点、③時効中断効が認められていない点、に違いがある。

6　解決事例

(1) パワハラについての事案
労働者側が、担当上司から度重なる叱責を受け、心身に異常をきたしたとして、勤務先に対して、慰謝料の支払いと謝罪を求めた事案。パワハラの有無に関する認識について、労働者側と事業主側に大きな認識の差があったが、事業主側が一連の過程において配慮に欠ける点があったことに遺憾の意を表し、一定の解決金を支払うことなどを内容とするあっせん案を両者に示し、個別折衝を行った結果、あっせん案を当事者双方が受け入れ、事件が解決した。

(2) **採用内定について争われた事案**

営業所長が申請者をパート従業員として採用しようとしたところ、本社の指示により採用取り止めとなったが、申請者が雇用を強く希望してあっせんを求めた事案。双方からの事情聴取の結果、雇用の方向で解決することは困難と判断し、金銭補償の方向で解決を図ることになった。解決金の額についても両者の差は大きかったが、個別に説得を行ったところ、双方に歩み寄りが見られ、解決に至った。

7 まとめ

労働委員会によるあっせんは、訴訟に比べて手続が迅速であること、手続自体も簡便であること、費用が無料であることから、早期解決を望んでいる事案、争点が少ない事案、紛争の額があまり大きくない事案などについて、訴訟等に至る前の段階の紛争解決手段として利用を検討する価値は十分にある。また、立場の異なるあっせん員3名が関与し、手続の中立性を確保しつつ、公平・妥当なあっせん案の提示が期待できる点も利用者にとってメリットである。

但し、あっせんの申請には時効中断効が認められていないことから、時効期間が迫っている事案等については、時効中断効が認められている他の手段を利用するべきである。

❷ 各都道府県労働局紛争調整委員会

名　　称	紛争調整委員会によるあっせん
事業者名	各都道府県の労働局
住　　所	各都道府県の労働局の所在地

概　要

当事者の間に労働問題の専門家である第三者が入り、双方の主張の要

点を確かめ、場合によっては、両者が採るべき具体的なあっせん案を提示するなど、紛争当事者間の調整を行い、話し合いを促進することにより、紛争の円満な解決を図る制度である。個別労働関係紛争の解決の促進に関する法律に基づき、全国47の都道府県労働局で実施されている。

ポイント

- 原則として1回の期日で終了するものとされており、手続が迅速・簡便である。
- 労働問題の専門家（弁護士、大学教授、社会保険労務士等）が担当する。
- 費用は無料である。
- あっせん申請を理由とする使用者による不利益取扱いは禁止される。
- 特別法の規定に基づく時効中断効がある。

1 取り扱う紛争の範囲

あっせんの対象となるのは、労働条件その他労働関係に関する事項についての個々の労働者と事業主との間の紛争（以下「個別労働関係紛争」という。）である。

但し、個別労働関係紛争であっても、労働者の募集及び採用に関する事項についての紛争は除外される。

また、公務員は原則、適用除外となるが、国営企業・地方公営企業の職員等の勤務条件についてのみ適用となる場合がある。

対象となる紛争の例としては、①解雇、雇止め、配置転換・出向、昇格・昇進、労働条件の不利益変更などの労働条件に関する紛争、②いじめ・嫌がらせなどの職場環境に関する紛争、③会社分割による労働契約の承継、同業他社への就業禁止などの労働契約に関する紛争、④その他、退職に伴う研修費用の返還、営業車など会社所有物の破損についての損害賠償請求を巡る紛争、などがある。

反対に、対象とならない紛争の例としては、①労働組合と事業主の間の紛

争や労働者と労働者の間の紛争、②募集・採用に関する紛争、③裁判で係争中である、又は確定判決が出ているなど、他の制度において取り扱われている紛争、④労働組合と事業主との間で問題として取り上げられており、両者の間で自主的な解決を図るべく話し合いが進められている紛争、などがある。

2 手続

(1) あっせんの申請

あっせんの申請は、あっせん申請書に必要事項を記載の上、紛争の当事者である労働者に係る事業場の所在地を管轄する都道府県労働局の長に提出する。

(2) 労働局長による紛争調整委員会へのあっせんの委任

都道府県労働局長が、紛争調整委員会[1]へあっせんを委任する。

この際、必要に応じて申請人から事情聴取を行い、紛争に関する事実関係を明確にした上で、都道府県労働局長が紛争調整委員会にあっせんを委任するか否かを決定する。事件がその性質上あっせんをするのに適当でないと認めるとき、または、紛争当事者が不当な目的でみだりにあっせんの申請をしたと認められるときには、都道府県労働局長は、紛争調整委員会にあっせんを行わせない。

あっせんが紛争調整委員会に委任されると、紛争調整委員会の委員のうちから、当該事件を担当する3人のあっせん委員が指名される。もっとも、あっせん手続の一部を特定のあっせん委員に行わせることができるとされており、一般的には、1名のあっせん委員により手続が進められることが多い。

(3) あっせんの開始通知

当事者にあっせんの開始通知を送付し、あっせん参加・不参加の意思確認

---

[1] 弁護士、大学教授、社会保険労務士などの労働問題の専門家により組織された委員会であり、都道府県労働局ごとに設置されている。

を行う。

あっせん開始の通知を受けた一方の当事者が、あっせんの手続に参加する意思がない旨を表明したときは、あっせんは実施せず、打ち切りとなる。

(4) あっせん期日の決定、あっせんの実施

あっせん期日は、通常、労働局に用意されたあっせん室で開催される。

あっせん委員が、①紛争当事者双方の主張の確認、必要に応じ参考人からの事情聴取、②紛争当事者間の調整、話し合いの促進、③紛争当事者双方が求めた場合には、両者に対して、事案に応じた具体的なあっせん案の提示、などを行う。

(5) 紛争の解決又は打ち切り

当事者間に合意が成立するか、当事者双方があっせん案を受諾した場合には、和解文書を作成する。

もっとも、当事者にあっせん案を尊重する義務はなく、当事者間に合意が成立せず、あっせん案を受諾しなかった場合は打ち切りとなる。

3 費用

手続費用は無料である。

4 取扱件数等

(1) 近年の取扱件数

年度	申請件数	参加件数	合意件数
平成25年度	5,712件	3,128件	2,225件
平成26年度	5,010件	2,735件	1,895件
平成27年度	4,775件	2,666件	1,837件
平成28年度	5,123件	2,886件	2,003件

(2) 概　況

上記のとおり、近年のあっせん申請件数に対する当事者双方のあっせん参加率は55％前後となっている。

また、あっせん参加件数に対する合意率は70％前後と高い合意率となっている。

申請内容別の件数としては、直近の平成28年度では、いじめ・嫌がらせが最も多く、1,643件で29％、次いで解雇が1,242件で21.9％と、この2つで内訳延べ合計件数5,663件（1件のあっせん申請で複数の内容にまたがる申請が行われた場合に、複数の申請内容を件数として計上したもの。）の約半数を占めている。

なお、いじめ・嫌がらせに関するあっせんの申請は、3年連続で最多となっている。

5　特　徴

(1) 手続が迅速・簡便であること

長い時間と多くの費用を要する裁判に比べ、下記のとおり手続が迅速であり、申請書も簡易な書式が用意されているなど簡便であり、費用も無料である。

あっせんは原則として1回の期日で終了するものとされており、平成28年度のあっせんの処理期間は、5,083件の処理件数中、1か月以内が2,210件で43.5％、1か月を超えて2か月以内が2,293件で45.1％と、90％近くが2か月以内という短期間の内に処理されている。

(2) 専門家が担当すること

各都道府県労働局に、弁護士、大学教授、社会保険労務士などの学識経験を有する労働問題の専門家で構成される紛争調整委員会が設置されており、その委員の中から指名されるあっせん委員があっせんを行う。

(3) 非公開の手続であること

あっせんの手続は非公開であり、紛争当事者のプライバシーは保護される。

(4) 不利益取扱いが禁止されること

労働者があっせんを申請したことを理由として、事業主が当該労働者に対し、解雇その他の不利益な取扱いをすることは法律で禁止されている（個別労働関係紛争の解決の促進に関する法律4条3項）。

(5) 時効の中断効があること

あっせんが打ち切られた場合であっても、当該あっせんを申請した者が、あっせんを打ち切った旨の通知を受けた日から30日以内にあっせんの目的となった請求について訴えを提起したときは、時効の中断に関しては、あっせんの申請の時に、訴えがあったものとみなされる（個別労働関係紛争の解決の促進に関する法律16条）。

6 解決事例

(1) 退職金についての事案

事業主は、労働者A・Bの退職に際し、退職金制度がないので、口頭で退職金の支給を約束し、支払交渉を行った。事業主とA・Bが望む金額の隔たりが大きく、度重なる交渉で感情的な対立も激しくなり、当事者同士の話し合いが不可能になったため、労働者と事業主が連名であっせん申請を行った。その結果、退職金の支給金額につき、合意が成立した。

(2) 整理解雇についての事案

申請人は、会社から、事業縮小を理由として整理解雇の通知を受けた。事業縮小に伴う人員削減については仕方ないと思うが、突然の解雇で生活設計に大きな影響があり、整理解雇対象者の人選についても納得がいかないため、補償金の支払いを求めてあっせん申請を行った。その結果、会社が申請

人に対して解決金を支払うことで合意が成立した。

(3) 雇止めについての事案

申請人は、3か月の有期労働契約により、派遣労働者として働いていた。契約締結時、派遣会社側から、有期契約であるが長期間働いてもらうことになると説明を受けており、契約は更新されるものと考えていた。ところが、派遣会社側から、派遣先との派遣契約が終了したことを理由に、最初の契約期間の満了をもって契約更新をしないとの通告を受け、雇止めされたので、契約更新された場合に受け取っていたと考えられる一定期間の賃金相当額を補償金として支払うよう求めたいとしてあっせんを申請した。あっせん委員が解決金として双方譲歩可能な金額を調整した結果、解決金として約1.5か月分の賃金相当額を支払うことで合意が成立した。

7 まとめ

紛争調整委員会によるあっせんは、原則として1回の期日で終了するものとされており、手続自体は極めて迅速である。また、申立費用も無料であり、申立書の書式も用意されているなど手続も簡便であることから、争点が少なくあまり複雑でない事案について、訴訟等に至る前の段階の紛争解決手段として利用する価値は十分にある。

また、労働問題の専門家があっせん委員として中立的な立場で担当し、事業主の側からも申請が可能であることから、前記6の解決事例(1)に掲載したように、当事者双方が話し合いでの解決を望んでいるが、感情的な対立等で話し合いが進展しないような場合に、事業主側からあっせんを申請したり、あるいは労働者に呼び掛け、労使双方で申請する方法での利用も考えられるところである。

第4章 労 働

❸ 社労士会労働紛争解決センター

名　　称	社労士会労働紛争解決センター[1]
事業者名	各地の社会保険労務士会（青森県、栃木県、大分県を除く44都道府県の社会保険労務士会）及び全国社会保険労務士会連合会
住　　所	事業者所在地又は社会保険労務士会の住所
TEL：0570-064-794（共通ダイヤル）	

概　要

　労務管理の専門家である社会保険労務士があっせん人となって、労働者と事業主の間の個別労働関係紛争の解決を図ることを目的に実施される士業ADRである。ADR法に基づく法務大臣の認証と、社会保険労務士法に基づく厚生労働大臣の指定を受けて、各地の社会保険労務士会（青森県、栃木県、大分県を除く44都道府県）及び全国社会保険労務士会連合会において実施されている。

ポイント

- 対象となるのは、個別労働関係紛争のみである。
- 平日夜間や土曜日にも利用できる場合がある。
- 費用が低廉である。
- 申立てから1か月程度での解決を目指している。
- 認証ADRであるため、ADR法25条に基づく時効中断効がある。

---

1) 各地の社会保険労務士会が運営するADRセンターの総称であり、実際の名称は各センターにより異なる。

1 取り扱う紛争の範囲等

社労士会労働紛争解決センター（以下「センター」という。）における「あっせん」の対象となるのは、労働契約（賃金、解雇や出向・配属に関することなど）及びその他の労働関係（職場内でのいじめ、嫌がらせなど）に関する事項についての、個々の労働者と事業主との間の紛争（個別労働関係紛争）である。

従って、労働組合と事業主との紛争（集団的労使紛争）、明らかな労働基準法等の労働関係法上の法規違反や労働者と事業主との間における私的な金銭問題等は対象ではない。

なお、センターにおけるADRは、ADR法に基づく法務大臣の認証と、社会保険労務士法に基づく厚生労働大臣の指定を受けて実施されている。

2 手 続

(1) 申立てを行うに当たり、相談者は、近隣の社会保険労務士会の「総合労働相談所」に相談すると、「あっせん」による解決が適しているか否かの判断がなされる。「あっせん」による解決が適しているとされれば、センターの利用を提案し、相談者の意向に沿って、あっせん申立ての助言を得られる。

(2) 申立書が受理された後、センターは、申立ての内容を相手方へ通知し、相手方があっせん手続に応じる意思があるか否かを確認する。

(3) 相手方からあっせん手続に応じるとの意思表示があった場合、当事者の都合を確認して、センターが期日を指定し、7日前までに当事者に通知する。

(4) センターは、期日前に、相手方から答弁書及び紛争に関する資料の提出を求め、1回の期日で和解の成立を目指す。但し、紛争の内容が複雑困難な場合等、特段の理由があるときは、複数回の期日が開かれることもある。

(5) 和解が成立した場合は、あっせん委員が作成する和解契約書の案に当事者双方及びあっせん委員が立会人として署名押印し、和解契約書を作成してあっせん手続は終了する。

(6) (2)ないし(5)の期間は、約1か月を見込んでいる。

(7) 相手方があっせん手続に応じない場合は、あっせん手続は終了となる。

3 管 轄

特に管轄等は存在しないが、通常は、当事者の所在地の各都道府県に設置されているセンターに申し立てる。なお、青森県[2]、栃木県、大分県にはセンターが設置されていないが（平成30年2月13日現在）、これらの県における紛争は、近隣のセンターに申し立てることが可能である。

4 申立てに関する費用

各センターにより異なるが、申立手数料は概ね1,000円から10,000円（いずれも税別）である。センターによっては、成立手数料が必要となる場合がある。もっとも、現時点では、申立手数料を一定期間無料とする優遇措置を行っているセンターが多数存在する。また、相手方が不応諾であった場合には、郵送費用等の実費を控除した申立手数料を返還するセンターが多い。なお、優遇措置の期限については、1年ごとに延長しているセンターもあることから、申立てを検討している場合には、各センターのHPを確認されたい。

5 申立件数等

全国44都道府県の各センターにおけるあっせんの総申立件数は、平成27年度が149件、平成28年度が109件であった。

(1) 申立人内訳

年度	労働者	事業主	その他
平成27年度	142	6	1

---

2) 青森県社会保険労務士会は、センターの設置準備を進めている。

平成28年度	100	9	0

(2) 終了事由

年度	不応諾	和解	打ち切り	申立人による取下げ	被申立人終了依頼
平成27年度	75	49	18	5	2
平成28年度	47	46	9	7	0

(3) あっせん事案の内容

年度	解雇・退職・雇止め	労働条件	賃金未払・サービス残業・退職金	パワハラ・セクハラ・いじめ	その他
平成27年度	75	2	35	14	23
平成28年度	61	2	10	18	18

(4) 申立人代理人内訳

年度	なし	特定社労士	弁護士	弁護士と特定社労士	その他
平成27年度	131	10	1	7	0
平成28年度	83	20	2	1	3

6 特徴等

(1) 時効の中断効

　本ADRは、ADR法に基づく法務大臣の認証を受けた認証ADRである。そのため、ADR法25条に基づく時効中断効が認められる。

第4章 労働

(2) 訴訟手続の中止

本ADRは認証ADRであることから、同一内容の紛争について裁判所で訴訟が係属している場合、当事者の共同申出により、裁判所の決定で訴訟手続が一時中止され、センターのあっせん手続が優先されることがある（ADR法26条1項）。

(3) 代理人について

申立ては本人が直接行うことができるが、弁護士や特定社会保険労務士を代理人として申し立てることもできる。

特定社会保険労務士は、社会保険労務士のうち、所定の研修を受けて「紛争解決手続代理業務試験」に合格した者である。但し、紛争の目的の価額が1,200,000円を超える場合には、特定社会保険労務士が単独で代理人となることができず、弁護士と共同して代理人となることが必要となる（社会保険労務士法2条1項1号の6）。

(4) 各地の労働委員会の「個別労働紛争のあっせん」や都道府県労働局の「紛争調整委員会によるあっせん」との違い

ア　センターの運営経費のほとんどは、社会保険労務士の会費により成り立っている。すなわち、センターは、社会保険労務士が社会貢献活動の一環として行っている民間のADR機関である。このため、センターでは、経費の一部として、あっせん手続申立時に申立費用を徴収することとしている。もっとも、現実の運用として、申立費用を一定期間無料とする優遇措置を行っているセンターが多数存在することは前述のとおりである。

これに対し、労働局や労働委員会のあっせんは手続費用がかからない。

イ　紛争の目的の価額が1,200,000円を超える場合、或いは超えると予想される場合、代理人を立てて申立てを行おうとすると、労働委員会や労働局のあっせんでは目的の価額に関わらず特定社会保険労務士が単独で代理人

を務めることが可能であるが（社会保険労務士法2条1項1号の4及び5）、センターにおけるあっせんでは特定社会保険労務士が単独では代理人になることができず、弁護士と共同して代理人とならなければならない（社会保険労務士法2条1項1号の6）。

ウ　多くのセンターでは、利用者の利便性を考慮して、平日の夜間や土曜日でもあっせんを実施している。

エ　センターによるあっせんの特徴の1つである時効中断効は、労働委員会のあっせんには存在しない。

7　解決例

(1)　退職理由の変更

労働者は、事業主から「仕事ができない。営業成果があがらない、注意しても聞かない。」と言われ、他の職員への悪影響があるとして退職勧奨されたが応じなかった。その後「勤務態度不良」として解雇された。

労働者は、離職理由の「事業主都合による退職」への変更と当面の生活費を求め、センターを利用したところ、事業主と和解が成立した。

(2)　未払残業代の請求

労働者から未払残業代について請求された事業主が、支払う意思はあるものの、金額について争いがあるので、公平、中立なあっせん委員を入れて話し合いたいとの考えからセンターを利用した。

結果として、双方が納得できる金額での和解が成立した。

(3)　経営悪化に伴う基本給の引き下げや早期退職の募集

会社が、経営悪化に伴い、基本給の引き下げや早期退職の希望を募集したところ、一部社員から、何の説明も受けていない、受け入れることはできない等の抗議を受けたので、あっせんの申立てを行った。

あっせんにおいても、会社は、事前に説明を行っていなかったことについては反省するも、基本給の引き下げをしなければリストラをする他ないとの考えであった。あっせん委員は、会社に対し、会社の経営状況がわかる資料を社員に提示すること等を求めた。最終的に、基本給は据え置き、割増退職金を支給することで早期退職の募集を行うという内容で双方が合意し、解決に至った。

(4) 退職後の未払残業代の請求

正社員として働いていた元従業員が、就業当時は残業申請できるような社内の雰囲気ではなく、勤務時間終了後においても1、2時間程度のサービス残業が連日当たり前のように続いていたので、会社を退職した後に、過去2年間の残業代の支払いを求めてあっせんの申立てを行った。

あっせんにおいては、当初、会社としては残業の認識はなく、請求額の全額を支払うことは到底できないとの回答がなされたものの、就業当時の元従業員の仕事内容、タイムカード、元従業員が使用していたパソコンの記録及び元従業員の会社に対する貢献度を加味した上で、解決金として請求額の約6割の支払いに応じることで和解が成立した。

8 まとめ

センターによるあっせんは、費用が低廉で、平日夜間や土曜日にも利用できる場合があり、かつ、短期間での解決を目指すなどの特徴を有しており、これまでの利用状況を見ても本人申立てによる事案が多い。そうすると、本ADRは、紛争の目的の価額がそれほど高額ではない事案、争点が複雑ではない事案について、訴訟提起前の当事者本人にとって利用しやすい紛争解決手段であると言えよう。

第2編 分野別の各ADR

第5章
建築請負

❶ 住宅紛争審査会[1]

> 名　　称　住宅紛争審査会
> 事業者名　公益財団法人　住宅リフォーム・紛争処理支援センター
> 住　　所　東京都千代田区九段北4丁目1番7号　九段センタービル3階
> TEL：03-3261-4567　　URL：https://www.chord.or.jp/index.php

概　要

　住宅紛争審査会は、評価住宅[2]及び保険付き住宅[3]の建設工事の請負契約又は売買契約に関する紛争について、専門家による迅速かつ適正な解決を図ることを目的として、住宅の品質確保の促進等に関する法律（以下「住宅品確法」という。）に基づき、弁護士会が国土交通大臣から指定住宅紛争処理機関としての指定を受けて設置した民間型の裁判外紛争処理機関である。

---

1) 本稿は、「住宅紛争審査会における住宅紛争処理手続の実務必携」「住宅紛争審査会における評価住宅の紛争処理手続の手引」「住宅紛争審査会における特別住宅紛争処理手続の実務必携」「住宅紛争審査会における保険付き住宅の紛争処理手続の手引」（いずれも、監修：日本弁護士連合会住宅紛争処理機関検討委員会。発行：公益財団法人住宅リフォーム・紛争処理支援センター、平成27年8月）を主要な参考文献としている。
2) 評価住宅とは、住宅の品質確保の促進等に関する法律に基づく住宅性能表示制度を利用して建設住宅性能評価書が交付された住宅をいう。
3) 保険付き住宅とは、特定住宅瑕疵担保責任の履行の確保等に関する法律（以下「履行確保法」という。）による住宅瑕疵担保責任保険が付された住宅をいう。

第5章 建築請負

> **ポイント**
> ・対象となる紛争は、評価住宅及び保険付き住宅の建設工事の請負契約又は売買契約に関するものに限られる。
> ・低廉で簡易かつ迅速な紛争解決が可能である。
> ・弁護士や建築士など、住宅に関する紛争についての専門家が関与する。
> ・全国の52弁護士会すべてが設置している。
> ・必要に応じて現地調査や鑑定が行われ、その際、当事者は原則として費用を負担しなくてよい。
> ・当事者又は利害関係人として関与した保険法人は、和解案・調停案に関する受諾義務を負う。

1 取り扱う紛争の範囲

住宅紛争審査会による紛争処理には、住宅紛争処理と特別住宅紛争処理がある。

(1) 住宅紛争処理

評価住宅に係る建設工事の請負契約又は売買契約に関する紛争を対象とする。すなわち請負人と注文者間（注文住宅の場合）、売主と買主間（建売住宅、分譲マンションの場合）の紛争である。

住宅紛争処理の対象となるのは、評価住宅、すなわち評価機関が完成評価を行った際に作成する建設住宅性能評価書が交付された住宅に限られる。従って、評価機関の住宅性能評価を受けたが建設住宅性能評価書が交付されていない住宅、設計段階の性能評価書である設計住宅性能評価書の交付を受けただけの住宅については対象とならない。

なお、評価住宅に関する紛争であっても、以下の例は、建設工事の請負契約又は売買契約に関する紛争とは言い難く、住宅紛争処理の対象とはならない。

① 発注者、請負人と現場近隣住民間の紛争

② 評価住宅の賃借人と賃貸人間、請負人と賃借人間の紛争

③ 請負人、売主と転得者間の紛争

④ 元請人と下請人間の紛争

⑤ 発注者と設計監理者間の紛争（発注者と請負人間の住宅紛争処理が係属している場合に、設計監理者を利害関係人として参加させることは問題ない。）

⑥ 材料の売買契約、機械のリース契約等に関する紛争

(2) 特別住宅紛争処理

保険付き住宅に係る建設工事の請負契約又は売買契約に関する紛争を対象とする。基本的には、評価住宅の紛争処理と同様に、請負契約や売買契約の当事者間における紛争処理を行う。

住宅瑕疵担保責任保険における保険金の支払対象は、新築住宅の構造耐力上主要な部分又は雨水の浸入を防止する部分の瑕疵又は隠れた瑕疵（以下「特定住宅瑕疵」という。住宅品確法94条1項、95条1項）に関する担保責任の履行により、建設業者（請負人）や宅地建物取引業者（売主）（以下、両者を併せて「建設業者等」という。）に生じた損害に限られるが、特別住宅紛争処理の対象はこれに限られない。

特別住宅紛争処理のうち、委託住宅紛争処理[4]は、特別住宅紛争処理での和解成立後、建設業者等と住宅瑕疵担保責任法人（以下「保険法人」という。）との間の保険金の支払をめぐる紛争を対象とする。

なお、保険付き住宅に関する紛争であっても、以下の例は、建設工事の請負契約又は売買契約に関する紛争とは言い難く、特別住宅紛争処理の対象とはならない。

① 発注者、建設業者と現場近隣住民との間の紛争

② 新築住宅の賃借人と賃貸人との間、建設業者と賃借人との間の紛争

---

4) 後記2、(5)を参照

③　建設業者等と新築住宅の転得者との間の紛争
④　転得者と保険法人との間の紛争（転得者が保険の保護を受けられると信じて取得した場合を含む。）
⑤　元請人と下請人との間の紛争
⑥　発注者と設計監理者との間の紛争
⑦　材料の売買契約、機械のリース契約等に関する紛争

2　手続

(1)　手続の種類

住宅紛争処理及び特別住宅紛争処理においては、あっせん、調停及び仲裁の3種類の手続があるが、特別住宅紛争処理のうち、委託住宅紛争処理は調停の手続のみである。

(2)　管轄

仲裁合意で特定の審査会を指定している場合を除き、住宅紛争審査会は、原則として、管轄を理由として、住宅紛争処理を拒否することはできない。したがって、利用者は、全国52の住宅紛争審査会のどこにでも申請することができる。

なお、委託住宅紛争処理では、先行する特別住宅紛争処理の手続が行われた住宅紛争審査会へ申請する。

(3)　手続の概要

申請人は、申請手数料を納付した上で、申請書[5]等必要書類を住宅紛争審査会に提出する。仲裁の申請には、仲裁合意書等の添付が必要である。

5）　申請書のひな形は、公益財団法人住宅リフォーム・紛争処理支援センターのHPに掲載されている。

あっせんは、当事者双方の主張の要点を確かめ、当事者間の歩み寄りを勧めて解決を図る手続である。早急な解決が必要な場合や技術的な争点が少ない場合に適している。原則として、1名のあっせん委員により行われ、1～3回程度の審理での和解の成立を目指す。

調停は、当事者双方の主張を聴き、争点を整理し、当事者の互譲により実情に即した解決を図る手続である。技術的・法律的な争点が多い場合に適している。3名以内の調停委員により行われ、3～5回程度の審理での調停の成立を目指す。

仲裁は、仲裁委員が仲裁判断を行い、当事者双方はその判断に服するもので、民事訴訟に代わるものである。仲裁の申請には当事者間の仲裁合意が必要である。3名以内の仲裁委員が、当事者双方の主張を聴き、必要に応じて証拠調べや現地調査をして、仲裁判断を行う。審理は必要な回数行われる。

期日は通常月1回のペースで開かれ、1回の期日に要する時間は1時間～2時間程度とされている。

あっせん、調停手続ではあっせん委員や調停委員から和解勧告・調停案受諾勧告、仲裁手続では仲裁委員から和解勧告がされることがある。

和解又は調停が成立すれば和解書・調停書が作成され手続が終了する。和解不成立の場合には、あっせん・調停手続では打ち切りとなり、仲裁手続では仲裁判断が行われる。

(4) **特別住宅紛争処理において予定されている紛争処理スキーム**

　ア　発注者又は買主（以下、両者を併せて「発注者等」という。）と建設業者等との間の紛争処理スキーム

評価住宅の紛争処理と同様に、保険付き住宅の請負又は売買契約当事者間の紛争を処理するスキームである。

保険法人は、事件係属の通知や、意見照会を受けるなどの形で関与するのみである。

第5章　建築請負

イ　建設業者等と保険法人の間の紛争処理スキーム

後記(5)で述べる委託住宅紛争処理における紛争処理スキームである。

ウ　発注者等・建設業者等・保険法人の三者間の紛争処理スキーム

保険法人が利害関係人として紛争処理手続に参加するスキームである。

当事者から保険法人の参加を促す申出があった場合、審査会は保険法人の参加の必要性を判断し、保険法人の参加の必要性を認め、他方当事者の同意が得られた場合には、保険法人に対して、手続への参加を求める旨を通知する。審査会から参加を求められた保険法人には参加義務が生じる。

保険法人が利害関係人として手続に参加する場合、特段の理由がない限り和解案又は調停案を受け入れることとされている。当事者間に和解が成立した場合には、保険法人は、和解書又は調停書の合意内容を遵守する義務を負う。

保険法人が、特段の理由があるため和解案又は調停案を受け入れない場合には、手続が打ち切られる。もっとも、両当事者が保険法人抜きで和解又は調停を成立させることを望む場合には、当事者間でこれらを成立させることは可能である。

エ　発注者等から保険法人への直接請求スキーム

保険付き住宅に特定住宅瑕疵がある場合において、発注者等が当該瑕疵の補修等を請求しているにもかかわらず、建設業者等が「相当の期間を経過してもなお当該特定住宅瑕疵に係る担保責任を履行しないとき」は、発注者等は、保険法人に対して保険金の支払いを直接請求できる。もっとも、保険法人が直接請求の要件を満たさないと判断し、直接請求に応じないことも想定される。そのような場合、発注者等は保険法人を相手方として紛争処理を申請することができ、その紛争処理を行うスキームである。

直接請求が審査会に申し立てられた場合、保険法人には応諾義務がある。

(5)　委託住宅紛争処理に係る手続

委託住宅紛争処理は、建設業者等と発注者等との特別住宅紛争処理におけ

るあっせん又は調停において当事者間に合意が成立した後、建設業者と保険法人との間で保険金支払いを巡る紛争について紛争処理を行うものである。審査会が、委託住宅紛争処理を行うためには、保険法人が審査会に紛争処理を委託することが必要である。

申請人は建設業者等のみであり（保険法人は申請することはできない。）、保険法人には応諾義務がある。

申請の時期は特別住宅紛争処理が終了した後となる。申請先は先行する特別住宅紛争処理が行われた住宅紛争審査会である。

利用できる手続は調停のみであり、調停期日は原則1回に限られている。また、担当する調停委員は、原則として、先行する特別住宅紛争処理を担当した委員と同一である。

3 費 用

(1) 住宅紛争処理及び特別住宅紛争処理

申請手数料の額は、紛争処理の種類に関係なく一律10,000円である（非課税）。

申請後、紛争処理の種類が変更になったときでも、原則として、新たな申請に対応した申請手数料を追加納付する必要はない。

申請手数料以外に、当事者の申立てに係る鑑定、証人の出頭その他の紛争処理の手続に要する費用で住宅紛争審査会が相当と認めた費用を、当事者が納付しなければならないことがある。

(2) 委託住宅紛争処理

委託住宅紛争処理では、申請手数料は51,000円である。

期日手数料は調停委員2名の場合は50,000円、調停委員1名の場合はゼロである。第2回目以降の期日が行われる場合は、1期日当たり50,000円（調停委員1名の場合）又は100,000円（調停委員2名の場合）を追加する。

第5章 建築請負

実費は建設業者等と保険法人が負担する。

委託住宅紛争処理の申請手数料及び期日手数料については、消費税を付する必要がある。

4 取扱件数等

住宅紛争処理の調停実施件数は、以下のとおりである（平成29年12月31日現在）。

なお、あっせん及び仲裁の実施件数は低調に止まっている。

(1) 評価住宅の調停実施件数

年度	申請	成立	打切り	取下げ	係属中
平成28年度	33件	15件	13件	0件	5件
平成29年度	17件	2件	4件	2件	9件

(2) 保険付き住宅の調停実施件数

年度	申請	成立	打切り	取下げ	係属中
平成28年度	155件	67件	59件	16件	13件
平成29年度	104件	19件	15件	3件	67件

5 特徴等

(1) 法に基づく「指定紛争処理機関」

住宅紛争審査会は、住宅品確法66条に基づき、全国の弁護士会が国土交通大臣から指定住宅紛争処理機関としての指定を受けて設置した民間型の裁判外紛争処理機関である。

(2) 紛争処理委員（手続実施者）の構成

　紛争処理委員は、法律の専門家としての弁護士と、建築技術について知見を有する建築士などから構成され、専門的かつ公正・中立の立場で紛争の解決に当たる。

　調停・仲裁の紛争処理委員数は3名以内とされ、弁護士2名、建築士1名の合計3名の場合や、弁護士1名、建築士1名の合計2名の場合などがある。

(3) 相手方の応諾義務

　紛争の対象となる建設工事の請負契約又は売買契約の当事者である相手方に応諾義務はない。

　但し、特別住宅紛争処理では、前記2、(4)、アのスキームを除いて保険法人には応諾義務がある。

(4) 現地調査等の費用

　紛争処理委員が紛争処理のために鑑定や現地調査が必要であると判断した場合は、審査会の費用で行う。但し、紛争処理委員が必要性を認めない場合で当事者が強く求めるときや、過大な費用等が必要なときは、当事者の費用負担となる。

(5) 審査会の説明・資料提出請求

　審査会は、登録住宅性能評価機関等（以下「評価機関等」という。）や保険法人に対し、公益財団法人住宅リフォーム・紛争処理支援センターを経由して、紛争処理業務に必要な事項について、文書若しくは口頭による説明又は資料の提出を求めることができる（住宅品確法71条、履行確保法33条2項）。

　請求を受けた評価機関等や保険法人は、正当な理由がない限り、これに応じる義務がある。

(6) 保険法人の和解案・調停案受託義務など

　特別住宅紛争処理では、保険法人が、当事者又は利害関係人として参加した場合、特段の理由がない限り和解案又は調停案を受け入れることとされている。

　また、保険法人は、審査会から意見照会を受けた紛争について当事者間に和解が成立した場合には、その結果を尊重しなければならないとされている。

(7) 法律上の効果

　あっせん及び調停の申請には時効中断効はないが、仲裁の申請には時効中断効がある（仲裁法29条2項）。

　また、和解書及び調停書に基づき強制執行することはできないが、仲裁判断は執行決定を得て強制執行を行うことができる（仲裁法45条1項）。

6　利用例

(1) **新築の分譲住宅の購入者から販売業者に対して瑕疵の補修を求める例**

　新築の分譲住宅を購入したが、リビングの床の傾きや和室の畳の浮きがあり、またトイレの床に傷があるなど様々な不具合がある。これらについて販売業者に対して補修を求めたが、瑕疵ではないとして補修に応じない。そこで、購入者から販売業者に対して、これらの不具合についての補修を求める。

(2) **戸建住宅の販売業者から購入者に対して補修工事の完了の確認を求める例**

　戸建住宅を販売し引き渡したが、購入者から建物に瑕疵があるとして補修を求められた。販売業者が瑕疵の補修に応じると、購入者は次から次へと瑕疵とは考えられないものについても補修を求めるようになった。そこで、販売業者から購入者に対し、補修工事が完了したことの確認を求める。

(3) マンション管理組合が販売業者に対して瑕疵の補修代金の支払いを求める例

分譲マンションの外壁タイルが剥落して、落下するということが起きた。マンション販売業者が原因調査をしたところ、剥落箇所以外にも外壁タイルが浮いている箇所が発見された。マンション販売業者から補修方法が提示されたが、マンション管理組合としてはその補修方法に納得がいかなかった。そこで、マンション管理組合が申請人となって、マンション販売業者に対して、瑕疵の補修代金の支払いを求める。

7 まとめ

一般的に、住宅の建設工事に関する紛争の解決には、建築に関する技術的専門知識や法的専門知識が必要になる。この点、住宅紛争審査会における紛争処理では、法律の専門家としての弁護士、建築技術について知見を有する建築士などが紛争処理委員を務めるため、妥当な解決を図ることが期待できる。

また、現地調査や鑑定等の費用も原則として当事者は負担せず費用面でもメリットがあること、更に、全国各地の弁護士会に設置されておりアクセスも容易であることなどからも、利用価値は十分に認められる。

❷ 中央建設工事紛争審査会

名　　称　中央建設工事紛争審査会
事業者名　国土交通省土地・建設産業局建設業課紛争調整官室
住　　所　東京都千代田区霞ヶ関2-1-3　中央合同庁舎3号館
　　　　　中央建設工事紛争審査会事務局
TEL：03-5253-8111（代表）　内線 24-764
URL：http://www.mlit.go.jp/totikensangyo/const/totikensangyo_const_mn1_000101.html

第5章 建築請負

```
名　　称　都道府県建設工事紛争審査会
事業者名　各都道府県の担当部局
住　　所　各都道府県の担当部局の所在地
```

概　要

建設工事紛争審査会は建設業法に基づき、国土交通省及び各都道府県に設置されている機関である。国土交通省に中央建設工事紛争審査会（以下「中央審査会」という。）、各都道府県に都道府県建設工事紛争審査会（以下「都道府県審査会」という。）が設置されている。

当事者の申請により、あっせん、調停及び仲裁の各手続が法律委員及び専門委員により行われる。

ポイント

・建設工事の請負契約に関する紛争が対象である。
・申請人は、事件の性質、解決の難易、緊急性などを判断して、あっせん、調停又は仲裁のいずれかを選択して申請する。
・専門家により、公正・中立の立場から、迅速かつ簡便な紛争の解決が期待できる。
・あっせん、調停の申請についても、建設業法の規定に基づく時効中断効が認められる。

1　取り扱う紛争の範囲

中央審査会及び都道府県審査会（以下、総称して「審査会」という。）は、当事者の一方又は双方が建設業者である場合の紛争のうち、工事の瑕疵、請負代金の未払いなどのような「工事請負契約」の解釈又は実施を巡る紛争の処理を行う。

不動産の売買に関する紛争、専ら設計に関する紛争、工事に伴う近隣者との紛争、直接契約関係にない元請と孫請間の紛争、労働者派遣や供給に関す

る紛争などを取り扱うことはできない。

なお、審査会は、建設業者を指導監督したり、技術的鑑定を行うことはしない。

2 手続

(1) 審査会の管轄

ア 中央審査会

① 当事者の一方又は双方が国土交通大臣の許可を受けた建設業者である場合

② 当事者の双方が建設業者で、許可をした都道府県知事が異なる場合

イ 都道府県審査会

① 当事者の一方のみが建設業者で、当該都道府県知事の許可を受けたものである場合

② 当事者の双方がいずれも当該都道府県知事の許可を受けた建設業者の場合

③ 以上のほか、当事者の双方が許可を受けた建設業者でなく、その紛争にかかる建設工事の現場が当該都道府県の区域内にある場合

ウ 管轄合意

上記ア・イにかかわらず、当事者双方の合意により、いずれの審査会にも紛争処理を申請することができる。その場合は、申請時に管轄合意書を提出する。

(2) 選択できる手続

申請者は、あっせん、調停、仲裁の3種類の中から1つを選択して申請する。

あっせんは、当事者双方の主張を聞き当事者間の歩み寄りを勧めて解決を図る手続で、技術的・法律的な争点が少ない場合に適している。原則として、あっせん委員が1名付され、1～2回程度の審理でのあっせんの成立を

目指す。

調停は、当事者の互譲により建設工事の実情に即した解決を図る手続で、技術的・法律的な争点が多い場合に適している。調停委員3名により行われ、当事者双方の主張を聴き、争点を整理し、場合によっては調停案を勧告する。5～6回程度の審理での調停成立を目指す。

仲裁は、仲裁委員が建設業法及び仲裁法の規定に基づき仲裁判断を行うもので、民事訴訟に代わるものである。仲裁の申請には当事者間で仲裁合意が必要である。仲裁委員3名が、当事者双方の主張を聴き、必要に応じて証拠調べや立入検査をして仲裁判断を行う。審理は必要な回数行われる。

(3) **申請方法**

申請書に証拠書類の写し及び添付書類とともに、申請手数料及び通信運搬費を納付して申請する。

証拠書類は、契約書、注文書、請書、契約約款、設計図、建築確認通知書、現場写真などである。

(4) **審 理**

審理は、審査会の所在地(中央審査会は東京都千代田区霞が関)で行われる。

申請から審理開催まで2～3か月程度を要し、審理は、通常月1回(所要時間1時間半から2時間)程度のペースで開催される。

審査会の行う紛争処理の手続は、原則として非公開である。

調停では、調停委員は、特別な事情がある場合を除いて、証人尋問、現地調査その他の詳細な証拠調べは行われない。

これに対して仲裁では、特に必要があると認めるときは、当事者の申立てに基づき立入検査や証人尋問等が行われる。

(5) 代理人

手続において、次の者を代理人とすることもできる。但し、弁護士でない者が代理人となることを審査会が認めない場合がある。

　　ア　当事者が個人の場合は、同居の親族
　　イ　当事者が法人の場合は、その役職員
　　ウ　弁護士
　　エ　司法書士（請求額が140万円以下の場合のみ）

(6) 紛争処理の効果

あっせん又は調停が成立した場合、和解書又は調停書には執行力は認められない。強制執行を行うためには、別途公正証書を作成したり確定判決等を得ることが必要である。

仲裁判断がなされた場合、仲裁判断は確定判決と同一の効力を有するとされており（仲裁法45条1項）、執行決定を得ることにより強制執行が可能である。

3 費用

申請手数料の額は、申請する手続及び請求する事項の価額に応じて定められている。例えば、請求する事項の価額が5,000,000円の場合、申請手数料はあっせんが18,000円、調停が36,000円、仲裁が90,000円である。なお、請求額を算定できないときはその価額を5,000,000円として申請手数料を計算する。

また、申請手数料に加え、通信運搬費として、あっせんの場合10,000円、調停の場合30,000円、仲裁の場合50,000円を別途予納しなければならない。

立入検査、証人尋問等の費用は、両当事者の合意により双方が折半で負担するのが通例となっている。

第5章 建築請負

4 取扱件数

年度	手続別	中央審査会 申請件数	都道府県審査会 申請件数	合計 申請件数
平成27年度	あっせん	2	15	17
	調停	34	55	89
	仲裁	3	24	27
	計	39	94	133
平成28年度	あっせん	6	19	25
	調停	23	63	86
	仲裁	4	17	21
	計	33	99	132

平成28年度に中央審査会において終了した事件のうち、解決した事件の割合は54％であり、平成元年度から平成28年度までの間の年度別の解決割合は40％～74％で推移している。

5 特徴

(1) **法定の紛争処理機関**

審査会は、建設業法25条以下に設置の根拠がある法定の紛争処理機関である。

(2) **申請に係る費用**

あっせん及び調停については、手続内容は民事調停とほぼ同様であるが、建築、土木等の分野に精通した専門委員の関与を受けられる一方で、申請に係る費用は民事調停より割高である。

また、仲裁についても、民事訴訟に代わるものであるが、申請に係る費用は民事訴訟より割高である。

(3) 手続実施者

審査会の委員は、弁護士を中心とした法律委員と、建築・土木・電気・設備などの各技術分野の学識経験者や建設行政の経験者などの専門委員で構成されており、専門的かつ公正・中立の立場で紛争解決に当たる。

(4) 時効中断効

あっせん及び調停については、手続打切通知到達後1か月以内に訴えを提起（仲裁申請を含む。）すれば、あっせん又は調停の申請時に遡って時効が中断したものとみなされる（建設業法25条の16）。

仲裁の申請には時効中断効がある（仲裁法29条2項）。

(5) 法的手続との相違

あっせん及び調停は、簡便な手続により、訴訟より短期間で紛争を解決できるメリットがある反面、相手方には手続に応諾する義務はなく、強制的に出頭や証言を求めることはできない。

あっせん及び調停において、和解が成立した場合でも債務名義にはならないため、別途公正証書を作成したり、確定判決を得たりしないと強制執行をすることはできない。

仲裁は、仲裁委員による仲裁判断を求める手続であるが、民事訴訟同様、手続内で和解をすることも可能である。審理は一審制であるため、訴訟手続よりも迅速に紛争を解決することが期待できる。仲裁判断がなされた場合、仲裁判断は確定判決と同一の効力を有するとされており（仲裁法45条1項）、それに基づき執行決定を得た上で強制執行をすることができる。

6 解決事例

(1) 注文者が建設業者を相手方として申し立てた事例

ア　注文者が建設業者の責めによる契約解除を主張し、仮契約金

第 5 章　建築請負

1,000,000 円の返還を請求した事案につき、あっせんの申請がなされ、両当事者は契約を合意解除して仮契約金の一部 400,000 円を返還する旨の和解で解決した例（解決までの期間：4 か月　審理回数：2 回）

　　イ　新築住宅工事に欠陥があったとして、瑕疵修補及び工事遅延損害金等として 36,000,000 円の支払い等を求めた事案につき、建設業者が 3,000,000 円を支払う旨の調停が成立した例（解決までの期間：4 か月　審理回数：2 回）

(2)　**建設業者が注文者を相手方として申し立てた事例**

　　ア　個人住宅新築工事に関する紛争であり、建設業者が工事残代金 9,000,000 円の支払いを求め、注文者が欠陥の除去等の費用として 13,000,000 円の支払いを求めた事案につき、注文者が和解金として 6,000,000 円を支払う旨の和解が成立し、理由を付さない仲裁判断をした例（解決までの期間：1 年 7 か月　審理回数：14 回）

　　イ　会社社宅新築工事に関し、建設業者が工事残代金及び追加工事代金 14,500,000 円の支払いを求め、注文者が、工事が完成しておらず、そもそも建築された建物には重大な瑕疵があること、また追加工事の合意はなく建設業者の工期が遅れただけと請求を争う答弁をした事案につき、建設業者の申請どおりの仲裁判断がなされた例（解決までの期間：1 年 6 か月　審理回数：6 回）

(3)　**元請人・下請人間等の紛争解決事例**

　個人住宅の建築工事に関し、下請人が元請人に対し、変更工事代金として 7,000,000 円の支払いを求め、元請人が変更工事は見積の合意がないまま行われたものであり請求額が過大であると主張した事案につき、元請人が変更工事代金 3,600,000 円を支払う旨の調停が成立した例（解決までの期間：3 か月　審理回数 2 回）

137

7 まとめ

　建設工事の請負契約に関する紛争は、建設工事に関する技術、行政、商慣行などの専門的知識が必要となる場合が少なくなく、そのような場合には、紛争の解決に至るまでに長期間を要することが想定される。この点、審査会の手続は、専門家による迅速かつ簡便な解決を図ることを目的としており、実際に、あっせん及び調停においては、前記解決事例にもあるとおり、早期に合意が成立して解決する事例も少なくない。そのため、建設工事の請負契約に関する紛争について、審査会の手続の利用価値は十分に認められる。

　他方、審査会の手続には、相手方に応諾義務はないこと、あっせん及び調停において和解が成立した場合でも、合意文書は債務名義にならないこと、仲裁の申請には仲裁合意が必要であること、また、民事調停や民事訴訟に比較して費用が割高になることにも留意する必要がある。

　従って、審査会の手続を利用するに当たっては、上記諸事情を考慮した上で、紛争の実効的解決を図る観点から、民事調停や民事訴訟より適切であるかどうかを検討する必要がある。

第6章 不動産

❶ 筆界特定制度

名　　称	筆界特定制度
事業者名	対象の所在地を管轄する法務局又は地方法務局
住　　所	各法務局又は地方法務局の住所

URL：http://www.moj.go.jp/MINJI/minji104.html

概　要

　土地の所有権の登記名義人などの申請に基づいて、筆界特定登記官[1]が、外部専門家である筆界調査委員の意見を踏まえ、現地における土地の筆界の位置を特定する制度である。

ポイント

- 訴訟と比べて審理期間が短いというメリットがある。
- 隣接する土地の所有者らには、筆界特定の申請があったことが通知され、意見又は資料提出の機会が与えられるが、手続への参加は義務ではない。
- 筆界特定制度は、土地の所有権の範囲を特定することを目的とするものではない。
- 筆界特定の結果に不服がある場合は、筆界（境界）確定訴訟を提起して争うことができるが、筆界特定に処分性は認められないため、不服

1）　登記官のうちから、法務局又は地方法務局の長が指定する者をいう。

申立てや取消しを求める抗告訴訟を提起することはできない。

1 取り扱う紛争の範囲

筆界とは、「表題登記がある一筆の土地（以下単に「一筆の土地」という。）とこれに隣接する他の土地（表題登記がない土地を含む。以下同じ。）との間において、当該一筆の土地が登記された時にその境を構成するものとされた二以上の点及びこれらを結ぶ直線」をいい（不動産登記法（以下「不登法」という。）123条1号）、筆界特定とは、「一筆の土地及びこれに隣接する他の土地について」不登法第6章「筆界特定」の定めるところにより、「筆界の現地における位置を特定すること（その位置を特定することができないときは、その位置の範囲を特定すること）」をいう（不登法123条2号）。

土地の所有者が、筆界が明らかでない場合や土地の所有者同士で筆界について争いがあり公的な判断として明らかにする必要がある場合に、利用することができる。

筆界特定は、もともとあった筆界を筆界特定登記官が実地調査や測量を含む様々な調査を実施した上で明らかにするもので、新たに筆界を決めることではない。また、筆界特定の対象である「筆界」は、所有権の及ぶ範囲の境目を意味する民法上の観念である「所有権界」とは異なるので、所有権の範囲を確定するものではないし、当事者の合意で変更できるものでもない。

2 手続

(1) 申請

ア 申請人

筆界特定の申請は、土地の「所有権登記名義人等」がすることができる（不登法131条1項）。「所有権登記名義人等」とは、所有権の登記がある一筆の土地にあっては所有権の登記名義人、所有権の登記がない一筆の土地にあっては表題部所有者、表題登記がない土地にあっては所有者をいい、所有権の登

記名義人又は表題部所有者の相続人その他の一般承継人も含まれる（不登法123条5号）。

代理人による申請も可能であり、業として筆界特定の手続の代理をすることができる者は、弁護士、土地家屋調査士、認定司法書士（但し、対象土地[2]の価額（固定資産課税台帳に登録された価格を基準とする。）の合計額の2分の1に100分の5を乗じた額が140万円以下の場合に限る（司法書士法3条1項8号、2項）。）である。

　イ　筆界特定の申請

筆界特定の申請は、筆界特定登記官に対してする（不登法131条1項）。申請書の記載事項は、不登法131条2項、不動産登記規則207条に定められている[3]。筆界特定申請書の書式は、法務局のHPにある。

　ウ　申請の却下

管轄外の申請である場合、申請の権限を有しない者による申請の場合、申請書に不備がある場合や手数料の納付がない場合など申請の却下事由があり、相当の期間内にその補正もなされないときには、当該申請は却下される（不登法132条1項）。

　エ　申請の通知

筆界特定の申請があったときは、筆界特定登記官は、遅滞なく、その旨を公告し、かつ、その旨を①対象土地の所有権登記名義人等であって筆界特定の申請人以外のもの、②関係土地[4]の所有権登記名義人等（以下、①及び②を「関係人」という。）に通知しなければならない。ただし、申請を却下すべき場合はこの限りでない（不登法133条1項）。

2）筆界特定の対象となる筆界で相互に隣接する一筆の土地及び他の土地をいう（不登法123条3号）。
3）申請の趣旨、筆界特定を必要とする理由、申請人に関する事項などを記載する。
4）対象土地以外の土地（表題登記がない土地を含む。）であって、筆界特定の対象となる筆界上の点を含む他の筆界で対象土地の一方又は双方と接するものをいう（不登法123条4号）。

筆界特定の申請人及び関係人は、筆界特定登記官に対し、対象土地の筆界について、意見又は資料を提出できる（不登法139条1項）。

(2) 筆界の調査

法務局又は地方法務局の長は、土地家屋調査士等の専門的知識経験を有する筆界調査委員を指定する（不登法127条2項、134条1項）。筆界調査委員は、対象土地又は関係土地等の測量又は実地調査を行うこと、申請人又は関係人等からの事実聴取又は資料の提出を求めること、その他対象土地の筆界特定のために必要な事実の調査を行うことができる（不登法135条1項）。

また、筆界特定登記官は、筆界特定の申請人及び関係人に対し、あらかじめ期日及び場所を通知して、対象土地の筆界について、意見を述べ、又は資料を提出する機会を与えなければならない（不登法140条1項）。

(3) 筆界特定

筆界調査委員は、対象土地の筆界特定のために必要な事実の調査を終了した後、筆界特定登記官に対して、対象土地の筆界特定についての意見を提出する（不登法142条）。

筆界特定登記官は、筆界調査委員の意見を踏まえ、登記記録、地図又は地図に準ずる図面及び登記簿の附属書類の内容、対象土地及び関係土地の地形、地目、面積及び形状並びに工作物、囲障又は境界標の有無その他の状況及びこれらの設置の経緯その他の事情を総合的に考慮して、対象土地の筆界特定をし、その結論及び理由の要旨を記載した筆界特定書を作成する（不登法143条1項）。

筆界特定登記官が、筆界特定の申請人に対し、筆界特定書の写しを交付して筆界特定書の内容を通知するとともに、公告し、かつ、関係人に通知する（不登法144条1項）。

3 手数料と費用

(1) 手数料

筆界特定の申請人は、申請時に所定の手数料を納付する必要がある（不登法131条3項）。手数料を納付しないときは、当該申請は却下される（不登法132条1項8号）。

手数料の額については、登記手数料令8条1項、筆界特定申請手数料規則1条に定めがある。固定資産課税台帳に登録された価格を基準に、対象土地分の合計額の2分の1に100分の5を乗じた額で算出した金額分の収入印紙を貼付して納める（法務局HPの筆界特定申請手数料一覧参照）。

(2) 費用

筆界特定の申請人は、手数料とは別に測量等に要する費用（手続費用）を負担しなければならない（不登法146条1項）。筆界特定登記官が、手続費用の概算額を申請人に予納させ（同条5項）、申請人が手続費用の概算額を予納しないときは、当該申請は却下される（不登法132条1項9号）。

4 取扱件数等

筆界特定事件の受理件数等は、以下のとおりである。

年	受理件数	既済件数						未済件数
		合計	うち筆界特定（位置）	うち筆界特定（範囲）	うち却下	うち取下げ	うちその他	
平成26年	4,655	2,516	1,658	35	64	759	0	2,139
平成27年	4,740	2,831	1,713	38	130	950	0	1,909
平成28年	4,528	2,680	1,770	29	62	819	0	1,848

5 特徴等

(1) 不服申立てについて

筆界特定は、筆界特定登記官が筆界の位置についての判断を示したものであり、筆界を法的に確定させる効力はなく、行政処分には当たらない。従って、行政不服審査法や行政事件訴訟法による不服申立てはできない。

(2) 筆界確定訴訟との関係

筆界特定制度は筆界確定訴訟（筆界の確定を求める民事訴訟）と併存する制度で、筆界確定訴訟の係属中でも筆界特定制度の申請をすることはできるし、筆界特定制度を申請した場合でも筆界確定訴訟を提起することはできる。

筆界確定訴訟と筆界特定制度との関係について、次の定めがある。

筆界特定がされた場合において、当該筆界特定に係る筆界について筆界確定訴訟が提起されたときは、裁判所は、登記官に対し、当該筆界特定に係る筆界特定手続記録の送付を嘱託することができる。筆界確定訴訟が提起された後、当該訴えに係る筆界について筆界特定がされたときも同様である（不登法147条）。

また、筆界特定がされた場合でも、筆界確定訴訟における判決が確定したときは、当該判決と抵触する範囲において当該筆界特定はその効力を失う（不登法148条）。

(3) 筆界特定の審理

筆界特定制度は、訴訟とは異なり当事者対立構造を前提としないほか、次のような特徴があるため、結果として訴訟に比べて審理期間が短いというメリットがあると言われている。

第1に、筆界特定を申請すると、筆界調査委員が任命され、職権で実地調査や測量などを行う。筆界調査委員には土地家屋調査士等、専門的知識経験を

第6章 不動産

有する者から任命されるので、その専門的知見が活用されるという点である。

第2に、実地調査等が必要な場合には、他人の土地への立ち入り調査をすることができ、また関係行政機関・団体に資料の提出その他必要な協力を求めることもできるので、証拠収集において優れているという点である。

6 まとめ

筆界特定制度は、民事訴訟の手続によらずに比較的短い審理期間で、公的な判断として筆界を明らかにすることができる点に利用価値がある。しかし、所有権の範囲や土地の境界に関する法律関係を確定するものではないので、隣人同士で所有権の範囲に争いがあるといった場合は、筆界特定制度では解決できないので注意が必要である。

❷ 境界問題相談センター

名　　称　　境界問題相談センター[1]
事業者名　　各地の土地家屋調査士会
住　　所　　事業者所在地又は土地家屋調査士会館の住所
設置根拠法令　各土地家屋調査士会が制定するセンター設置規則

概　要

土地の境界が明らかでないことを原因とする民事に関する紛争につき、各地の土地家屋調査士会が運営するADRセンターで解決を図る制度である。

---

1) 各地の土地家屋調査士会が運営するADRセンターの総称。実際の名称はセンターにより異なる。

第2編　分野別の各ADR

> **ポイント**
> - すべての土地家屋調査士会に各地の土地家屋調査士会が運営する境界問題相談センター（以下「センター」という。）が備わっているが、認証の有無や運用方法などが各センターにおいて異なるので、利用する際は個別確認が必要となる。
> - 私法上の境界（所有権界や占有界）についての紛争解決支援を行う。
> - 裁判所での民事調停と異なり、相手方に電話を掛けたり、場合によっては自宅を訪問したりするなどして、センターの運営趣旨を説明し、相手方の話し合いへの参加を積極的に促している。
> - 認定土地家屋調査士を、弁護士との共同受任を条件として、手続代理人として選任できる場合が多い。

1　取り扱う紛争の範囲

　取り扱う紛争の範囲に関する各地の境界問題相談センターの規定は「土地の境界が明らかでないことを原因とする民事に関する紛争（筆界特定手続により筆界が特定された土地の紛争を含む。）」といったものが多いが、センターによって規定が異なるので、利用時には個別の確認を要する。

　そもそも、土地の境界には、私法上の境界（所有権界や占有界）と公法上の境界（筆界）がある。私法上の境界は、私人の権利関係（所有権や占有権）に基づく境界線であり、私的自治の原則に基づき、当事者が自由に決定し、処分することができる。一方、公法上の境界（筆界）は、「表題登記がある一筆の土地と、これに隣接する他の土地（表題登記がない土地を含む。）との間において、当該一筆の土地が登記された時にその境を構成するものとされた二以上の点及びこれらを結ぶ直線をいう」（不動産登記法123条1号）と定義づけられており、客観的かつ固有の境界線である。そのため、公法上の境界（筆界）は、一旦土地が登記されると、私人が事後的な意思によって処分したり変更したりすることはできず、筆界について争いが生じたときは、境

界確定訴訟や筆界特定制度等により、登記当時に定められた筆界を客観的に明らかにする必要がある。

本ADRは、私法上の境界（所有権界や占有界）についての紛争を私人間の協議で解決することを目指す手続きであり、原則として公法上の境界（筆界）を確定・特定すること目指す手続きではない。もっとも、私法上の境界（所有権界）についての紛争であれば、仮に、前提としての公法上の境界（筆界）が不明であっても、本ADRで取り扱うことが可能である（筆界特定制度との連携をとる場合もある。）。

2 手続

(1) はじめに

センターは全国50[2]の土地家屋調査士会すべてにあるが、センターごとに制度が異なるので、利用時には個別の確認を要する。日本土地家屋調査士会連合会のサイトの「ADR境界問題相談センター」のHPに全国のセンターのHPのリンクが掲載されており、連絡先や内容の確認に有用である。

(2) どのセンターを利用できるのか（管轄）

公表のあるセンターの規則類で確認する限り、ほとんどのセンターでは取扱事件の管轄を紛争の対象土地の所在地で定めている。道内に4機関ある北海道では当該土地の管轄法務局の管内の土地家屋調査士会のセンター、他の都府県では各都府県の土地家屋調査士会のセンターとなるが、センターによっては、一体利用のある隣接地など一定の条件で管轄外の土地の紛争も扱っている。

所在地による管轄の検討に加え、具体的紛争の内容が利用しようとするセンターの取扱範囲に属するか否か、事案の内容からの管轄の確認も必要となる。

---

2) 全国の都府県に1つずつ存在し、北海道に4つ存在する。

多くのセンターが事前相談の機能を備えており、管轄の有無や手続の利用適否を含め、センターの利用を考える紛争当事者の相談に対応している。

(3) どのように利用するのか（申立て方法）

申立書（多くの場合はセンター所定の様式）を提出して申し立てるが、多くのセンターでは、申立前に事前相談（無償で土地家屋調査士会の相談員が対応する場合が多い。）や相談（有償で土地家屋調査士会の相談員と弁護士会の相談員が共同で対応する場合が多い。）を実施し、ADR手続の要否・適否や必要事項を検討してから申立てを受け付ける制度となっている。この申立前の相談制度は、相談のみで解決できる事案やADRになじまない事案を区分し、適切な手続選択の観点から紛争の早期解決に資する機能を果たしている。

相談段階で、土地家屋調査士による鑑定や測量等の調査が行われることがある。

(4) 代理人選任の可否とその範囲

ア 法務大臣の認証のあるセンターの場合

弁護士の他、法令に基づき（土地家屋調査士法3条1項7号、3条2項本文）弁護士と共同受任する認定土地家屋調査士（所定の研修を終了し法務大臣の認定を受けるなど土地家屋調査士法3条2項の要件を満たす者。以下同じ。）が手続代理人になることができる。上記以外の者（一定の範囲の親族など）に関しても、各センターの規則や規則所定の個別許可制度で、代理人に選任できる余地を設けている場合が多い。

イ 法務大臣の認証のないセンターの場合

各センターの規則や規則に定める個別の許可により、認証のあるセンターと同様の内容で代理人選任を認めるセンターが多い。

(5) 推進委員の存在・役割

　日本土地家屋調査士会連合会の説明によると、本ADRでは、相手方の話し合いへの参加を促すため、「推進委員」という役職を配置し、相手方への文書の送付や電話連絡に留まらず、自宅を訪問するなどの方法により、相手方にセンターの運営趣旨を説明しているとのことである。但し、センターにより運用が異なる可能性があるので、利用時には個別の確認を要する。

(6) 申立て後の手続の進行

ア　概　要

　2～3名の合議体（呼称はセンターによって異なる。）が個別事件を担当し、多くの場合、合議体には最低1名ずつの土地家屋調査士と弁護士を含むことを要件としている。

　各センター所在地に当事者が出頭する実施形態を原則とし、主に紛争地の現地確認の場合等には例外的にセンター以外の場所で実施する運用が主流である。個別の指定により、個別の期日を一方のみの出席だけで実施することはあるが、開催地への出頭を要しない実施形態（電話会議や書面のみでの手続）を持つセンターは、調査時点（平成29年12月）では見受けられない。

　調停係属中に、専門家による鑑定や測量等の調査を行うことがある。

　合意が成立すれば合意文書を作成・締結し当事者に交付する。付随的に、合意に基づく登記手続や境界標設置の実施までを制度に組み込むセンターもある。

　処理期間やその目安につき全国一律のものはないが、期間や回数に関する目安を掲げているセンターでは、4か月から6か月以内、回数で3～6回程度、と示している。

イ　片面的義務の有無

　調査時点（平成29年12月）では、手続当事者の一方に片面的義務を規定する制度は見受けられない。

(7) 手続への専門家の関与

　ア　実施者としての関与

　土地家屋調査士が事前相談員、相談員、調停員として個別案件の手続全般に関与し、弁護士が事前相談の次の段階から合意成立まで土地家屋調査士とともに相談員、調停員として関与する形態が多い。

　イ　手続当事者としての関与

　手続利用者から受任した認定土地家屋調査士や弁護士等が、当事者の代理人として手続に関与することがある。

　ウ　調査員としての関与

　相談段階や調停手続係属中に紛争や対象地の調査を実施するとき、センターが指名する土地家屋調査士が、調査員として測量や鑑定等を行う場合が多い。

3　費用

(1)　手続利用者（申立者及び相手方）に負担を求める費目及び各費目の金額は、センターにより異なる。

(2)　利用者が負担する費目の主なものは、相談料、調停申立手数料、期日手数料、調停成立費用、調査費用（測量、鑑定など）、合意に基づく手続の費用（登記手続・筆界標設置等）などである。これらに関し、利用者の資力条件による減免制度を有するセンターもある。

(3)　**費用の算出方法**

　ア　相談料、申立手数料及び1回ごとの期日手数料は、定額制が多い。

　イ　調査費用や、合意に基づく手続の費用は、内容が事案ごと異なるため「事案ごと見積り」との扱いが多い。

　ウ　合意成立時の費用（名称は「調停成立費用」「和解成立費用」「解決費用」など様々）には、定額制を採用するセンターもあれば、変動制を採用するセンターもある。変動制では、紛争対象土地の固定資産評価額に一定

の割合を乗じる算定方法が多い。定額制を基本に事案の難易度や手続開催回数による加算制度を設けるところもある。

4 取扱件数等

(1) 全国の境界問題相談センターの相談・調停件数は、以下のとおりである。

年　度	相　談	調　停
平成22年度	887件	62件
平成23年度	941件	45件
平成24年度	1,092件	52件
平成25年度	724件	61件
平成26年度	653件	54件
平成27年度	637件	56件
平成28年度	688件	66件

（日本土地家屋調査士会連合会　編『土地家屋調査士白書2018』36頁より）

(2) 想定される典型的な利用例は次のとおりである。
① 測量時に隣人に境界立会いをお願いしたが協力してもらえない
② 自己の主張する境界線と隣人が主張する境界線が異なっている
③ 境界標の設置がなく（又は設置はあるが隣人がその標識を境界として認めないので）私法上の境界について争いになっている
④ 隣の建物の一部が越境していて、すぐに収去してほしいわけではないが、利用状況について協議して決めたい
⑤ 法務局で筆界を特定したが、隣人との私法上の境界に関する紛争が収まらない

5 特徴等

(1) **弁護士と土地家屋調査士が関与**
弁護士と土地家屋調査士が相談員や調停員に就き、協業態勢で手続を実施

する方式が主流である。

(2) **ADR法の認証による法的効果（認証を受けたセンターのみ）**

法務大臣の認証を受けたセンター（平成29年12月1日現在22センター）では、ADR法25条の規定に基づく時効中断効等の法的効果が付与される（ADR法25条～27条）。

(3) **利用者代理人としての土地家屋調査士の手続関与**

認証を受けたセンターでは、法令の定めによって特別研修を修了し法務大臣の認定を受けた認定土地家屋調査士が、弁護士との共同受任を条件に、手続当事者の代理人となることを認めている。非認証のセンターでも、センターの規定によって同様の扱いをするところが多い。

(4) **筆界に関する私人間の合意の限界と効用**

ADRでの合意は、民事紛争として私人間で解決できる問題に限られているため、私法上の境界（所有権界或いは占有界）を合意、確認できるに過ぎず、公法上の境界（筆界）に関する合意をしても、公法上の境界を変更したり、確認したりする効力はないと考えられている。

但し、相隣地所有者が互いに「境界」についての認識を共通にし、「境界立会確認書」に署名押印しているときは、それが公図等に照らし著しく不合理などの特段の事情がない限り、登記官もこれを尊重するものと思われ、事実上、公法上の境界（筆界）に関する私人間の合意も意味がないわけではない[3]。

---

3) 北條政郎＝伊藤暢康＝江口滋＝名倉勇一郎『改訂版　境界確認・鑑定の手引―鑑定事例と裁判事例―（改訂版）』（新日本法規、2015年）94頁

第6章　不動産

(5) **各センターの個別性**

　全国50か所の土地家屋調査士会が、それぞれ定めた規則に基づいてセンターを設置・運営しており、認証の有無、実際の手続方法、手続費用などがセンターごとに異なる。

6　まとめ

　本ADRは、全国50か所の各土地家屋調査士会が個別に設置するセンターが、各別に運営・実施している。

　ADR手続やセンターの運営に土地家屋調査士と弁護士が協働体制をとっていること、手続利用に当たり事前相談があること、相談手続が存在すること、手続（相談・調停）の中で必要な場合には土地家屋調査士の専門性を活用した対象地の調査を実施すること等、多くのセンターに共通している部分もある。一方、認証の有無に由来する法的効力の存否（認証ある場合の法的効力につき前記5、(2)を参照）や実際の手続方法、手続費用など、利用者にとって重要な事項がセンターごとに異なっているので、利用の際は各センターに詳細を確認する必要がある。

❸ (一財)不動産適正取引推進機構による特定紛争処理

名　　称	特定紛争処理
事業者名	一般財団法人　不動産適正取引推進機構
住　　所	東京都港区虎ノ門3丁目8番21号　第33森ビル3階
TEL：03-3435-8111　　URL：http://www.retio.or.jp/	

概　要

　消費者と宅地建物取引業者との紛争において紛争当事者から相談を受けている都道府県などの第一次処理機関が、一般財団法人不動産適正取

引推進機構[1]（以下「本機構」という。）による紛争解決が適していると判断した場合、当事者の意思確認を行い、本機構に要請書を提出することによって開始する紛争解決手続である。

> **ポイント**
> ・宅地建物取引業者と消費者との間の紛争を扱う。
> ・紛争当事者が直接手続利用の申立てをすることはできない。
> ・高度の専門的知識を有する委員が調整するため、紛争解決率が高い。
> ・費用は原則として無料である。

1 取り扱う紛争の範囲

宅地建物取引業者と消費者との間の不動産取引のトラブルを扱う。

売買契約に関する紛争（重要事項説明、契約解除、瑕疵・補修等、環境等に関する紛争等）や媒介契約に関する紛争が典型例である。

2 手続

(1) 手続の開始要件

ア　第一次処理機関（国・都道府県の宅建業法所管課、消費生活センター、事業者団体等）が、相談を受けた紛争の性質からみて特定紛争処理による紛争解決が適していると判断した場合、本手続の利用の可否について本機構に事前に相談する。

イ　本機構は、今後の紛争防止の参考となるような先例的価値の有無、その時点における他の案件の処理状況などを総合的に勘案して、特定紛争処理案件として適当であるかどうか、手続の利用の可否を判断する。

ウ　本機構が利用を可と判断した場合、第一次処理機関から紛争当事者に手続の利用について意思確認を行い、全員が希望したとき、第一次処理機

---

1) 特定紛争処理のほか、宅地建物取引士資格試験の実施等を行っている。

関が本機構に要請書を提出することにより、手続が開始される。

　エ　紛争当事者が直接本機構に手続利用の申立てをすることはできない。

(2) 手続の進め方

　ア　手続は、非公開で、通常３名の紛争処理委員（うち１名は弁護士）が各当事者の主張を聴取しながら進める。
証人の取調べや鑑定が実施されることもある。

　イ　紛争処理委員が必要と認めるときは、解決案を提示することもある。

　ウ　和解が成立した場合、和解契約書を作成し、各当事者及び本機構が各１通ずつ保管する。

　エ　解決の見込みがないときは、紛争処理委員は、手続を打ち切ることができる。

3　費　用

原則として無料である。

但し、土地の試掘、建物の構造検査等で特に多額な経費を要する場合、当事者の意見を聞いて、その費用の全部又は一部は当事者負担となる。

4　特　徴

(1) 高度の専門性を有する委員による調整

紛争処理委員は、法律、土木・建築・不動産鑑定及び一般行政の３分野からなる約20名の専門家で構成される（日弁連推薦による弁護士、土木・建築専門家、不動産鑑定士、不動産業指導行政の経験者等）。その中から紛争案件ごとに弁護士１名を含む３名の担当委員が選ばれて調整を行う。

各事案に適した各分野の高度の専門的知識を有する紛争処理委員が調整するため、説得力のある提案がなされることにより、当事者双方が納得できる合理的かつ妥当な解決が期待できる。

(2) 高い紛争解決率・和解の履行の確実性

昭和60年の事業開始以来、平成30年５月までに受け付けた紛争案件は167件であり、そのうち、８割近い案件で和解が成立している。

また、和解契約締結時における履行を原則とすることにより、確実な履行を図っている。

5 利用例（HPで具体的事案が多数紹介されている）

(1) 種類

ア 売買契約に関する紛争

(ア) 重要事項説明に関するもの（道路、セットバック、面積、建築不可物件、重要な事項の不告知、境界など）

(イ) 契約解除に関するもの（ローン不成立、手付、違約金、建築条件付き土地売買など）

(ウ) 瑕疵・補修などに関するもの（建物・設備、擁壁・地盤、白蟻、心理瑕疵など）

(エ) 環境に関するもの（日照、浸水、騒音、ごみ置き場、悪臭、眺望など）

(オ) その他（買換え、セールストーク、申込金の返還など）

イ 売買媒介契約に関する紛争

媒介報酬の抜き行為、媒介報酬額の妥当性、下取り価格を巡る問題など

(2) 具体例

前記(1)、ア、(ウ)の建物瑕疵に関する事例を紹介する。

・買主甲が業者乙から新築戸建住宅を代金35,200,000円で購入したところ、床鳴りの不具合があり、購入の２年以上後に乙が補修工事をしたが床鳴りは直らず、甲はその他多数の不具合も訴えて迷惑料等5,000,000円を請求し、県への苦情申立ても行っていた。

・紛争処理委員３名（弁護士１名、建築１名、一般行政１名）が、現地調査

第6章 不動産

1回を含む7回の調整を試み、床鳴りは存在するが基礎部分に問題はなく床を二重張りするなどの補強をすれば直ると認定して、乙が工事費用約3,000,000円を負担して再度の補強工事を実施する方向での和解案を示した。
・しかし、工事後の再度のトラブル発生を両当事者が懸念して調整がつかず、結局、それまでの交渉経過や甲の資金需要等を勘案して紛争処理委員が提示した売買代金34,000,000円で、乙が甲より本物件を買い戻し、甲は県への苦情申立てを取り下げることなどを条件とする和解が成立した。

6 まとめ

当事者は、本機構に対し直接手続利用の申立てをすることができず、利用を希望する場合には、第一次処理機関（国・都道府県の宅建業法所管課、消費生活センター、事業者団体等）にその旨申告するほかないという限界はあるが、費用と時間をかけずに高度の専門的知見を有する紛争処理委員による調整を受けられる魅力的な制度である。

紛争解決率も高く、両当事者が本制度の紛争処理委員の専門性を信頼しているようなケースには有用な手続であろう。

❹ (一社)日本不動産仲裁機構　不動産ADRセンター

名　　称	日本不動産仲裁機構　不動産ADRセンター
事業者名	一般社団法人　日本不動産仲裁機構
住　　所	東京都中央区日本橋堀留町1丁目11番5号 日本橋吉泉ビル2階
TEL：03-3524-8013　　URL：http://jha-adr.org/	

157

第2編　分野別の各ADR

> **概　要**

　一般社団法人日本不動産仲裁機構（以下「本機構」という。）は、全国の法律家及び不動産流通に関わる各分野の専門団体とのネットワークによって形成される民間ADR機構である。本機構の設置する不動産ADRセンター（以下「センター」という。）が、不動産の取引・施工・管理・相続その他の承継に関する紛争について調停及び仲裁を行う。平成29年3月にADR法に基づき法務大臣の認証を受けている。

> **ポイント**

・不動産の取引・施工・管理・相続その他承継に関する紛争について、適正かつ迅速に解決することを目的としている。
・調停人は、弁護士や民事調停委員等の経験者の他、不動産に関する専門的知識を有する者から推薦される。
・調停手続の中で、専門的知識を有する者に調査（現地調査等）を行わせ、調査結果についての書面を作成させることができる。

1　取り扱う紛争の範囲

　不動産の取引、施工、管理、相続その他の承継に関する紛争を扱う。例えば、中古不動産購入に関するトラブル、不動産売買の瑕疵担保責任に関するトラブル、シックハウスに関するトラブル、雨漏りに関するトラブル、未払家賃の回収、修繕費用・原状回復費用に関するトラブル等、不動産に関する紛争を幅広く取り扱うことができる。

2　手　続

(1)　手続相談前置

　調停手続又は仲裁手続の実施を申し立てようとする者は、センターが実施する事前相談を受けなければならない（手続相談前置）。相談は、その内容に応じて法律委員（弁護士）又は専門委員（建築士等）が対応する。センター

では、調停手続及び仲裁手続の制度の違いを説明した上で、話し合いでの調停手続による解決を推奨している。

(2) 調 停

調停人候補者名簿のうちから選出された調停人が、当事者間の紛争解決に協力し、当事者間における和解契約の成立を促す手続である。以下の手続内容は、主に平成30年1月時点での日本不動産仲裁機構ADRセンター設置規程に基づくものである。

ア 調停手続の開始

申立人は、調停申立書をセンターに提出する。調停手続の申立ての受理決定がなされると、調停手続が開始する。

センター長は、調停手続が開始したときは、相手方に対して必要事項を記載した書面を送付して通知する。相手方は、調停手続の実施を依頼するときは、回答書をセンターに提出しなければならない。

センター長は、相手方が調停手続の実施を依頼しない旨の回答をしたとき、又は回答期限までに回答がないときは、調停手続の終了を決定する。

イ 調停人の選出

相手方から調停手続の実施の依頼を受けたときは、センター長は、調停人候補者の名簿のうちから調停人1名を選出し、調停人として委嘱する。調停人候補者は以下のいずれかに該当する者でなければならない。

○弁護士（本機構に登録する弁護士で、本機構の推薦を受けた者）
○本機構が実施する裁判外紛争解決手続の研修を修了した者であって、次の各号のいずれかに該当する者
　① 民事調停委員である者又はあった者
　② 司法委員として地方裁判所から選任された者又はあった者
　③ 家事調停委員である者又はあった者
　④ 参与員として家庭裁判所から選任された者又はあった者

第2編　分野別の各ADR

⑤　加盟団体[1]に所属する者であって、センターが取り扱う紛争の適切な解決について、特別の知識・技能・経験を有する者として、所属する加盟団体の推薦を受けた者

⑥　加盟団体に所属する以外の者であって、センターが取り扱う紛争の適切な解決について、特別の知識・技能・経験を有する者として、本機構から推薦された者

　ウ　調停期日の進行

　調停手続は、原則としてセンターの調停室において行う。ただし、当事者の一方又は双方の申出がある場合で調停人が相当と認めるときは、センターの調停室以外の場所又は電話等の通信手段を利用して調停手続を行うことができる。

　調停期日は、基本的に双方の当事者が同席して行うが、交互面談方式により進行することもできる。実際には、当事者が電話で交互に調停人と話す方式での調停手続を希望する場合も多い。

　調停人が弁護士でない場合には、法律問題に関して協力弁護士の助言を受ける。

　エ　調　査

　調停人は、関係資料について、当事者の申立てにより、調停人候補者名簿から選任する方法若しくは加盟団体又は本機構から推薦を受けた者から選任する方法により選任した者に、調査を行わせることができる（現地調査等）。この場合、調査の結果を示す書面（調査書、査定書等）が作成され、その写しが当事者に交付される。

　オ　和解の成立

　当事者間に和解が成立したときは、和解契約書を作成する。

1）（NPO）日本住宅性能検査協会、（一社）相続診断協会、（NPO）シックハウス診断士協会、（一社）雨漏り検診技術開発研究所等

(3) 仲　裁

紛争当事者の合意（仲裁契約）により仲裁人を選出し、仲裁人の判断によって紛争を解決する手続である。

当事者間に仲裁契約が成立し、本機構に仲裁の申立てがなされると、原則として、法律委員（弁護士）及び専門委員（建築士等）を含む３名の仲裁委員が仲裁人として選任され、仲裁のための判断を行う。

仲裁人の判断が最終決定となり、当事者はこれに対して異議を申し立てることはできない。

3　費　用

(1) 調　停

申立手数料は10,000円（税別。以下同様）であり、申立人が負担する。期日手数料は10,000円であり、原則として、当事者双方が半額ずつ負担する。

紛争が解決した場合の手数料は、解決額[2]に応じて定められており、原則として、当事者双方がそれぞれ半額を負担する。例えば、解決額０円又は算定不能の場合は10,000円、解決額が100,000円までは1.5％＋10,000円、解決額500,000円までは1.2％＋30,000円、解決額1,000,000円までは0.95％＋55,000円などとされている。

当事者の希望により調査を行った場合、別途調査に要する費用を支払う。

調査に要する費用は、その調査が一方の当事者の依頼によるときは、当該一方の当事者がその全額を負担し、双方の当事者の依頼によるときは、それぞれ半額を負担する。

(2) 仲　裁

申立手数料は10,000円であり、申立人が負担する。手続終了後の報酬は、

2）　和解契約書に記載された当事者が他方に対して給付すべき価額の合計額

申立人20,000円、被申立人20,000円である。仲裁判断に必要となる診断及び査定等の費用は別途実費を支払うが、原則として両当事者が均等に負担する。

4 取扱件数等

取扱件数は、平成25年1月から平成29年3月の認証前までに、調停手続は23件（うち合意6件）、仲裁手続は0件である。平成29年3月の認証後同年12月までに、調停手続は2件（うち合意1件）、仲裁手続は0件である。

5 特徴等

(1) 不動産の取引、施工、管理、相続その他の承継に関する紛争を対象とし、不動産に関する紛争を幅広く取り扱うことができる。

(2) 電話を利用した調停手続も可能である。

(3) 加盟団体等から不動産に関する専門的知識を有する者（敷金診断士、太陽光発電アドバイザー、相続診断士、住宅ローン診断士、シックハウス診断士、住宅建築コーディネーター等）を選任し、調査（現地調査等）を行わせ、調査の結果を示す書面（報告書、査定書など）を作成させることができる。

(4) 認証ADRであるため、調停手続の申立てにはADR法25条の規定に基づく時効中断効が認められる。但し、相手方の拒絶により調停人委嘱前に調停手続が終了したときは、時効中断効は生じない。また、仲裁手続における請求は、仲裁法29条2項に基づく時効中断効が認められる。

6 利用例

5年間賃借していた事務所の明け渡しの際に2,000,000円の原状回復費用の見積書が送られてきたが、納得がいかず、調停を申し立てた。現地調査を行い、その結果の調査書（査定書）に基づいて話し合いを行い、解決した。

7 まとめ

　不動産に関する紛争で専門的な調査（現地調査等）が必要なケースでは、センターにおける調停手続は事案に応じて、調停人を通じて専門的知識を有する第三者に調査を行わせ、調査結果に基づいて話し合いを進めることができるため、紛争解決の手段として有用であると考えられる。また、電話での調停手続も可能であるため、遠方の場合も利用しやすいと言えよう。

第2編　分野別の各ADR

第7章 金　融

❶ 全国銀行協会あっせん委員会

```
名　　称　全国銀行協会あっせん委員会
事業者名　一般社団法人　全国銀行協会
住　　所　東京都千代田区大手町2-6-1
　　　　　朝日生命大手町ビル19階（全国銀行協会内）
TEL：03-5252-3772
URL：https://www.zenginkyo.or.jp/adr/
```

概　要

　一般社団法人全国銀行協会（以下「全銀協」という。）は、国内で活動する銀行、銀行持株会社及び各地の銀行協会を会員とする組織である。

　全銀協は、銀行の健全な発展を通じて日本経済の成長等に貢献することを目的に、全国的・国際的なレベルで様々な活動を行っており、民間銀行のほとんどが加盟している。

　全銀協は、平成22年9月、銀行法52条の62第1項及び農林中央金庫法95条の6第1項に基づき、内閣総理大臣から「指定紛争解決機関」としての指定を受け、苦情処理手続や紛争解決手続を実施している。

ポイント

・加入銀行に対し特別調停案の受諾義務等の片面的義務が課されている。
・銀行法等に基づく時効中断効が認められる。
・平成27年度及び平成28年度の和解成立率が40％を超えている。

・顧客によるあっせん申立費用は無料である。
・あっせん委員会の会場は、全国9か所に設置されている上、電話などの通信手段を利用することも可能である。

1　取り扱う紛争の範囲

　顧客と加入銀行[1]との間では解決ができず、顧客又は加入銀行からあっせん委員会（以下「委員会」という。）のあっせんにより解決を図りたいとの申し出があるものを取り扱う（苦情処理および紛争処理手続等の実施に関する業務規程[2]（以下「業務規程」という。）2条(4)）。
　具体的には、証券業務、保険業務、外国為替業務、貸出業務、預金業務等に関する紛争が取り扱われている。

2　手続の概要

(1)　苦情処理手続からの移行

　紛争解決手続（以下「本手続」という。）は、全銀協が設置する相談室（以下「相談室」という。）による苦情処理手続では納得が得られない顧客、又は相談室若しくは加入銀行への苦情の申し出から2か月以上にわたり解決が図られていないとする顧客からの申し出により移行される（業務規程11条）。

(2)　あっせん委員会

　委員会は、顧客又は加入銀行から申立てのあった紛争について、その解決のためのあっせんを実施する（業務規程24条1項）。

---

1) 加入銀行とは、銀行法又は農林中央金庫法（以下、併せて「銀行法等」という。）の規定に基づき、協会との間で手続実施基本契約を締結した銀行又は農林中央金庫をいう（業務規程2条(2)）。
2) 銀行法52条の67及び農林中央金庫法95条の7は、指定紛争解決機関に対し、業務規程の制定義務を課しており、本業務規程は、かかる規定により協会が制定したものである。

本手続は、原則として小委員会で行われる。小委員会は、少なくとも弁護士であるあっせん委員1名を含む3名の委員で構成される（業務規程20条1項）。

(3) 申立て

顧客又は加入銀行は、あっせんの申立てをするときは、当該申立ての趣旨及び紛争の要点を明らかにしたあっせんの申立書1通を、委員会事務局（以下「事務局」という。）に提出しなければならない（業務規程24条4項）。

(4) 加入銀行の手続参加義務

顧客があっせんの申立てに及んだ場合、事務局は、相手方である加入銀行に対し、本手続に参加することを要請する（業務規程25条1項本文）。ただし、委員会が本手続を行わないこととした場合は、この限りではない（業務規程25条1項但書）。

加入銀行は、委員会が相当の理由があると認めた場合を除き、本手続に参加しなければならない（業務規程25条2項）。

加入銀行は、事務局から本手続への参加要請を受けた場合には、答弁書やそれに関する資料・証拠書類等を、原則として1か月以内に事務局へ提出しなければならない（業務規程25条3項）。

(5) 適格性の審査

事務局が、顧客からの申立書と加入銀行からの答弁書を受領した場合には、委員会は、速やかに当該申立てに係る適格性の審査を実施する（業務規程26条1項）。

そして、審査の結果、委員会があっせんの申立てを受理したときは、当事者双方に対してその旨を書面により通知するとともに、加入銀行から提出された答弁書の写しを顧客に対して送付する（業務規程26条4項）。

これに対し、委員会が、申立てが失当であることが明らかである等の一定の事由に該当すると判断した場合には、以後、本手続を行わない（業務規程27条）。

(6) 加入銀行の資料等提出義務

顧客及び加入銀行は、委員会からの求めに応じ、主張書面や主張に関する資料・証拠書類等の原本又は写しを、遅滞なく提出しなければならない（業務規程26条5項）。

加入銀行は、資料・証拠書類等の提出を求められたときは、正当な理由なくこれを拒否してはならない（業務規程26条6項）。

(7) 期日の開催

委員会は、必要に応じ、期日を定めて、当事者等の出席を求め、事情聴取を行うことができる（業務規程30条1項）。

委員会より出席を求められた当事者は、原則として自ら出席しなければならない。但し、委員会が相当と認めた場合には、代理人を出席させ、又は代理人若しくは補佐人とともに出席することができる（業務規程30条3項）。

(8) あっせん案の提示及び受諾の勧告

委員会は、紛争の解決に資するため相当であると認めたときは、当事者双方のために衡平に考慮し、申立ての趣旨に反しない限度であっせん案を作成し、これを当事者双方に提示してその受諾を勧告することができる（業務規程34条1項）。

加入銀行は、あっせん案の提示を受けた場合には、これを尊重し、正当な理由なく拒否してはならない（業務規程34条3項）。

⑼ 特別調停案の提示

委員会は、あっせん案の受諾の勧告によっては当事者間に和解が成立する見込みがないと認められる場合において、事案の性質等の事情に照らして相当であると認めるときは、特別調停案を作成し、理由を付して書面を送付することにより当事者に提示することができる（業務規程35条1項）。

⑽ 加入銀行の受諾義務

加入銀行は、特別調停案の提示を受けたときには、これを受諾しなければならない。

但し、顧客が特別調停案を受諾したことを加入銀行が知った日から1か月を経過する日までに当該請求に係る訴訟が提起され、かつ同日までに当該訴訟が取り下げられないとき等の一定の場合にはこの限りではない（銀行法52条の67第6項）。

⑾ 本手続の終了

委員会の本手続は、適格性審査の結果、以後の本手続を行わないとする通知を当事者双方に行った場合（業務規程26条1項）、あっせんの申立ての取下げがあった場合（業務規程32条）、あっせんの打切りがあった場合（業務規程33条）、和解契約書が締結された場合（業務規程36条）等に終了する（業務規程37条1項）。

また、当事者の一方又は双方があっせん案又は特別調停案を受諾しなかった場合にも、あっせん不成立により本手続は終了する（業務規程37条2項）。

⑿ 本手続の非公開

本手続は非公開である（業務規程38条1項）。

当事者は、法令の規定に基づく場合その他正当な理由がある場合を除き、本手続で得た情報及び資料等を本手続に関係する者以外の者に開示又は公表

してはならない（業務規程38条2項）。

3 費用

本手続の手数料は、顧客については無料である。加入銀行については、委員会があっせん申立てを受理したときに限り、事案手数料を支払う（業務規程28条）。

但し、委員会の事情聴取に出席するための交通費、郵送費、コピー代、本人確認書類を用意するための費用などは顧客の自己負担となる。

4 取扱件数等

委員会によるあっせんの取扱件数等は、以下のとおりである[3]。

年度	新規申立件数	終結件数（①和解、②不調、③取下げ等）
平成27年度	124件	134件（①61件、②0件、③73件）
平成28年度	193件	175件（①80件、②5件、③90件）

このように、平成27年度及び平成28年度のいずれについても、和解が成立した件数の割合は40％を超えている。

平成23年度は、新規申立件数が1,000件を超えていたが、年々減少傾向にあり、ここ数年は200件前後で推移している。

平成28年度のあっせんの新規申立の業務分類は、証券業務が47.7％、保険業務が18.1％となっている。

また、平成28年度に本手続が終結した175件のうち、手続終結までの所要期間は、95件が6か月未満となっている。更に、本手続の申立てからあっせん案、特別調停案提示までの所要期間については、平成28年度にあっせん

---

3) 協会においては、毎年度につき、「紛争解決等業務の実施状況」を公表しており、あっせんの新規申立件数の推移等のデータを示している。

案・特別調停案が提示された85件のうち、49件が6か月未満となっている。

5 特徴等

(1) 加入銀行に対する片面的義務

前述のとおり、加入銀行には、手続参加義務、資料等提出義務、特別調停案の受諾義務といった片面的義務が課せられている。

これにより、顧客は、本手続を利用した際に、加入銀行の参加を見込むことができ、顧客側に資料等が乏しい場合であっても加入銀行からの提出を期待することができ、特別調停案が提示された場合に、加入銀行による受諾を期待することができる。

(2) 銀行法等に基づく時効の中断

本手続によっては当事者間に和解が成立する見込みがないことを理由に、委員会が手続を終了したときは、申立てをした当事者がその旨の通知を受けた日から1か月以内に手続の目的となった請求について訴えを提起したときは、時効の中断に関しては、当該手続における請求の時に、訴えの提起があったものとみなされる（銀行法52条の74、農林中央金庫法95条の8）。

(3) 中立公正な弁護士の関与

前述のとおり、小委員会には、少なくとも弁護士であるあっせん委員1名が含まれており、手続について、中立公正な弁護士の関与が確保されている。

(4) 本手続の実施場所の配慮

委員会の会場は、東京、大阪、名古屋、札幌、仙台、新潟、高松、広島、福岡の9か所の銀行協会に設置されている。それ以外の地域でも、最寄りの銀行協会等において、電話などの通信手段によって事情聴取を行うことが可能である。

このように、遠方に居住する者に対しても、本手続が利用しやすいように配慮がなされている。

(5) **顧客が手数料を負担しないこと**

前述のとおり、本手続の手数料は、顧客については無料であり、顧客は手数料負担を考慮することなく本手続を利用することができる。

(6) **訴訟手続の中止**

銀行業務関連紛争について、その当事者間に訴訟が係属する場合に、現に手続が実施されているか、手続によって紛争の解決を図る旨の合意があるときは、受訴裁判所は、4か月以内の期間を定めて訴訟手続を中止する旨の決定をすることができる（銀行法52条の75、農林中央金庫法95条の8）。

このように、既に訴訟が係属している場合においても、本手続を優先して進め、早期の紛争解決を図ることが可能である。

6 利用例[4]

(1) **投資信託に関する事案**

ア　事案の概要

申立人は、銀行担当者から、2つの投資信託について、安全な商品で決して損はさせないとの執拗な勧誘を受け、断りきれずに購入したが、最初の商品は勝手に解約され、次の商品は解約を拒絶されたことにより、想定外の損害が生じたとして、損害賠償請求のため、本手続の申立てに及んだものである。

イ　解決状況

委員会は、申立人の投資額がやや過大であったことは否定できず、また、

---

4) 協会においては、四半期ごとに「あっせんの申立て事案の概要とその結果」を公表している。本稿では、その一部を紹介する。

リスクに係る説明も十分であったとは言えない旨指摘し、銀行が申立人の損失の一部を負担するというあっせん案を提案し、双方がこれを受諾したことからあっせん成立に至った。

(2) 海外送金取引に関する事案

ア 事案の概要

申立人は、海外の取引先から商品を購入するため、銀行で海外送金の手続を行ったが、後日、着金していない事実が判明した。なお、他の金融機関においても海外送金を依頼したが、その分は着金している。

そのため、銀行に依頼した海外送金が着金しなかったことにより生じた損害賠償を請求するため、本手続の申立てに至ったものである。

イ 解決状況

委員会は、銀行に対し、送金が申立人の希望する期限まで着金しない可能性があるなら、代替の方法を案内するといった配慮をとる余地があったことを指摘し、銀行が申立人に対し一定の解決金を支払う旨のあっせん案を提示し、双方がこれを受諾したことからあっせん成立に至った。

7 まとめ

本手続においては、加入銀行に対し、手続参加義務、資料等の提出義務、特別調停案の受諾義務といった片面的義務が課せられており、顧客にとって利用価値が大きいと言える。

他方で、特別調停案が提示された場合、加入銀行が受諾を回避するため、訴訟提起に及ぶ可能性があり、顧客において応訴の負担を強いられる可能性がある点に注意が必要である。

第7章　金融

❷ 日本貸金業協会貸金業相談・紛争解決センター

```
名　　称　日本貸金業協会貸金業相談・紛争解決センター
　　　　　（略称　貸金紛争解決センター）
事業者名　日本貸金業協会
住　　所　東京都港区高輪三丁目19番15号
　　　　　二葉高輪ビル2F・3F（本部）
TEL：03-5739-3011（代表）
　　　03-5739-3863（紛争解決手続の受付番号）
URL：http://www.j-fsa.or.jp/index.php
```

概　要

　日本貸金業協会（以下「協会」という。）は、貸金業法26条1項及び2項に基づき、貸金業者が内閣総理大臣の認可を受けて設立した法人である。協会は、東京に本部を構え、全国47都道府県に支部を設置している。
　協会は、貸金業法41条の39に基づき内閣総理大臣により指定を受けた「指定紛争解決機関」であり、その紛争解決等業務実施機関である日本貸金業協会貸金業相談・紛争解決センター（以下「センター」という。）は、貸金業務に関連する借入れや返済の相談、多重債務者救済の一環としての貸付自粛制度の受付、貸金業者の業務に対する苦情や紛争解決窓口として、協会によって運営されている。

ポイント

・貸金業者に対し特別調停案の受諾義務等の片面的義務が課されている。
・貸金業法に基づく時効中断効が認められる。
・平成29年上期の和解成立率が50％を超えている。
・訴訟費用よりも低廉な負担で利用できる。

173

・6か月以内の紛争解決が志向されている。

1　取り扱う紛争の範囲

　協会が実施する紛争解決手続（以下「本手続」という。）において、紛争の申立てを受理する範囲は、貸金業務等のトラブルに関する苦情のうち、契約者等[1]と協会員等（協会の会員及び加入貸金業者[2]をいい、以下、協会員等を単に「貸金業者」という[3]。）の自主的な交渉では解決できないもので、センターが間に入ることで和解することが可能なものとされている。

　具体的には、クレジットカード不正使用、過払金、帳簿の開示、契約内容等に関する紛争が取り扱われている。

2　手続の概要

(1)　申立て

　本手続の申立てには、直接、本手続の申立てをする方法（紛争解決等業務に関する規則[4]（以下「業務規則」という。）60条）と苦情処理手続からの移行申立てをする方法（業務規則61条）がある。

　本手続の申立ては、センターの紛争受付課に対し、所定の申立書を提出して行う（業務規則60条1項、2項）。苦情処理手続からの移行を申し立てる場

---

1) 顧客等、債務者等若しくは債務者等であったもの又はその一般承継人をいう（業務規則2条(8)）。
2) 協会と手続実施基本契約を締結した貸金業者をいう（業務規則2条(6)）。
3) 貸金業法12条の2の2の規定に基づき、すべての貸金業者は指定紛争解決機関としての協会との間で手続実施基本契約を締結しなければならないとされており、協会が公表した「相談・苦情・紛争解決受付状況（平成29年4月1日～同年9月30日）」によると、平成29年9月末時点における貸金業者の契約率は99.5％とのことである。
4) 貸金業法41条の44は、指定紛争解決機関に対し、業務規程の制定義務を課しており、業務規則は、かかる規程により協会が制定したものである。

合には、センターの苦情受付課に対し、移行申立書を提出する（業務規則61条1項、2項）。

(2) **貸金業者の手続応諾義務**

相手方である貸金業者は、正当な理由がある場合を除き、本手続に応じなければならない（業務規則63条）。

(3) **紛争解決委員の選任**

申立てが受理された場合には、紛争解決委員候補の中から、本手続を担当する紛争解決委員が、原則として1名選任される（業務規則67条）。

紛争解決委員候補は、原則として、人格識見に優れ通算5年以上の実務経験を有する弁護士に委嘱されるが、貸金業務の実務経験が通算10年以上である者等に委嘱されることもある（業務規則19条）。

なお、紛争解決委員が弁護士でない場合には、法令の解釈適用に関し専門的知識を必要とするときには、弁護士の助言を受けることができる（業務規則73条）。

(4) **本手続の不開始**

紛争解決委員は、申立てが貸金業者の貸金業務に係わるものでないとき等の場合には、本手続を開始しない旨の決定を行わなければならない（業務規則76条1項）。また、申立ての趣旨又は紛争の要点が特定されないときには、本手続を開始しない旨の決定を行うことができる（業務規則76条2項）。

(5) **本手続の開始**

紛争解決委員は、本手続を開始したときには、速やかに、申立人及び相手方に対しその旨を通知する（業務規則79条）。

(6) 答弁書の提出

紛争解決委員は、本手続開始の通知に際し、相手方に対し、所定の事項を記載した答弁書の提出を求めなければならない（業務規則80条1項）。

(7) 資料等の提出等

紛争解決委員は、当事者等から意見を聴取し、文書や口頭による報告を求め、当事者から参考となるべき帳簿書類その他の物件の提出や提示を求めることができる（業務規則83条1項）。

(8) 聴聞期日

紛争解決委員は、聴聞を実施する日時及び場所を定めて、申立人又は相手方に出席を求めることができる。契約者等の出席を求める場合には、聴聞を実施する場所につき、契約者等の住所又は居所に隣接する協会支部の事務所を指定するなど、契約者等の便宜を考慮しなければならない（業務規則84条1項）。

(9) 貸金業者の資料等提出義務・期日出席義務

貸金業者は、紛争解決委員から、前記(7)及び(8)に記載のとおり、資料等の提出等や聴聞期日への出席を求められた場合には、正当な理由なくこれを拒んではならない（業務規則85条）。

(10) 和解案の作成及び受諾の勧告

紛争解決委員は、申立てに係る紛争の解決に必要な和解案を作成し、当事者に提示して、その受諾を勧告することができる（業務規則89条1項）。

(11) 特別調停案の提示

紛争解決委員は、和解案の受諾の勧告によっては当事者間に和解が成立す

る見込みがない場合において、相当と認める場合には、特別調停案を作成し、理由を付して当事者に提示することができる（業務規則90条1項）。

⑫　貸金業者の受諾義務

貸金業者は、特別調停案の提示を受けたときには、これを受諾しなければならない。

但し、契約者等が特別調停案を受諾したことを貸金業者が知った日から1か月を経過する日までに訴訟が提起され、かつ取り下げられないとき等の一定の場合にはこの限りではない（業務規則90条2項）。

また、貸金業者が特別調停案の受諾を拒む場合には、書面により拒否の事由を明らかにしなければならない（業務規則90条3項）。

⑬　本手続の終了

紛争解決委員は、申立てが受理されてから180日が経過しても当事者間に和解が成立する見込みがないと認められるとき等の一定の事由があるときは、本手続を終了する（業務規則91条）。

⑭　申立ての取下げによる終了

申立人は、所定の書面を提出することにより、申立てを取り下げることができる（業務規則92条1項）。

⑮　資料等の閲覧謄写

センターは、本手続に提出ないし提示された資料等について、提出者ないし提示者の事前の同意がある場合に限り、当事者に対して閲覧又は謄写をさせることができる（業務規則95条1項）。

なお、契約者等が、資金業法19条の2により貸金業者に対し閲覧又は謄写の請求することができる帳簿の閲覧又は謄写を請求したときは、貸金業者は

同意を拒むことはできない（業務規則95条2項）。

⒃ **本手続の非公開**

本手続は非公開である（業務規則94条）。

3 費用

請求の価額に応じて、2,000円ないし50,000円の範囲の手続手数料を納付する必要がある。なお、契約者等による申立ての場合は、相手方である貸金業者も同額の手数料を納付する必要があるが、貸金業者による申立ての場合は、相手方である契約者等は手数料を納付する必要はない（業務規則113条、紛争解決業務に関する細則17条及び56条）。

4 取扱件数等

協会が公表した「相談・苦情・紛争解決受付状況（平成29年4月1日〜同年9月30日）」によると、本手続申立ての受理件数は、以下の表のとおりである。

分類 \ 年度	24年度 上期	24年度 下期	25年度 上期	25年度 下期	26年度 上期	26年度 下期	27年度 上期	27年度 下期	28年度 上期	28年度 下期	29年度 上期
クレジットカード等不正使用	0	0	0	0	0	0	1	4	2	2	5
過払金	0	1	3	1	1	2	0	8	3	1	3
帳簿の開示	1	0	0	0	2	0	0	0	0	0	1
融資関連	0	0	0	0	0	0	0	1	1	0	1
契約内容	1	0	0	6	2	0	2	0	1	3	0
事務処理	0	0	0	0	2	0	2	0	0	0	0
個人情報	0	0	0	0	0	1	0	1	1	0	0
過剰貸付	0	0	1	0	0	0	0	0	0	0	0

請求業務	0	0	0	0	0	0	0	1	1	0	0
その他	3	1	4	2	1	1	0	0	1	1	0
合　計	5	2	8	9	8	4	5	15	10	7	10

　平成29年度上期における本手続の実施状況は、平成28年度からの繰越事案3件を加えた13件について本手続を実施し、11件が本手続を終了した[5]とのことである。

　また、本手続が終了した11件の本手続受理から終了までの期間は、1か月以上3か月未満が8件、3か月以上6か月未満が3件であり、6か月以上の期間を要した事案はなかったとのことである。

　このように、平成29年度上期において、和解が成立した件数の割合は50％を超えており、また、すべての事件が6か月以内に終了している。

5　特徴等

(1)　貸金業者に対する片面的義務

　前述のとおり、貸金業者には、手続応諾義務、資料等提出義務、期日出席義務及び特別調停案の応諾義務といった片面的義務が課せられている。

　このように、契約者等は、本手続を利用した際に、貸金業者の参加を見込むことができ、契約者等に資料等が乏しい場合であっても貸金業者からの提出を期待することができ、特別調停案が提示された場合に、貸金業者による受諾を期待することができる。

(2)　貸金業法に基づく時効中断効

　本手続によっては当事者間に和解が成立する見込みがないことを理由に、

---

　5)　その内訳は、紛争解決委員が提示した和解案に当事者双方が応諾した「和解成立」が6件、「不調」が4件、「取下」が1件である。

紛争解決委員が手続を終了した場合において、申立てをした当事者がその旨の通知を受けた日から1か月以内に手続の目的となった請求について訴えを提起したときは、時効の中断に関しては、当該手続における請求の時に、訴えの提起があったものとみなされる（貸金業法41条の51）。

(3) 弁護士等の中立公正な第三者の関与

前述のとおり、本手続を担当する紛争解決委員には、一定の実務経験を有する弁護士が選任されるのが原則であり（業務規則19条2項）、弁護士が選任されないとしても、貸金業務に関する一定の実務経験を有する者等が選任される（業務規則19条3項）。

このように、本手続について、中立公正な第三者である弁護士等の関与が確保されている。

(4) 迅速な解決

センターは、本手続の申立てが受理されてから6か月以内に本手続を完了するよう努めなければならないとされている（業務規則93条1項）。

実際に、「4　取扱件数等」に記載のとおり、平成29年上期に本手続が終了した事案において、6か月以上の期間を要した事案はなかったとのことである。

このように、本手続においては、6か月以内の迅速な解決が図られている。

(5) 低廉な費用負担

前述のとおり、契約者等は、本手続の申立てに際し、請求の価額に応じて、2,000円ないし50,000円の範囲の手続手数料を納付する必要があるが、訴訟提起の際にかかる訴訟費用と比べて、より低額な負担に留まる。

(6) 聴聞期日の開催場所の配慮

　前述のとおり、聴聞期日において、契約者等の出席を求める場合には、聴聞を実施する場所につき、契約者等の住所又は居所に隣接する協会支部の事務所を指定するなど、契約者等の便宜を考慮しなければならないとされている。なお、実務上は、電話会議の方法により実施される場合もあるようである。

　そのため、契約者等においては、聴聞期日に出席する際、移動の負担の減少が期待できる。

(7) 訴訟手続の中止

　貸金業務に関する紛争について、その当事者間に訴訟が係属する場合に、現に本手続が実施されているか、本手続によって紛争の解決を図る旨の合意があるときは、受訴裁判所は、4か月以内の期間を定めて訴訟手続を中止する旨の決定をすることができる（貸金業法41条の52）。

　このように、既に訴訟が係属している場合においても、本手続を優先して進め、早期の紛争解決を図ることが可能である。

6　利用例[6]

(1) 過払金に関する事案

ア　事案の概要

　申立人を借主、相手方である貸金業者を貸主とする、継続的な金銭消費貸借取引に関し、申立人が相手方に対し、過払金十数万円の支払いを求めたものの、相手方が過払金は存在しない旨主張し、申立人からの請求に応じなかったため、申立人において本手続の申立てに及んだものである。

---

6)　日本貸金業協会のHPにおいて利用例が紹介されており、その一部を本稿において紹介する。

イ　解決状況

紛争解決委員は、聴聞期日において、相手方の主張につき判例等に照らして難しい旨を述べ、相手方も了解した。これを受けて、紛争解決委員は、当事者双方に和解金額を提示した。

後日、和解金額、支払期限につき当事者が合意に至り、和解が成立した。

(2) クレジットカード等不正使用に関する事案

ア　事案の概要

申立人は、財布を紛失し、財布に入っていたクレジットカードの発行会社である相手方にその旨連絡したが、既に数十万円のキャッシング等がなされていたため、相手方と交渉したものの、相手方において補償できないとの回答であった。

しかし、申立人の暗証番号は第三者から推察されるようなものではなく、クレジットカードのICチップが読み取られた可能性も否定できないことから、相手方に対し適切な過失割合に基づく補償を求めるため、本手続の申立てに及んだものである。

イ　解決状況

紛争解決委員は、当事者双方を聴聞し、双方の意見を聞いた上で、当事者双方が求める和解条件を勘案した和解案を提示し、当事者双方に検討を求めた。

これに対し、申立人は受け入れる意思を表明し、その後、相手方も和解案を受け入れたことから、和解条項の内容を調整の上、当事者双方に和解条項案を送付し、当事者双方がこれを受け入れ、和解が成立した。

7　まとめ

本手続においては、貸金業者に対し、手続応諾義務、資料等提出義務、期日出席義務及び特別調停案の受諾義務といった片面的義務が課せられており、契約者等にとって利用価値が大きいと言える。

他方で、特別調停案が提示された場合、貸金業者が受諾を回避するため、訴訟提起に及ぶ可能性があり、契約者等において応訴の負担を強いられる可能性がある点に注意が必要である。

❸ 証券・金融商品あっせん相談センター

> 名　　称　証券・金融商品あっせん相談センター
> 　　　　　（略称　フィンマック）
> 事業者名　特定非営利活動法人　証券・金融商品あっせん相談センター
> 住　　所　東京都中央区日本橋茅場町2丁目1番地1　第二証券会館
> TEL：0120-64-5005　　URL：http://www.finmac.or.jp/

概　要

　証券・金融商品あっせん相談センター（以下「フィンマック」という。）は、金融商品取引に関する紛争について、公正・中立で実効的な解決を図るための機関として、平成21年8月に日本証券業協会など5つの金融商品取引業協会が連携・協力して設立した特定非営利活動法人である。
　フィンマックは、株や投資信託、FXなどの金融商品の取引に関するトラブルについて、相談や苦情を受け付け、公正・中立な立場で解決を図る機関である。

ポイント

- 金融商品取引業者等に対し特別調停案の受諾義務等の片面的義務が課されている。
- 金融商品取引法及びADR法に基づく時効中断効が認められている。
- 訴訟費用よりも低廉な負担で利用できる。
- 4か月以内の紛争解決が志向されている。
- 平成29年上半期における和解率が50％を超えている。

1 取り扱う紛争の範囲

フィンマックにおいては、主として、金融商品に関する勧誘（説明義務、適合性の原則、誤った情報の提供）及び売買取引（無断売買、過当売買、システム障害）等の紛争を取り扱っている。

フィンマックにおける紛争解決支援業務は、第一種金融商品取引業者[1]のトラブルについては金融商品取引法上の指定紛争解決機関の業務として[2]、第二種金融商品取引業者[3]のトラブルについては金融商品取引法上の認定投資者保護団体として[4]、実施されている。

また、多くの苦情処理、紛争解決業務は、金融商品取引業協会からの業務委託を受ける形で実施されている。

なお、すべての紛争解決支援業務について、ADR法5条に基づき、法務大臣より認証紛争解決事業者の認証を受けている。

2 手続の概要

(1) 苦情申出の先行

フィンマックが実施するあっせん手続（以下「本手続」という。）の申立ては、苦情申出への対応が終了した事案に限り行うことができる（苦情解決支援とあっせんに関する業務規程[5]（以下「業務規程」という。また、同業務規程に

---

1) 第一種金融商品取引業とは、流動性の高い有価証券の売買・勧誘、引受け、店頭デリバティブ取引、資産管理などを業として行うことをいう。正確には、金融商品取引法28条1項を参照されたい。
2) 金融商品取引法156条の39
3) 第二種金融商品取引業とは、信託受益権の売買、売買の媒介、募集の取扱い（媒介）など、又は、ファンドの自己募集、募集の取扱い（媒介）などを業として行うことをいう。正確には、金融商品取引法28条2項を参照されたい。
4) 金融商品取引法79条の13
5) 金融商品取引法156条の44は、指定紛争解決機関に対し、業務規程の制定義務を課しており、本業務規程は、かかる規定によりセンターが制定したものである。

関する細則を以下「業務細則」という。）26条7項）。

(2) 申立て

顧客又は加入第一種金融商品取引業者等[6]（以下「金融商品取引業者等」という。）は、本手続の申立てをする場合は、所定のあっせん申立書をフィンマックに提出しなければならない（業務規程26条1項）。

(3) 紛争解決委員の選任

フィンマックは、本手続の申立てがなされた場合は、本手続を主宰する紛争解決委員をあっせん委員の中から選任しなければならない（業務規程28条）。なお、あっせん委員は、紛争の解決に有用な専門的知識又は実務経験を有している弁護士の中から委嘱される（業務規程22条2項）。

(4) 本手続を実施しない場合

以前にフィンマックによる本手続が打切り、和解となった紛争や、あっせんの申立てを取り下げた紛争、紛争発生から3年を経過したもの、訴訟、民事調停、他の機関による紛争解決手続が係属中又は終了後の場合等において、紛争解決委員が、本手続を行わないことが適当であると判断した場合には本手続は実施されない（業務規程31条）。

(5) 申立ての受理

紛争解決委員は、本手続の申立てについて、苦情申出の先行の有無等の所定の要件に適合することを確認の上、これを受理する（業務規程30条1項）。
フィンマックは、本手続の申立てを受理した場合には、当事者双方に受理

---

[6] センターが手続実施基本契約を締結した相手方である第一種金融商品取引業者（業務規程2条(21)）又は協定事業者等（業務規程2条(11)）をいう（業務規程2条(22)）。

通知を送付し、相手方に申立書を交付する（業務規程30条2項）。

(6) 金融商品取引業者等の手続参加義務

顧客があっせんを申し立てたとき、相手方である金融商品取引業者等は、あっせんを行うことに応諾し、本手続に参加しなければならない（業務規程27条）。

(7) 答弁書の提出

相手方は遅滞なくフィンマックに答弁書を提出しなければならない。答弁又は抗弁に関する証拠書類があるときは、その写しをフィンマックに提出することができる（業務規程35条）。

(8) 事情聴取

紛争解決委員は、期日を定めて当事者又は参考人の出席を求め、事情を聴取することができる（業務規程36条1項）。出席を求められた当事者は、本人自ら出席しなければならない（業務規程36条2項）。但し、紛争解決委員の許可を得た場合には、代理人を出席させ、又は代理人若しくは補佐人とともに出席することができる（業務規程36条3項）。

(9) 金融商品取引業者等の資料等提出義務

紛争解決委員は、当事者に対し、あっせんに必要な事項について説明を求め、又は帳簿書類その他の物件の提出を求めることができる（業務規程37条1項）。

金融商品取引業者等は、求めがあったときは、正当な理由なく、これを拒んではならない（業務規程37条2項）。

⑽ 和解案の提示

　紛争解決委員は、紛争の解決に資するため相当であると認めたときは、あっせんの申立ての趣旨に反しない限度で紛争の解決に必要な和解案を作成し、これを当事者に提示し、受諾を勧告することができる（業務規程40条）。

⑾ 特別調停案の提示

　和解案の受諾の勧告によっては当事者間に和解が成立する見込みがない場合であっても、紛争解決委員は、事案の性質等に照らして相当と認めるときは、特別調停案を作成し、理由を付して当事者に提示することができる（業務規程40条の2第1項）。

⑿ 金融商品取引業者等の受諾義務

　金融商品取引業者等は、特別調停案の提示を受けたときには、これを受諾しなければならない。

　但し、顧客が特別調停案を受諾したことを金融商品取引業者等が知ったときから1か月を経過する日までに訴訟が提起され、かつ、訴訟が取り下げられないとき等の一定の場合には、この限りではない（業務規程40条の2第2項）。

　もっとも、金融商品取引業者等は、訴訟提起をする場合には、特別調停案により支払うべき金銭をフィンマックに預託した上で行わなければならない（業務規程40条の2第3項）。

⒀ 本手続の非公開

　本手続は非公開である（業務規程42条）。

3　費　用

　顧客があっせんを申し立てる場合のあっせん申立金は、申立人の請求金額に応じて、2,000円〜50,000円の範囲となる（業務規程32条）。

4 取扱件数等

フィンマックにおけるあっせんの取扱件数等は、以下のとおりである。なお、平成29年度については、第2四半期までの件数である[7]。

年度	新規申立件数	終結件数（①和解、②不調、③取下げ等）
平成27年度	140件	125件（①62、②55、③8）
平成28年度	152件	154件（①74、②67、③13）
平成29年度	68件	74件（①41、②31、③2）

※ 平成29年度は上半期（4月から9月）のみ

平成29年度上半期において、取下げ等を除く終結件数に占める和解件数の割合は56.9％である。

5 特徴等

(1) 金融商品取引業者等に対する片面的義務

前述のとおり、金融商品取引業者等には、手続参加義務、資料等提出義務、特別調停案の受諾義務といった片面的義務が課せられている。

これにより、顧客は、本手続を利用した際に、金融商品取引業者等の参加を見込むことができ、顧客側に資料等が乏しい場合であっても金融商品取引業者等からの提出を期待することができ、特別調停案が提示された場合に、金融商品取引業者等による受諾を期待することができる。

(2) 金融商品取引法及びADR法に基づく時効の中断

紛争解決手続によっては当事者間に和解が成立する見込みがないことを理

---

[7] フィンマックにおいては、毎年度につき、「事業報告書」を公表しており、あっせんの新規申立件数等のデータを示している。

由に紛争解決委員が本手続を終了した場合において、本手続の申立てをした当事者がその旨の通知を受けた日から1か月以内に、本手続の目的となった請求について訴えを提起したときは、時効の中断に関しては、本手続における請求の時に、訴えの提起があったものとみなされる（金融商品取引法156条の51ないしADR法25条）。

(3) 中立公正な弁護士の関与

前述のとおり、本手続を主宰する紛争解決委員は、弁護士の中から委嘱されるあっせん委員から選任され、本手続について、中立公正な弁護士の関与が確保されている。

(4) 迅速な解決

紛争解決委員は、本手続の申立てを受理した日から4か月以内に、本手続を終了させるよう努めるとされている（業務規程43条）。

そして、前記のとおり、平成29年度上半期における、取下げ等を除く終結件数は72件であるが、そのうち、あっせん開催回数が1回の事案は59件であり、迅速な解決が図られている。

(5) 低廉な費用負担

前述のとおり、顧客は、あっせんの申立てに際し、請求の価格に応じて2,000円～50,000円のあっせん申立金を納付する必要があるが、訴訟提起の際の費用に比して、低廉な費用負担に留まる。

(6) 手続の実施場所

本手続は、顧客の住所又は所在地のある都道府県庁所在地（北海道においては、札幌、旭川、函館又は釧路）において実施され、顧客の利便性等により、フィンマックが適当と認める場合は、他の都道府県庁所在地その他の場所で

実施することができる（業務細則8条）。

そのため、顧客においては、本手続を利用する際の移動の負担の軽減が期待できる。

(7) 訴訟手続の中止

金融商品の取引に関する紛争について、その当事者間に訴訟が係属する場合に、現に本手続が実施されているか、本手続によって紛争の解決を図る旨の合意があるときは、受訴裁判所は、4か月以内の期間を定めて訴訟手続を中止する旨の決定をすることができる（金融商品取引法156条の52ないしADR法26条）。

このように、既に訴訟が係属している場合においても、本手続を優先して進め、早期の解決を図ることが可能である。

6　利用例[8]

(1) 勧誘に関する紛争（説明義務違反）

ア　事案の概要

顧客は、金融商品取引業者等の担当者が、リスク等について十分な説明をせずに「利益が出る」とメリットのみ強調してFX取引を勧誘し、顧客が断ったにも関わらず、その後も勧誘を続けて取引させたため、約1700万円の損害を被ったとして、担当者の説明義務違反、再勧誘禁止規定違反、適合性原則違反及び断定的判断の提供を理由に、損害賠償を請求するため、本手続の申立てに及んだ。

イ　解決状況

紛争解決委員は、事情聴取の内容及び証拠書類を総合した限りでは、担当

---

8) フィンマックにおいては、四半期ごとに「FINMAC紛争解決手続事例」を公表している。本稿では、その一部を紹介する。

者に違法行為があったと断定することまではできないものの、顧客が為替証拠金取引の経験をそれまで有していなかった者であって、この種の取引が持つリスクを担当者が顧客にどこまで適切な説明ができていたが疑義があるほか、取引方法についても顧客にどこまで適切な説明ができていたのかについても疑問が残るとして、金融商品取引業者等が顧客に対し、約80万円を支払う内容の和解案を提示し、双方がこれを受諾して和解が成立した。

(2) **売買取引に関する紛争（売買執行ミス）**
　ア　事案の概要

顧客は、金融商品取引業者等の担当者が外貨建債券の買付注文を失念したため、担当者の過失により生じた損失約20万円を請求するため、本手続の申立てに及んだ。

　イ　解決状況

担当者の社内手続漏れの結果、顧客が当初買付けできたであろう金額を超える支払いになった一方で、顧客が当初買付予定資金を元に外貨MMFでの利息を得ているとの金融商品取引業者等の主張を考慮し、金融商品取引業者等が顧客に対し約1万円を支払う内容の和解案を提示し、双方がこれを受諾して和解が成立した。

7　まとめ

本手続においては、金融商品取引業者等に対し、手続参加義務、資料等提出義務、特別調停案の受諾義務といった片面的義務が課せられており、顧客にとって利用価値が大きいと言える。

なお、特別調停案が提示された場合、金融商品取引業者等が受諾を回避するため、訴訟提起に及ぶ可能性もある。もっとも、前記のとおり、金融商品取引業者等が訴訟提起をする場合には、特別調停案により支払うべき金銭をフィンマックに預託した上で行わなければならないとされており（業務規程

40条の2第3項）、事実上、金融商品取引業者等に特別調停案の受入れを強く求めているような規程となっている。

❹ 日本商品先物取引協会・相談センター

名　　称　日本商品先物取引協会・相談センター
事業者名　日本商品先物取引協会
住　　所　〒103-0012　東京都中央区日本橋堀留町1丁目10番7号
　　　　　東京商品取引所ビル6階
TEL：03-3664-6243
URL：https://www.nisshokyo.or.jp/investor/assen.html

概　要

　日本商品先物取引協会（以下「協会」という。）は、商品デリバティブ取引等を公正かつ円滑ならしめ、委託者等の保護を図ることを目的として設立された商品先物取引法上の認可法人である（商品先物取引法241条、245条）[1]。

　協会は、自主規制ルールの制定・遵守、商品デリバティブ取引等に関する苦情・紛争の解決、外務員の登録及び資格試験等の実施を行っている。

　協会は、苦情[2]・紛争の解決に関し、商品先物取引法260条に基づいてあっせん・調停委員会を設置し、協会の相談センターにおいて運営している[3]。

1）　協会員の資格を有する者は商品先物取引業者（商品先物取引法2条23項）に限られる（商品先物取引法251条）。なお、会員数は、平成30年4月1日時点において44社である。なお、具体的な会員名については、協会のHPにより公表されている。
2）　協会は、商品先物取引法259条、定款58条及び苦情処理規則に基づき、苦情の解決に努めている。

第7章　金融

> **ポイント**
> ・協会の会員である商品先物取引業者等には、応諾・参加義務、証拠書類提出義務といった片面的義務が課せられている。また、調停案に対する受諾義務こそないものの、これを受諾しない場合に、協会から制裁が科される可能性がある。
> ・平成24年度から平成28年度までの解決率は、約50％となっている。

1　取り扱う紛争の範囲

商品デリバティブ取引等に関して、協会の会員である商品先物取引業者及び会員を所属商品先物取引業者とする商品先物取引仲介業者[4]（以下「会員等」という。）と顧客との間、又は会員間に生じた紛争を取り扱う（商品先物取引法260条、定款59条、紛争処理規程（以下「規程」という。また、紛争処理規程に関する細則を、以下「細則」という。）1条）。

2　手続の概要

(1)　申出手続

協会に紛争仲介の申出をする場合には、所定の様式による申出書を協会に提出しなければならない（規程6条1項、細則11条）。

協会は、申出について、既に和解契約が締結された紛争に係るものである場合、申出に係る取引について決済が終了した日から3年を超える期間を経過した場合等の一定の事由に該当しない場合にこれを受理する（規程7条1項、細則2条）。

---

3)　商品先物取引に関する紛争処理機関として、他に商品取引所（株式会社東京商品取引所、大阪堂島商品取引所）がある。
4)　商品先物取引法2条29項参照

(2) 会員等の応諾・参加義務

顧客が紛争仲介を申し出た場合、会員等はこれに応諾し、参加しなければならない（規程6条8項）。

(3) 答弁書の提出

申出書を受け取った相手方は、遅滞なく、所定の様式による答弁書を提出しなければならない（規程13条1項、細則14条）。この際、答弁又は抗弁に関する証拠資料等を提出することができる（規程13条2項、3項本文）。

(4) 会員等の証拠書類提出義務

会員等が相手方となった場合、会員等は、商品先物取引法その他関係法令、協会の規則及び会員等の社内規則に基づき作成又は取得し保存が義務づけられている証拠書類について、協会に提出しなければならない（規程13条3項但書）。

(5) あっせん・調停委員の選任

相手方から答弁書が提出されると、当該紛争仲介について、あっせん・調停委員1名[5]が指名される（規程12条1項、あっせん・調停委員会規則（以下「委員会規則」という。また、あっせん・調停委員会規則に関する細則を以下「委員会細則」という。）5条1項）。

なお、あっせん・調停委員は、弁護士の資格を有し紛争解決業務に5年以上従事した実績を有する者等、先物取引について学識経験を有する法律専門家等のうちから委嘱される（委員会規則2条、委員会細則2条）。

---

5) 当事者の一方が申出をしたとき又は担当あっせん・調停委員が必要と認めたときは、第2回目以降の期日において、あっせん・調停委員3名によるあっせん・調停委員会を組織して紛争仲介を行わせることができる（規程12条3項）。

第7章 金融

(6) 事情聴取

担当あっせん・調停委員等[6]は、期日を定めて当事者の出席を求め、事情を聴取することができる（規程14条1項）。出席を求められた当事者は、原則として自ら出席しなければならないが、担当あっせん・調停委員等がやむを得ない事由があると認め、許可した場合には、代理人を出席させ又は代理人若しくは補佐人とともに出席することができる（規程14条3項）。

(7) 必要な調査等に係る措置

担当あっせん・調停委員等は、紛争仲介に必要があると認めるときは、当事者に対し、紛争仲介に必要な帳簿又は書類その他の資料の提出及び説明を求め、又はこれらについて実地調査を行う、鑑定人を委嘱して、必要と認める鑑定を行わせる等の措置をとることができる（規程16条1項）。

当事者は、上記措置がとられたときは、正当な理由なくこれを拒んではならない（規程16条2項）。

(8) 調停案の提示

担当あっせん・調停委員等は、紛争の解決に資するために適当と認めたときは、調停案を作成し、当事者双方に回答期限を定めた文書をもって提示して当事者双方に受諾を勧告するものとされている（規程17条1項）。

(9) 会員等に対する指示・制裁

顧客が調停案を受諾しないときや、顧客が調停案を受諾したことを会員等が知った日から1か月を経過する日までに、会員等から当該請求に係る訴訟が提起され、かつ、同日までに取り下げられていないとき等の一定の場合を除き、会員等が正当な理由なく回答期限を経過し又は調停案の受諾を拒否し

---

6) 担当あっせん・調停委員又はあっせん・調停委員会をいう（規程2条(6)）。

たときは、協会は、会員等に対し、必要な指示をするものとされている（規程17条2項、定款61条）。

会員等が協会の指示に従わないときは、当該会員に対し、協会の定款に基づく制裁[7]が科される（規程22条）。

(10) 申出後の打切り・取下げ

担当あっせん・調停委員等は、紛争仲介中の紛争について、一方の当事者が和解する意思がないことを明確にしたとき等の一定の事由に該当するときは、当事者間に和解が成立する見込みがないものとして、紛争仲介を打ち切るものとされ（規程18条1項）、また、申出に重大な虚偽が認められたとき等の一定の事由に該当するときは、紛争仲介を打ち切ることができる（規程18条2項）。

また、申出人である顧客は、いつでも、所定の様式による取下書を協会に提出することにより、紛争仲介の申出を取り下げることができる（規程19条1項、細則15条）。

他方、会員等が紛争仲介を申し出た紛争については、顧客が取下げに同意したことを証する所定の様式による取下同意書を提出しなければ、申出を取り下げることはできない（規程19条3項、細則16条）。

(11) 資料の閲覧謄写

協会は、紛争仲介の手続において当事者双方から提出された資料を手続が終了した日から10年間保存し（規程32条1項）、当事者は、前項の期間内に限り、提出した資料について、費用を支払って閲覧又は謄写することができる（規程32条2項）。

---

7) 過怠金の賦課、定款の定める会員の権利の停止・制限、会員の除名等の措置が講じられる（定款55条）。

第7章 金融

⑿ **非公開**

紛争仲介の手続は、非公開とされている（規程21条）。

3 費用[8]

申出手数料及び期日手数料は、以下のとおりである（いずれも税込）。

申出手数料　　　　　　　10,000円（申出人負担）

期日手数料　第1回分　　　50,000円（会員等負担）

　　　　　　第2回分以降分　30,000円（当事者で折半）

4 取扱件数等

平成24年度から平成28年度までの紛争仲介の申出及び処理状況の推移は以下のとおりである[9]。

年度	受付件数	解決件数	取下げ	打切り	処理中
平成24年度	26件	15件	2件	9件	0件
平成25年度	25件	10件	3件	12件	0件
平成26年度	21件	12件	2件	7件	0件
平成27年度	24件	10件	1件	13件	0件
平成28年度	8件	4件	0件	1件	3件

平成24年度から平成28年度までの解決率は、約50％となっている。

5 特徴等

(1) 会員等に対する片面的義務

前述のとおり、会員等には、応諾・参加義務、証拠書類提出義務といった

---

8) 細則9条及び10条参照
9) 協会は、毎年度、相談等業務レポートを公表しており、同レポートにおいて、紛争仲介の申出及び処理状況についてデータ等を紹介している。

片面的義務が課せられている。

これにより、顧客は、紛争仲介を申し出た際に、会員等の参加を見込むことができ、顧客側に証拠資料が乏しい場合であっても会員等からの提出を期待できる。

また、会員等による調停案への対応については、他の金融ADRと異なり、受諾義務までは規定されていないものの、会員等が調停案の受諾を拒否する場合には、協会より会員等に指示がなされ、会員等がこれに従わない場合には、定款所定の制裁が科される可能性があることから、会員等には、事実上、調停案を受諾することが求められていると言えよう。

従って、顧客は、調停案が提示された場合に、会員等による受諾を期待することができる。

(2) **ADR法等による時効中断効が認められないこと**

協会が実施する紛争仲介は、法務大臣の認証を受けていないため、ADR法25条1項に基づく時効中断効は認められない。

また、商品先物取引法には特段の時効中断効を定めた規定は見受けられない。

(3) **商品先物取引の専門家の関与**

前述のとおり、あっせん・調停委員は、先物取引について学識経験を有する法律専門家等から委嘱されており、紛争の専門性を踏まえた適切な解決が期待できる。

(4) **迅速な解決**

協会は、紛争仲介の申出を受理した日から起算して4か月以内に紛争仲介の手続を終了するよう努めるとされており（規程11条）、紛争の迅速な解決が志向されている。

6 利用例

協会において、具体的な利用例については公表されていないが、紛争仲介の申出事由類型としては、不当勧誘類型が圧倒的に多く、その他、一任売買類型、無断売買類型、過当売買類型、仕切回避類型などが見られる。

7 まとめ

本紛争仲介については、会員等に対し、応諾・参加義務、証拠書類提出義務といった片面的義務が課せられていること、調停案についても、会員等に対し、受諾することが事実上求められていることから、顧客にとって利用価値は高いと言える。

但し、本紛争仲介の利用に関し、ADR法等による時効中断効が認められないので、時効の完成が迫っている事案については注意を要する。

❺ 東京三弁護士会の金融ADR

> 名　　称　東京三弁護士会金融ADR
> 事業者名　東京弁護士会、第一東京弁護士会及び第二東京弁護士会
> 住　　所　東京都千代田区霞が関1-1-3　弁護士会館
> 【東京弁護士会紛争解決センター】弁護士会館6階
> TEL：03-3581-0031　　URL：http://toben.or.jp/
> 【第一東京弁護士会仲裁センター】弁護士会館11階
> TEL：03-3595-8588　　URL：http://www.ichiben.or.jp/
> 【第二東京弁護士会仲裁センター】弁護士会館9階
> TEL：03-3581-2249　　URL：http://niben.jp/

第2編　分野別の各ADR

概要

　平成21年6月、金融商品取引法その他金融関連法の一部を改正する法律が公布され、各金融機関は、当該業務に関連する指定紛争解決機関が存在する場合、同機関との間で手続実施基本契約を締結する義務が課された[1]。

　他方、指定紛争解決機関が存在しない業態の金融機関・団体には、ADR法における認証紛争解決手続の措置や弁護士会の仲裁センターとの手続実施に関する協定の締結などの一定の代替措置を講じる義務が課された[2]。

　東京三弁護士会は、上記代替措置の受け皿となるべく、金融ADR向けあっせん手続（以下「本手続」という。）を開始した[3]。

ポイント

・金融機関側に協力義務、特別調停案の受諾義務といった片面的義務が課されている。
・地方在住の当事者が現地で利用可能な制度が設けられている。
・顧客側及び金融機関側の職務経験を有する弁護士が本手続に関与している。
・平成27年度及び平成28年度の申立事件の和解成立率は約35％である。

1）　金融商品取引業者等については金融商品取引法37条の7第1項1号イ等。各金融関連法に同様の規定が設けられている。
2）　金融商品取引業者等については金融商品取引法37条の7第1項1号ロ等。各金融関連法に同様の規定が設けられている。
3）　東京三弁護士会は、平成30年4月1日時点において、（一社）全国労働金庫協会、（一社）全国信用金庫協会、全国農業協同組合中央会、全国漁業協同組合連合会、（一社）全国信用組合中央協会、（一社）資金決済業協会及び（一社）不動産証券化協会の7つの業界団体若しくは協会やその他個別の金融機関との間で金融ADRに関する協定を締結している。

第7章 金融

1 取り扱う紛争の範囲

本手続において取り扱う紛争の範囲は、東京三弁護士会との間で金融ADRに関する協定を締結した業界団体等に属する金融機関ないし個別に協定を締結した金融機関と、その顧客との間における金融商品・サービスに関する紛争である。

2 手続の概要

(1) はじめに

本手続は、東京三弁護士会の紛争解決（仲裁）センター（以下「各センター」という。）における和解あっせん[4]の一環として実施され、それぞれが定める規則等により運用される。

但し、東京三弁護士会において、金融ADRに関する協定を締結する際、金融機関側に後述する片面的義務を課しており、この点については共通している。

(2) 申立て

顧客は、各センターのいずれかに、本手続の申立てをすることができる。なお、かかる申立ては、法律相談を経由することなく行うことが可能である。

(3) あっせん人の選任

あっせん人は東京三弁護士会共通の候補者名簿から選出される。

原則として、金融機関側の職務経験の豊富な弁護士が1名、顧客側の職務経験の豊富な弁護士が1名の、計2名が選出される。なお、事案の複雑性等

---

4) 東京三弁護士会の金融ADRでは、和解あっせんのほかに、仲裁合意のある場合の仲裁も実施している。なお、あっせん手続の途中で双方が合意をして仲裁に移行することも可能である。

(4) 協力義務

　顧客の申立てにより本手続が開始された場合、金融機関側は、あっせん期日に出席する義務を負う。

　また、金融機関側は、あっせん人からあっせんに必要な資料の提出を求められた場合には、提出を拒む正当な理由のない限り、資料を提出する義務を負う。

(5) 和解案の受諾の勧告

　金融機関側は、あっせん人から和解案の受諾の勧告がなされた場合は、これを受諾するよう努めなければならない。

(6) 特別調停案の受諾義務

　和解案の受諾の勧告によっては当事者間に和解が成立する見込みがない場合において、あっせん人は、諸事情に照らして相当であると認めるときは、本件紛争の解決のために必要な特別調停案を作成し、理由を付して当事者に提示することができる。

　この場合、金融機関側は、金融関連法に規定される例外的な場合[5]を除き、特別調停案を受諾する義務を負う。

3　費用

　手数料は、①申立手数料（申立時に10,000円（税別））、②期日手数料（期日ごとに各当事者それぞれ5,000円（税別））、③成立手数料（解決額に応じた金額）

---

[5]　例えば、金融商品取引法156条の44第6項は、顧客が特別調停案を受諾したことを金融商品取引関係業者が知った日から1か月を経過する日までに訴訟が提起され、かつ取り下げられないとき等を応諾義務の除外事由として列挙している。

である。但し、金融機関側が申立手数料及び当事者双方の期日手数料の全額を負担するため、顧客側が負担するのは、③成立手数料のみである。

　③成立手数料は以下のとおりであり、当事者の負担割合は、当事者の話し合い又はあっせん人の決定により定められる。

300万円以下の部分	8％
300万円を超え1,500万円以下の部分	3％
1,500万円を超え3,000万円以下の部分	2％
3,000万円を超え5,000万円以下の部分	1％
5,000万円を超え1億円以下の部分	0.7％
1億円を超え10億円以下の部分	0.5％
10億円を超える部分	0.3％

4　取扱件数等

　東京三弁護士会における金融ADRの平成27年度及び平成28年度における取扱件数、各事件の終結事由は下表のとおりである。

	平成27年度	平成28年度
申立件数	22	15
和　　解	9	4
取下げ	3	4
移　　管	4	0
不　　調	5	7
そ の 他	1	0

　平成27年度及び平成28年度の累計申立事件の和解成立率は約35％である。但し、あっせん人経験者によると、取下げにより終結した事件の中には、本手続期日実施により、顧客側当事者が金融機関側当事者の説明に納得した事

案や、本手続期日内で和解条件を調整した上、本手続外で和解をした事案等が一定数存在するようであり、実際の紛争解決率は、和解成立率を超えていると考えられる。

5 特徴等

(1) 金融機関側に対する片面的義務

前述のとおり、金融機関側には、協力義務、特別調停案の応諾義務といった片面的義務を課せられている。

これにより、顧客は、本手続を利用した際に、金融機関側の参加を見込むことができ、顧客側に資料が乏しい場合であっても金融機関側からの提出を期待することができ、特別調停案が示された場合に、金融機関側による受諾を期待することができる。

(2) 職務経験豊富な弁護士の関与

前述のとおり、あっせん人には、金融機関側及び顧客側の職務経験の豊富な弁護士が選任されることから、それぞれの立場を踏まえ、適切な和解案が提案されることが期待できる。

(3) 遠隔地にいる顧客の便宜

本手続を申し立てた顧客が遠隔地にいる場合、移管調停及び現地調停という2つの制度を利用することが可能である。

まず、移管調停とは、東京三弁護士会から、東京都以外に所在し、本手続への協力に関して協定を締結している弁護士会(以下「他会」という。)に、案件を移送する制度である。

次に、現地調停とは、他会の弁護士会館等の遠隔地に出頭した当事者と東京の弁護士会館との間で、通信設備を用いたテレビ会議を行い、期日を進行する制度である。

平成30年4月1日時点において、20の他会が移管調停に関する協定書を締結し、39の他会が現地調停に関する協定書を締結している。

これにより、本手続の利用に関し、遠隔地にいる顧客の便宜が図られている。

(4) ADR法による時効中断効がないこと

東京三弁護士会の金融ADRは、ADR法5条に基づく法務大臣の認証を受けていないので、同法25条に基づく時効中断効は認められない。

6 利用例[6]

(1) 為替デリバティブ（FX）に関する事案

ア 事案の概要

顧客は、金融機関から、対象外貨急騰による超過損金発生により、追証約600万円の請求を受けたが、多額の超過損金の発生は、ロスカット処理が適切に行われなかったことが原因であるとして、適切な処理がされていない場合の残金の返金を求めたもの。

イ 解決状況

顧客が、金融機関に対し、超過損金として100万円のみを分割弁済する内容で和解が成立した。

なお、審理期間は110日、あっせん期日の開催回数は3回であった。

(2) 貯金の払戻しに関する事案

ア 事案の概要

顧客の被相続人が、死亡の数日前に約300万円の貯金の払い戻しを受けたことの正当性が争われたもの。

---

6) 日本弁護士連合会ADR（裁判外紛争解決機関）センターにおいて、例年、仲裁ADR統計年報（全国版）を発行しており、同年報において、金融ADRに関する事例が紹介されている。本稿においては、その一部を紹介している。

イ 解決状況

申立ての内容に加え、共済の解約を巡っても紛争が生じていたが、金融機関が、顧客に対し、解決金（約20万円）を支払うことにより、貯金及び共済に関する紛争をまとめて解決する旨の和解が成立した。

なお、審理期間は89日、あっせん期日の開催回数は２回であった（現地調停制度により他会の弁護士会館において開催された。）。

7 まとめ

本手続においては、金融機関側に対し、協力義務や特別調停案の受諾義務といった片面的義務が課されているので、顧客側において証拠資料が乏しい場合や、和解による解決が相当と思われる事案において、利用するメリットが高いと思われる。

加えて、現地調停制度等が設けられており、地方在住の顧客に関する案件において、有効な紛争解決手段となり得るものである。

但し、手続の利用に関し、ADR法による時効中断効は認められないので、時効の完成が迫っている事案については注意を要する。

また、特別調停案が提示された場合、金融機関側が受諾を回避するため、訴訟提起に及ぶ可能性があり、顧客において応訴の負担を強いられる可能性がある点に注意が必要である。

第8章 保　険

❶ 生命保険協会裁定審査会

名　　称　生命保険協会裁定審査会
事業所名　一般社団法人　生命保険協会
住　　所　東京都千代田区丸の内3-4-1　新国際ビル3F
TEL：03-3286-2624
URL：http://www.seiho.or.jp/about/outline/

概　要

　一般社団法人生命保険協会（以下「協会」という。）は、保険業法308条の2に基づき内閣総理大臣により指定を受けた「指定紛争解決機関」であり、裁定審査会（以下「審査会」という。）は、協会の紛争解決等業務実施機関である。

　協会に設置された生命保険相談所[1]（以下「相談所」という。）では、保険契約者等[2]から申出のあった苦情について、解決に向けたアドバイスを行い、相談所で解決できない場合は、相手方の生命保険会社に対し、

---

1)　相談所は、一般社団法人生命保険協会に設置された機関であり（業務規程2条1項）、保険契約者等から苦情の申出があった場合、生命保険商品の仕組みや約款の内容などを説明したり、申出人が直接交渉するためのアドバイスや会社相談窓口の紹介を行っている。また、苦情解決の依頼（申立て）を受けたときは、速やかに生命保険会社に申出内容を伝え、解決に向けた対応を求めている。
2)　保険契約者、被保険者、保険金額を受けとるべき者その他の関係者をいう（保険業法5条1項3号イ）。

解決依頼や和解のあっせんなどを行い、早期解決に努める。しかし、それでも、当事者間で問題の解決がつかず紛争に発展する場合がある。こうした場合のため、中立・公正な立場から裁定（紛争解決支援）を行うことを目的に、相談所の中に審査会が設けられている。

ポイント

- 生命保険会社に対し、和解案への受諾義務等の片面的義務が課されている。
- 裁定手続は、簡易、迅速に行われる。
- 保険業法に基づく時効中断効が認められる。
- 裁定申立費用は、無料である。

1 審査会が取り扱う紛争の範囲

指定（外国）生命保険業務紛争解決機関業務規程（以下「業務規程」という。）7条1項2号に定める相談所のあっせんにもかかわらず、当事者間でなお問題が解決しない場合で、同項3号に基づき、保険契約者等又は生命保険会社（外国生命保険会社等を含む。以下「会社」という。）から審査会に申立てがあるものを対象とする。

想定される事案としては、保険金・給付金請求や、保険契約の解約・取消し・無効等が挙げられる。

2 手続の概要

(1) 申立手続の概要

　ア　苦情申出手続からの移行

保険契約者等は、生命保険契約等に関する苦情・相談等がある場合には、相談所に申出を行う。

審査会は、相談所が苦情解決の申立てを相手方である会社（以下「相手方」という。）に連絡した日から、原則として1か月を経過しても当事者間でな

お問題が解決しない場合で、保険契約者等又は会社から裁定申立てがあったときに、裁定手続を開始する（業務規程19条1項本文）。

  イ 裁定申立書等の提出

 申立人が裁定の申立てを行う場合には、その趣旨及び苦情の要点を明らかにした所定の裁定申立書や証拠書類を、審査会に提出しなければならない（業務規程23条1項）。

  ウ 裁定申立権者

 申立人[3]となり得る者は、保険契約者、被保険者、保険金受取人のうち、その申立てに関し生命保険契約上の権利を有する者[4]及び会社が取り扱う生命保険業務に係る契約上の権利を有する者又は会社である。

  エ 適格性審査

 裁定開始の適格性は、審査会において決定されるところ（業務規程18条）、審査会は、申立ての内容が次のいずれかに該当するときは、裁定を行わないこととすることができる[5]（業務規程24条1項）。

① 生命保険契約等に関するものでないとき
② 申立人が生命保険契約等契約上の権利を有しないと認められるとき
③ 確定判決又は確定判決と同じ効力を有するものと同一の紛争であるとき
④ 申立人が保険契約者等の場合、相手方と知識情報力又は交渉能力の格差等がないものと認められるとき
⑤ 不当な目的でみだりに裁定の申立てをしたと認められるとき

 3） 申立内容が団体信用生命保険契約にかかる場合は、被保険者が生存しているときは被保険者、既に死亡しているときは相談所が相当であると認めた者（被保険者の法定相続人で借入金返済債務をすべて引き継ぐ者（全員））を生命保険契約上の権利を有する申立人とみなす。
 4） 例えば、保険金等に関する請求はその受取人が行い、契約の効力等に関する請求は保険契約者が行う。
 5） 審査会は、裁定を行わないときは、速やかに理由を付して当事者双方にその旨を通知する（業務規程24条3項）。

⑥ 当事者以外の第三者が重大な利害関係を有し、当該者の手続的保障（主張・立証の機会）が不可欠であると認められるとき
⑦ 過去に審査会において判断が示された申立内容であるとき
⑧ 他の指定紛争解決機関において審理継続中又は審理が終了したものであるとき
⑨ 会社の経営方針や職員個人に係る事項、事実認定が著しく困難な事項など、申立ての内容が、その性質上裁定を行うに適当でないと認められるとき

オ　会社の裁定手続への参加義務

裁定申立てが受理された場合、審査会は、相手方に対し、裁定手続に参加することを要請しなければならず、審査会から要請を受けた相手方は、訴訟や民事調停により解決を図ることを文書の届出により明確にし、審査会が正当な理由があると認めた場合を除き、裁定手続に参加しなければならない（業務規程25条）。

但し、会社から裁定申立てがあった場合、相手方である保険契約者等には、参加義務はなく、また、いつでも参加意思を撤回することができる（業務規程19条2項）。

カ　裁定申立てに対する相手方の対応と裁定開始の決定

裁定申立てが受理されると、相手方は、以下のいずれかの対応を行うことになる。

① 答弁書及び証拠書類を審査会に提出する（業務規程26条1項）。
② 訴訟や民事調停により解決を図ることを文書の届出により明確にする[6]（業務規程19条1項但書、同25条2項）。

審査会は、これらの書類の提出を受けた後、速やかに裁定を開始するか否

---

[6] この場合、審査会が正当な理由があると認めた場合には、裁定不開始となる（業務規程19条1項但書）。

かを決定する（業務規程22条1項）。そして、審査会は、裁定開始を決定したときは、申立人に対して、答弁書等を交付する（業務規程26条2項）。

(2) **審査手続の概要**

　ア　**審査体制**

　審査会は7つの部会からなり、各部会は、弁護士、消費生活相談員、生命保険協会（生命保険相談室）職員各1名の合計3名の委員で構成されている（業務規程12条）。各部会で決定した裁定結果等については、原則として、全委員（弁護士7名、消費生活相談員7名、生命保険協会職員3名の合計17名）で構成される全体会で再度の審理を経て最終決定を行う。

　イ　**報告・説明及び資料の徴求**

　答弁書を交付した後、申立人と相手方は、反論書等を提出し、審査会が事実確認を行う。

　事実確認に当たって、審査会は、当事者に対し、裁定に必要な事項についての報告・説明又は資料の提出を求めることができ、会社は、正当な理由がある場合を除き、審査会の徴求に応じなければならない（業務規程29条）。

　ウ　**事情聴取、意見聴取**

　審査会は、必要に応じ、期日を定めて当事者、審査会の指定する関係者の出席を求め、事情を聴取することができる（業務規程28条1項、同条2項）。

　また、審査会は、裁定に必要な事項について、会社の役職員及び専門家の意見等を求めることができる（業務規程30条）。

(3) **裁定手続の終了**

　ア　裁定審理の結果は、以下のとおり分類される。

　　① 申立ての内容を認めるまでの理由がないと判断したとき

　　② 和解による解決が相当と判断したとき

　　③ その他

####　イ　申立ての内容を認めるまでの理由がないと判断したとき

　審査会は、審理の結果、申立人の申立ての内容を認めるまでの理由がないと判断したときは、速やかに裁定書をもってその理由を明らかにし、裁定手続を終了する（業務規程37条1項）。

####　ウ　和解による解決が相当と判断したとき

　和解による解決が相当であると判断したときは、当事者双方に裁定書により和解案を提示し、和解受諾勧告を行うことになる（業務規程34条1項）。

　保険契約者等は、提示された和解案を受諾するかどうかは自由であるが、裁定書による和解受諾勧告は、法律上の「特別調停案」（保険業法308条の7第2項5号）としての性質を有するものであるから、保険契約者等が和解案を受諾したときは、会社には原則として受諾義務がある（同法308条の7第6項、業務規程34条2項）。会社が受諾義務を免れるためには、保険契約者等に対し、保険契約者等が和解案を受諾したことを会社が知った日から1か月以内に訴訟を提起すること[7]が必要となる。

####　エ　その他（裁定の打切り）

　審査会は、裁定手続中の紛争について、①申立ての内容に虚偽の事実が認められたとき、②申立人が正当な理由なく、事情聴取に出席しないとき、③裁定開始後に、「裁定を行わない場合[8]」に該当すると認められたとき、④その他裁定を行うに適当でない事情が認められたときには、速やかにその裁定を打ち切ることができる（業務規程32条1項）。

####　オ　和解成立後の手続

　審査会は、裁定手続中に当事者間に和解が成立したとき、又は当事者双方

---

[7]　保険契約者等が和解案を受諾したことを会社が知った日から1か月以内に当該申立ての内容について、当事者双方で仲裁法に定める仲裁合意がされたとき、又は当該和解案によらずに別の和解や調停が成立したときも、会社は受諾義務を免れる（業務規程34条2項3号）。

[8]　業務規程24条1項各号

が審査会の裁定書による和解案を受諾したときは、遅滞なく和解契約書を作成の上当事者に提示し、当事者連署及び議長署名による和解契約書1通を徴求する（業務規程36条1項）。

また、相談所は、保険契約者等から申出があるときは、和解契約書で定められた和解内容の義務の履行状況を調査し、会社に対しその義務の履行を勧告することができる（同条2項）。

(4) 受諾義務に違反する行為

保険契約者等が裁定書による和解案を受諾したが、1か月間会社が何もアクションを起こさなかった場合であっても、和解は成立しない。

もっとも、会社に受諾義務違反行為があったと審査会が判断した場合、審査会の求めに応じ、会社は受諾義務違反行為を行った理由を審査会に説明しなければならない（業務規程35条1項）。

審査会が、会社が受諾義務違反行為を行ったことにつき正当な理由がないと判断した場合、協会は、会社名、当該受諾義務違反行為の具体的内容、会社が当該受諾義務違反行為を行った理由を公表するとともに、金融庁長官に報告する（業務規程35条2項）。

3 費　用

裁定に要する費用は無料[9]である（業務規程45条本文）。

4 取扱件数等

平成28年度の審査会への申立件数は355件、受理審査の結果、受理された件数は348件であり、いずれも前年度から1割強増加している。審査結果や申立内容の内訳は次の表のとおりである。

9）　但し、交通費、その他手続に要する実費は、申立人の負担になる。

第2編 分野別の各ADR

(審理結果別内訳)

審理結果等 \ 年度・申立件数	25年度 202	26年度 194	27年度 312	28年度 355
和解が成立したもの	49	56	114	36
和解が成立しなかったもの	145	134	182	117
和解案の受諾勧告がなされたが、当事者が受諾しなかったもの	7	19	17	10
和解による解決の見込みがなく、裁定手続を終了したもの	112	91	136	89
相手方会社からの裁判等による解決の申出が認められ、裁定手続を開始しなかったもの	0	0	0	0
申立人から申立てが取り下げられたもの	4	4	5	6
事実確認の困難性等の理由から、裁判等での解決が適当であると判断し、裁定手続を終了したもの	22	20	24	12
適格性がないものとして、裁定を行わなかったもの（不受理）	8	4	13	7
審理継続中のもの（注）	0	0	3	195

（注）平成29年3月末時点の件数
【生命保険協会　生命保険相談所　相談所リポートNo.93引用】

(申立内容別内訳)

申立内容 \ 年度・申立件数	25年度 202	26年度 194	27年度 312	28年度 355
契約取消もしくは契約無効請求	84	70	92	117
銀行等代理店販売における契約無効請求	5	8	9	30
給付金請求（入院・手術・障害等）	33	41	80	74
保険金請求（死亡・災害・高度障害等）	8	11	15	18
配当金（祝金）等請求（買増保険金・年金等）	15	8	30	10
保全関係遡及手続請求	27	31	46	57
収納関係遡及手続請求	7	5	7	9
その他	23	20	33	40

【生命保険協会　生命保険相談所　相談所リポートNo.93引用】

5 特徴等

(1) 手続の非公開

　審査会の裁定手続は非公開（業務規程40条、41条）である。そのため、審査会を通じて入手した情報（会社の答弁書、反論書、証拠書類、裁定書、和解契約書等）を、方法・手段を問わず第三者に開示・公開することはできない[10]。

(2) 秘密保持義務

　ア　審査会及び委員会の委員若しくは委員であった者、又は生命保険相談室及び連絡所の職員若しくは職員であった者は、その職務に関して知り得た秘密を漏らし、又は自己の利益のために使用してはならない（業務規程44条1項）。

　イ　苦情処理手続及び裁定手続の当事者は、手続上知り得た一方の当事者の秘密を同人の同意がある場合を除き、漏らし、又は自己の利益のために使用してはならない（業務規程44条2項）。

(3) 中立性、公平性、専門性

　協会は、法令上の要件（経理的基礎・技術的基礎、役職員の公正性、業務規程の内容の十分性等）を満たして、国から指定を受けたADR機関であるため、協会の紛争解決等業務実施機関である審査会においては中立・公正な業務運営が行われる。そして、審査会委員には、金融・保険分野の知識・実務経験を有する弁護士、消費生活相談員、生命保険協会（生命保険相談室）職員が就任しており、いずれの委員も個別の会社と特別な利害関係を有しない中立・公正な第三者である。

---

[10] 裁定手続は、非公開であることを前提として、主張・証拠提出を行い、紛争解決を目指す手続である。そのため、裁定審査会を通じて入手した情報を訴訟において証拠として提出することも認められない。

(4) 簡易・迅速性

審査会は、裁定開始を決定したときから原則として4か月以内に裁定結果の提示等を行う（業務規程22条2項）。

実務上、1件当たりの手続期間は、申立受理後、裁定結果の通知に至るまで平均約5か月である（短い案件で約3か月、長い案件では1年近く期間を要する場合もある。）。

(5) 会社に対する片面的義務

前述のとおり、会社には、手続参加義務、説明・報告義務、資料の提出義務、審査会が提示した裁定結果（和解内容等）への受諾義務（一定の場合を除く）といった片面的義務が課せられている。

これにより、保険契約者保護の観点からADR手続の実効性確保のための措置が図られている。

(6) 保険業法に基づく時効中断効

手続によっては当事者間に和解が成立する見込みがないことを理由に、紛争解決委員が手続を終了した場合において、申立てをした当事者がその旨の通知を受けた日から1か月以内に手続の目的となった請求について訴えを提起したときは、時効の中断に関しては、当該手続における請求の時に、訴えの提起があったものとみなされる（保険業法308条の14第1項）。

6 利用例

(1) 給付金請求に関する事案

ア 事案の概要

募集人からインプラント治療に対して先進医療給付金が支払われると説明されていたことを理由に、先進医療給付金の支払いを求めて申立てに及んだものである。

イ　解決状況

　当事者により提出された書面に基づく審理及び申立人、募集人に対する事情聴取が行われた。審査会は、先進医療給付金の支払いは認められないものの、約款において、先進医療給付金の支払対象は具体的に明らかになっていないので、募集人は、常に情報を収集し、正しい説明をすることを求められるところ、説明の際に、先進医療給付金と通常の手術給付金を明確に区別して、申立人に理解できるように伝えていなかったと思われること等を理由に、募集人の対応に不適切な点が認められることから、和解での解決が相当と判断し、当事者に和解案を提示し、受諾を勧告したところ、同意が得られたので、和解をもって解決した。

(2)　契約取消又は契約無効に関する事案
　ア　事案の概要

　高齢の申立人が、契約内容について十分な理解をしないまま契約したとして、契約の無効及び既払込保険料の返還を求めて申立てに及んだものである。

　イ　解決状況

　当事者により提出された書面に基づく審理及び申立人、募集人に対する事情聴取が行われた。審査会は、誤信を理由とする契約の無効は認められないが、募集人が、高齢の申立人に対して、契約内容を理解するのに十分な説明をしていたかに疑問があること等を理由に、本契約の募集は不適切であったとして、和解による解決が妥当と判断し、当事者に和解案を提示し、受諾を勧告したところ、同意が得られたので、和解をもって解決した。

(3)　裁定打切りになった事案
　ア　事案の概要

　申立人の兄弟である募集人が、保険契約者である申立人に無断で契約者貸付を請求したこと等を理由に、契約者貸付の無効を求めて申立てに及んだも

のである。

　　イ　解決状況

　審査会は、既に募集人が死亡していること、契約書の筆跡鑑定が必要になるところ、審査会には鑑定手続が備わっていないことを理由に、事実認定が困難であるとして、裁定手続を打ち切った。

7　まとめ

　本ADRは、裁定型ADRであり、多くの事案はゼロか100か（保険事故に該当するか否か、保険金を払うか払わないか）という結論となる。もっとも、実務上は、保険金を支払うべき事故には該当しないが、契約締結や請求手続で保険会社の説明に問題がある場合には、ペナルティという意味で保険会社に一部支払いをさせ、柔軟な解決を図ることも行われている。

　従って、規定や契約の内容にそのまま沿えば、保険金請求等が認められにくい事案であったとしても、保険会社や募集人の対応に不適切な点があるなどの事情があれば、柔軟な解決を求めて申立てを行うことも十分に検討に値する。また、手続的に見ても、会社には、手続参加義務、資料の提出義務、和解案の受諾義務等が課せられていることから、契約者等にとって、本ADRを選択することは、訴訟等の手続に比べて一定の優位性が認められると言えよう。

❷ そんぽADRセンター

名　　称	損害保険相談・紛争解決サポートセンター （略称　そんぽADRセンター）
事業所名	一般社団法人　日本損害保険協会
住　　所	東京都千代田区神田淡路町2-105　ワテラスアネックス7階 （そんぽADRセンター東京）

TEL：03-4332-5241（そんぽADRセンター東京）

0570-022-808（全国共通）

URL：http://www.sonpo.or.jp/efforts/adr/

概　要

　一般社団法人日本損害保険協会（以下「協会」という。）は、保険業法308条の2に基づき金融庁長官により指定を受けた「指定紛争解決機関」であり、損害保険相談・紛争解決サポートセンター（以下「センター」という。）は、協会の紛争解決等業務を実施する機関である。

　センターは、主な業務として、①損害保険に関する一般的な相談等への対応、②保険会社に対する苦情の申出に基づく苦情解決手続の実施、③利用者又は保険会社からの紛争の申立てに基づく紛争解決手続の実施を行っている。

ポイント

・保険会社に対し手続応諾義務や資料提出義務等の片面的義務が課されている。
・保険業法に基づく時効中断効が認められる。
・手続費用は原則として無料である。
・平成26年度から平成29年度上半期までの間の和解成立率は、約37％である。

1　取り扱う紛争の範囲

　センターが実施する紛争解決手続（以下「本手続」という。）の対象となる紛争は、主として一般紛争と交通賠責紛争の2種類に区分される[1]。

　一般紛争とは、契約者又は被保険者と契約先保険会社との間の紛争をい

1）　その他、地震保険の損害認定に関する紛争も取り扱っている。

い、例えば、保険会社が保険金の支払いに応じない、支払われる保険金額に争いがあるケースなどである。

　交通賠責紛争とは、交通事故等の被害者と加害者側保険会社との間の紛争をいい、例えば、保険会社から提示された過失割合や損害賠償額に争いがあるケースなどである。

　なお、本手続の当事者となり得る保険会社は、協会との間で手続実施基本契約を締結した損害保険会社（保険業法2条4項）、外国損害保険会社等（保険業法2条9項）及び特定法人[2]（以下、これらを併せて「会社」という。）に限られる[3]。

　また、自賠責保険の保険金の支払い等に関するトラブルについては、本手続の対象とはならないため、自賠責保険・共済紛争処理機構の利用等を検討することになる。

2　手続の概要

(1)　申立て

　顧客[4]又は会社は、センターに対し、所定の申立書を提出することにより、本手続の申立てをすることができる（損害保険業務等にかかる紛争解決等業務に関する業務規程[5]（以下「業務規程」という。）29条）。

---

[2]　保険業法219条5項の特定損害保険業免許を受けた同条1項に定める特定法人をいう。

[3]　協会との間で手続実施基本契約を締結した保険会社は、平成30年1月1日時点において、国内の主な保険会社を中心とした25社となっている。協会のHPにおいて、損害保険会社の一覧が公表されている。
　　また、外資系損害保険会社等の一部は、一般社団法人保険オンブズマンとの間で紛争処理手続等に関する実施基本契約を締結している。

[4]　顧客以外の保険契約者、被保険者、保険金請求者その他関係者を含む。

[5]　保険業法308条の7は、指定紛争解決機関に対し、業務規程の制定義務を課しており、本業務規程は、かかる規定によりセンターが制定したものである。

(2) 手続実施委員の選任

センターは、申立てを受けたときは、あらかじめ委嘱されている紛争解決委員[6]の中から手続実施委員を1名又は2名以上選任し、本手続に付する（業務規程30条1項及び2項）。

実際には、一般紛争の場合は、原則として審査会（弁護士、消費生活相談員、学識経験者の3名の手続実施委員で構成）が本手続を実施し、交通賠責紛争の場合は、原則として1名の手続実施委員（弁護士）が本手続を実施する運用がなされている。

(3) 本手続を実施しない場合

手続実施委員は、紛争申立事案に関し、顧客が損害保険に関する知識を有する専門家である等の一定の事由に該当すると認めるときは、本手続を実施しないことができる（業務規程33条）。

(4) 会社の手続応諾義務

会社は、手続実施委員から本手続に応じるよう求められたときは、正当な理由がないのに、これを拒んではならない（業務規程12条）。

(5) 意見聴取等

手続実施委員は、当事者若しくは参考人から意見を聴取し、若しくは報告書の提出を求め、又は当事者から参考となるべき帳簿書類その他の物件の提出を求めることができる（業務規程34条1項）。

---

[6] センターは、弁護士であってその職務に従事した期間が通算して5年以上である者、保険業務等に従事した期間が通算して10年以上である者等の一定の条件に該当する者を、紛争解決委員として委嘱する（業務規程6条）。

(6) 会社の資料提出義務

会社は、本手続において、手続実施委員から、報告又は帳簿書類その他の物件の提出を求められたときは、正当な理由がないのに、これを拒んではならない（業務規程13条）。

(7) 申立ての取下げ

本手続の申立者は、いつでもこれを取り下げることができる。但し、会社が取下げを行う場合は、あらかじめ顧客の同意を得る必要がある（業務規程36条）。

(8) 和解案の作成

手続実施委員は、本手続において、紛争の解決に必要な和解案を作成し、当事者に対し、その受諾を勧告することができる（業務規程37条1項）。

会社は、和解案を受諾しない場合は、和解案不受理理由書を遅滞なくセンターに提出するものとされている（業務規程38条2項）。

(9) 特別調停案の提示

手続実施委員は、本手続において、和解案の受諾の勧告によっては和解が成立する見込みがない場合において、事案の性質等に照らして相当と認めるときは、紛争の解決のために必要な特別調停案を作成し、理由を付して当事者に提示することができる（業務規程37条2項）。

(10) 会社の受諾義務

会社は、特別調停案の提示を受けたときは、これを受諾しなければならない。但し、特別調停案の提示の時において本手続の目的となった請求にかかる訴訟が提起されていない場合において、顧客が特別調停案を受諾したことを会社が知った日から1か月を経過する日までに、当該請求にかかる訴訟が提

起され、かつ、同日までに取り下げられないとき等の一定の場合には、この限りではない（業務規程38条2項）。

(11) **本手続の終了**

手続実施委員は、紛争申立事案について、本手続によっては紛争の当事者間に和解が成立する見込みがないと判断したときは、速やかに本手続を終了することとし、本手続の実施に際し、紛争申立者が手続実施委員の指示に従わなかった事実が認められたとき等の一定の場合においても同様である（業務規程39条）。

(12) **本手続の非公開**

本手続は非公開である（業務規程40条）。

3 費用

本手続に要する費用は、原則として無料である。但し、センターが通常負担すべき費用以外の費用を負担した場合は、この限りではない（業務規程11条1項）。

また、本手続を利用するための通信費、交通費等や、センターに提出する証明書や診断書の取得費用は、利用者の自己負担となる。

4 取扱件数等

センターにおける本手続の受付件数は、以下のとおりである[7]。

保険種類別には、自動車保険の占める割合が大きく、次いで傷害保険、火災保険、新種・海上保険、その他となっている。

---

7) センターでは、毎年度四半期ごとに「そんぽADRセンター統計号」を公表しており、本手続の受付件数の推移、手続終了状況、紛争の事例等が記載されている。

第2編　分野別の各ADR

　また、平成26年度から平成29年度上半期の間に終了した手続における和解（特別調停）成立率は、約37％となっている。

		平成26年度	平成27年度	平成28年度	平成29年度（上半期）
受付件数		520件	529件	503件	216件
（区分別）	一般紛争（東京）	219件	224件	218件	98件
	一般紛争（大阪）	206件	214件	208件	82件
	交通賠責紛争	95件	91件	77件	36件
手続終了		491件	504件	533件	241件
（終了事由別）	成立（和解）	88件	169件	215件	94件
	成立（特別調停）	74件	16件	0件	5件
	見込みなし	297件	295件	290件	126件
	双方の離脱	0件	0件	0件	0件
	一方の離脱	27件	19件	26件	14件
	その他	5件	5件	1件	2件
	不応諾	0件	0件	1件	0件
	移送	0件	0件	0件	0件

5　特徴等

(1) 会社に対する片面的義務

　前述のとおり、会社には、手続応諾義務、資料提出義務、特別調停案の受諾義務といった片面的義務が課せられている。

　これにより、顧客は、本手続を利用した際に、会社の参加を見込むことができ、顧客側に資料が乏しい場合であっても会社からの提出を期待することができる。また、特別調停案が提示された場合に、顧客がこれを受諾すれば、一定の場合を除き和解が成立する。

(2) 保険業法に基づく時効の中断

本手続によっては当事者間に和解が成立する見込みがないことを理由に、紛争解決委員が手続を終了した場合において、申立てをした当事者がその旨の通知を受けた日から1か月以内に手続の目的となった請求について訴えを提起したときは、時効の中断に関しては、当該手続における請求の時に、訴えの提起があったものとみなされる（保険業法308条の14第1項）。

(3) 迅速な解決

手続実施委員は、本手続の申立てを受けた日から原則として4か月以内に、和解案を作成するよう努めることとされている（業務規程41条）。

実際には、平成29年度上半期に終了した紛争に関する手続終了までの期間は、1か月未満が0.8％、1か月以上3か月未満が22.8％、3か月以上6か月未満が51.1％となっている。

このように、本手続においては、一定期間内における迅速な解決が図られている。

(4) 費用が原則として無料

前述のとおり、本手続に要する費用は、原則として無料であるから、顧客は、費用を負担することなく本手続を利用することが可能である。

(5) 手続の実施場所

ア　一般紛争

手続実施場所は、そんぽADRセンター東京（東京都千代田区）又はそんぽADRセンター近畿（大阪市）である。もっとも、意見聴取が実施される場合は、利用者の事情等を考慮し、手続実施委員が相当と認める場合には、最寄りのそんぽADRセンター（全国10か所）でテレビ会議システムを利用して実施することも可能である。

イ　交通賠責紛争

手続実施場所は、そんぽADRセンター東京のみであり、テレビ会議システムには対応していない。そのため、意見聴取、和解案提示のために少なくとも2回は東京まで赴く必要があり、利用者が東京から離れた場所にいる場合には注意が必要である。

(6)　他の紛争解決機関等との関係

交通事故の賠償問題に関する紛争については、本手続（交通賠責紛争）以外に、交通事故紛争処理センターや日弁連交通事故相談センターの利用も考えられる。前述のとおり、本手続（交通賠責紛争）には、保険業法に基づく時効中断効が認められる点でメリットがあるが、交通賠責紛争については、そんぽADRセンター東京への来所が必要になる点に留意しなければならない。

(7)　訴訟手続の中止

保険業務等関連紛争について、その当事者間に訴訟が係属する場合に、現に本手続が実施されているか、本手続によって紛争の解決を図る旨の合意があるときは、受訴裁判所は、4か月以内の期間を定めて訴訟手続を中止する旨の決定をすることができる（保険業法308条の15）。

このように、既に訴訟が係属している場合においても、本手続を優先して進め、早期の解決を図ることが可能である。

6　利用例[8]

(1)　一般紛争

ア　自動車保険に関する事案

顧客は、自動車を後進中に壁に衝突して負傷したため、人身傷害保険金の支払を保険会社に対して求めたところ、保険会社が治療期間の一部を否認して算定した保険金を提示したことから、これを不服として本手続を申し立てた。

保険会社は、自動車の損傷状況等から妥当な治療期間は２か月程度と判断されるべきと主張したが、センターが当事者から提出された資料を検討するとともに両当事者から意見聴取を行った結果、保険会社は妥当な治療期間として事故発生から３か月間を認定すべきことを確認した。

　センターは、当該治療期間に基づき算定した保険金を支払う旨の和解案を提示し、両当事者がこれを受諾したため、和解が成立した。

　　イ　傷害保険に関する事案

　顧客は、転倒して左大腿骨頸部を骨折し、後遺障害が残ったため、傷害保険に基づく後遺障害保険金の支払を請求したところ、保険会社が、申立人は骨粗しょう症がかなり進んでいる影響があるとして保険金を減額して支払ったため、減額は不当であるとして本手続を申し立てた。

　センターが両当事者から提出された資料等に基づいて検討するとともに、専門医の見解を求めたところ、顧客は同年代の者よりも骨密度は良好であり、骨粗しょう症とは言い難いため素因減額する必要はないとの回答を得た。

　そこで、センターは、保険会社に対し、既払金に加えて申立人の主張した額を追加払いする内容の和解案（特別調停案）を提示し、両当事者がこれを受諾したため、和解が成立した。

　本事案は、手続実施委員が、専門医の見解に基づき、顧客の申出が妥当との心証を得たため、特別調停案の提示に踏み切ったものと考えられる。

(2) 交通賠責紛争

　交通賠責紛争については、一般紛争のように紛争事例について詳細に公表されているわけではないが、慰謝料、休業損害、逸失利益等につき争いがあるものにつき申立人から本センターに申立てがなされ、当事者双方から意見

---

8)　前述のとおり、センターでは、毎年度四半期ごとに「そんぽADRセンター統計号」を公表しており、手続が終了した紛争の事例を数多く紹介している。本稿では、その一部を紹介する。

聴取（概ね2回ないし6回）を実施した上で、妥当な損害賠償額が和解案として提示され、和解が成立している事案が多く見受けられる。

7　まとめ

本手続は、原則として費用が無料であり、顧客が経済的負担なく本手続を利用できるメリットがある。

更に、会社に対し、手続参加義務、資料提出義務、特別調停案の受諾義務といった片面的義務が課せられていること、保険業法に基づく時効中断効が認められていることからも、顧客にとって利用価値が大きいと言える。

他方で、特別調停案が提示された場合、会社が受諾を回避するため、訴訟提起に及ぶ可能性があり、顧客において応訴の負担を強いられる可能性がある点に注意が必要である。

③　日本共済協会共済相談所

```
名　　称　日本共済協会共済相談所
事業所名　一般社団法人　日本共済協会
住　　所　東京都新宿区三栄町23番地1
　　　　　ライラック三栄ビル
TEL：03-3568-5757　　URL：http://www.jcia.or.jp/
```

概　要

日本共済協会（以下「協会」という。）は、平成22年1月、ADR法5条により、法務大臣より認証紛争解決事業者の認証を受けた一般社団法人である。

日本共済協会共済相談所(以下「相談所」という。)は、相談所を利用する会員団体[1]（以下「団体」という。）が実施する共済事業に関する相談や苦

第8章　保険

情を受付けるとともに、団体との間の紛争について中立・公正な立場から円滑な解決が図られるよう支援を行うため設置された組織である。

共済契約者等は、利用団体[2]との間の共済契約に関する紛争について、相談所に苦情を申し立てたにもかかわらず、なお問題が解決しない場合は、相談所に設置される審査委員会（以下「委員会」という。）に裁定の申立てをすることができる。

> ポイント

- 委員会の裁定手続は、8つの利用団体との間の紛争に限られる。
- 自動車共済・自賠責共済の賠償案件（一般財団法人自賠責保険・共済紛争処理機構、公益財団法人交通事故紛争処理センター、公益財団法人日弁連交通事故相談センターが扱う案件）は対象とならない。
- ADR法による時効中断効がある。
- 相手方である利用団体は、裁定結果を尊重する義務を負い、裁定結果を受諾しない場合、公表されることがある。

1　取り扱う紛争の範囲（規則5条）

(1)　取り扱う紛争は、協会との間で紛争解決支援業務に関する利用契約を締結している以下の8つの利用団体が当事者となるものに限られる（平成29年9月末日現在）。

①　全国共済農業協同組合連合会（JA共済）
②　全国労働者共済生活協同組合連合会（全労済）
③　日本コープ共済生活協同組合連合会（コープ共済）
④　全国大学生協共済生活協同組合連合会（大学生協共済連）

---

1)　協会の正会員及びその会員団体をいう（裁定手続規則（以下「規則」という。）2条）。
2)　団体のうち協会との間で紛争解決支援業務に関する利用契約を締結している団体であり、平成29年9月末日時点で8団体である。

⑤　全国共済水産業協同組合連合会（JF共済）

⑥　全日本火災共済協同組合連合会（日火連）

⑦　全国トラック交通共済協同組合連合会（交協連）

⑧　全国自動車共済協同組合連合会（全自共）

(2)　上記団体との間の共済契約に関し、契約関係者[3]から苦情の申立てがあり、相談所による助言又は当該団体への苦情の取次等にもかかわらず、当事者間でなお問題が解決しない場合、規則に基づき、苦情を申し立てた契約関係者が委員会に解決を求めることができる。

(3)　自動車共済・自賠責共済の賠償案件については、専門紛争処理機関（一般財団法人自賠責保険・共済紛争処理機構、公益財団法人交通事故紛争処理センター、公益財団法人日弁連交通事故相談センター）の対象案件のため、取り扱わない。

2　裁定手続の概要

(1)　**申立手続**

　ア　苦情申立手続の先行

契約関係者は、団体との間の共済契約、サービスの内容、普及活動等に関し、相談所に対して、苦情を申し立てることができる（規則2条、3条）。

団体のうち、前述の8つの利用団体に対して、契約関係者が苦情を申し立てたにもかかわらず、なお問題が解決しない事案を「紛争」として取り扱うことになり、契約関係者は裁定申立てをすることが可能となる（規則3条、4条）。

　イ　裁定申立書等の提出

裁定申立人は、裁定申立書、証拠書類等に加え、裁定申立人の義務や禁止

---

3)　会員団体との間で共済契約を締結している共済契約者、被共済者、共済金受取人、その他当該共済契約について直接利害関係を有する者をいう（規則3条）。

事項に関する同意書を、委員会に提出しなければならない（規則10条）。

　　ウ　裁定申立人

　契約関係者本人が、裁定申立ての申立人となる。例えば、共済金請求に関する申立ては当該共済金の受取人が、契約の効力等に関する申立ては共済契約者が申立人となる。

　　エ　裁定手続の開始

　委員会は、裁定の申立てがあったときは、裁定手続を開始する（規則12条1項）。

　委員会は、裁定申立書等を利用団体に対して送付し、裁定手続の相手方当事者となることを要請する（規則12条2項）。利用団体は、委員会から要請があった場合、紛争の迅速な解決のため、誠実かつ迅速に対応し、裁定手続に応じなければならない（規則13条3項1号）。

　そのため、裁定申立書等の送付を受けた利用団体は、原則として、裁定申立書等の発信日の翌日から起算して21日以内に、答弁書、証拠書類を委員会に提出しなければならない（規則14条）。

　　オ　裁定審議開始の適格性審査

　委員会に答弁書が提出された場合、委員会は、裁定審議開始の適格性を審査し、委員会での裁定が妥当と判断した場合に裁定審議を開始する（規則15条1項前段）。

　裁定審議を開始する場合、委員会は、当該案件の審議等を行うために審議会を設置する（同条後段）。

(2)　**裁定審議手続**

　　ア　審議会の設置

　委員会は、弁護士、消費生活専門相談員、学識経験者等の委員で構成される（規則6条）。

　裁定審議が開始されると、委員長が選任した3名の委員（うち1名以上を

弁護士とする。）からなる審議会において審議が行われる（規則17条1項）。

　　イ　答弁書等に対する異議の申立て

　裁定申立人は、答弁書等に異議を申し立てることができ、利用団体は、裁定申立人の異議申立てに対して、異議を申し立てることができる（規則22条1項、2項）。以後、必要と認められる限りにおいて、当事者間で異議申立てが繰り返される（同条3項）。

　　ウ　事情聴取、意見聴取

　審議会は、必要に応じて、期日を定めて当事者又は関係者の出席を求め、直接事情聴取を行う（規則24条1項）。この事情聴取は、原則として東京都で行われる（規則24条4項）。

　また、審議会は、医療機関等の外部の第三者機関等に対して、裁定に必要な範囲内において意見を求めることができる（規則23条後段）。

　　エ　審議会による資料徴求等

　審議会は、裁定に必要な事項について、当事者又は関係者に対して、報告書又は資料の提出を求めることができ、当事者は、審議会が正当な理由があると認めた場合を除き、報告書や資料を提出しなければならない（規則23条前段、13条1項2号）。

　　オ　当事者等の秘密の取扱い

　委員会の委員及び相談所職員には、秘密保持義務が課される（規則33条）。また、裁定審議は非公開であり（規則18条）、裁定に関する文書は秘密文書として取り扱われる。

(3)　手続の終了

　　ア　裁定手続は、次の場合をもって終了する（規則30条）。

　　　① 　当事者が、審議会に対して、和解契約書を提出したとき
　　　② 　審議会が、当事者に対して裁定書を交付し、裁定結果に対する受諾意思の有無を当事者双方に確認したとき

③　その他

イ　当事者の審議会に対する和解契約書の提出

　当事者に和解に応じる意向があるとき、又は、和解による解決が妥当と認められるときは、審議会は、申立案件の事実関係及び当事者の主張等を慎重に審議し、中立・公正な立場から和解案を策定し、これを当事者双方に提示して、その受諾を勧告することができる（規則25条）。

　そして、当事者双方が和解案を受諾し、又は裁定手続中に当事者間に和解が成立したときは、当事者において和解契約書を作成し、和解契約書が審議会に提出されると、裁定手続は終了する（規則26条、30条1項5号）。

ウ　当事者に対する裁定書の交付

　審議会が、当事者に対して裁定書を交付し、裁定結果に対する受諾意思の有無を当事者双方に確認することで、裁定手続は終了する（規則30条1項4号）。

　利用団体は、正当な理由がない限り、裁定書による裁定結果を尊重しなければならない（規則13条3項3号）。

エ　その他の終了原因

　以上のほか、裁定審議の打切り（規則30条1項2号）、裁定申立ての取下げ（同条項3号）、仲裁手続の開始（同条2項）等によっても、裁定手続は終了する。

(4) **利用団体の責務不履行の事実の公表**

ア　利用団体に、裁定手続上の責務（手続応諾義務、資料提出義務等）につき不履行があった場合、利用団体は委員会（裁定審議開始後は審議会）に対して、不履行の理由を説明しなければならない。委員会（同上）が、正当な理由に基づかないと判断した場合には、委員会は、紛争の概要、利用団体名及び利用団体が責務を履行しなかった理由を公表することができる（規則31条1項）。

イ　利用団体が裁定結果を受諾しない場合で、裁定書が交付された日か

ら1か月以内に当該申立内容に係る訴訟を提起しない場合も同様である（規則31条2項）。

3 仲裁手続

(1) 紛争のうち、審査委員会に紛争の解決を求める苦情申立人と利用団体との間で仲裁合意を行った上で仲裁の申立てのあった事案について、審査委員会が解決を図るため当事者の主張等を審議し、当該紛争の実情に即した判断を仲裁判断書として当事者に交付する手続を、仲裁という（仲裁手続規則4条）。

(2) 仲裁の申立ては、裁定手続中に行うこともできる（仲裁手続規則10条）。

4 費用

裁定手続及び仲裁手続に要する費用は無料[4]である（規則35条、仲裁手続規則46条）。

5 取扱件数等

(1) **裁定申立件数**

平成27年度　41件

平成28年度　33件

平成29年度上半期　19件（平成28年度上半期は17件）

なお、平成24年度から平成28年度にかけての仲裁申立件数は0件である。

---

4) 但し、交通費、その他手続に要する実費は、当事者の負担になる。

(2) 裁定手続対応状況

対応内容		平成28年度対応			前年度件数	前年比(%)
		28年度申立分	27年度申立分	計		
審議結果等	裁定書を交付して終了したもの	5	5	10	21	48
	和解が成立したもの	0	6	6	13	46
	裁定打切り（裁判等での解決の申出を認めたもの、事実認定の困難性等により裁判解決が適当であると判断されたもの）	3	1	4	0	—
	申立取下げ（申立人から裁定申立てが取下げられたもの）	1	1	2	4	50
	申立不受理（裁定開始の適格性審査の結果、申立て内容が裁定を行うに適当ではないと認められたもの）	4	0	4	7	58
裁定手続が終了した件数		13	13	26	45	58
裁定審議を継続中の件数		15	0	15	10	150
適格性審査を待っている件数		5	0	5	3	167
合計		33	13	46	58	79

(3) 審議終了案件の共済種類・請求内容

　平成28年度に裁定手続が終了した案件から「申立取下げ」、と「申立不受理」を除いた審議終了案件20件に関する「共済種類」、「請求内容」の内訳は以下のとおりである。

第2編　分野別の各ADR

審議終了案件の請求内容	共済種類				合計	前年度件数	前年比（％）
	生命系共済	年金共済	火災共済	自動車共済			
契約（転換）無効・変更確認・掛金返還請求	1	1	1	0	3	7	43
年金・割戻金・満期金・配当金等の請求	0	0	0	0	0	0	—
死亡・入通院・手術・災害等の共済金請求	7	0	3	4	14	20	70
重度障害・後遺障害の認定と共済金請求	3	0	0	0	3	7	43
合　　計	11	1	4	4	20	34	59
前年度件数	20	0	11	3	34		
対前年比（％）	55	—	36	133	59		

6　特徴等

(1)　利用団体に対する片面的義務

前述のとおり、利用団体には、手続応諾義務、裁定結果尊重義務といった片面的義務が課せられている[5]。

これにより、契約関係者保護の観点からADR手続の実効性が確保されている。

(2)　ADR法に基づく「認証紛争解決事業者」と時効の中断

協会は、法務大臣から認証を受けた認証紛争解決事業者である。そのた

---

[5] 前述のとおり、本裁定手続においては、資料等提出義務は、当事者双方に課せられた責務であるとされており、これに違反した場合、申立人には「裁定審議の打切り」、利用団体には「責務不履行の事実の公表」という制裁規定が設けられている（規則28条、31条1項）。

め、ADR法25条1項に基づく時効中断効が認められる。

(3) 中立・公正性

法令上の要件（経理的基礎・技術的基礎、役職員の公正性、業務規程の内容の十分性等）を満たして、国から認証を受けたADR機関であるため、中立・公正な業務運営が期待できる。

紛争解決手続を行う審査委員には、弁護士、消費生活専門相談員、学識経験者が就任しており、いずれの委員も個別の共済団体と特別な利害関係を有しない中立・公正な第三者である。

(4) 迅速な解決

審議会は、裁定手続を開始したときから、原則として4か月以内に裁定書を作成することとされている（規則27条）。

平成27年度の既済事件の所要期間は、計38件のうち、1か月以上3か月未満が3件、3か月以上6か月未満が13件、6か月以上1年未満が22件となっている。

このように、手続においては、一定期間内における迅速な解決が図られている。

(5) 低廉な費用負担

交通費、裁定にかかる書類のコピー費用、書類の郵送料、電話代等は当事者の負担であるが、紛争解決手続の利用にかかる費用は無料である（規則35条）。

そのため、訴訟提起の際にかかる訴訟費用と比べて、極めて低額な負担に留まると言える。

7 利用例

(1) 災害後遺障害共済金請求に関する事案

ア　事案の概要

　終身共済契約の契約者兼被共済者である申立人が、交通事故により受傷し、これにより左小指及び右膝に後遺障害を残したとして、同契約の災害給付特約に基づく当該後遺障害に対応する共済金の支払いを求めた事案であり、当該特約に定める後遺障害該当性及び支払うべき共済金額などが争いとなった。

イ　解決状況

　審議会は、申立人及び被申立人である共済団体から提出された書面に基づき審議をした。その結果、被申立人は、申立人に対し、終身共済契約の災害給付特約に基づく共済金として500,000円を支払わなければならないと裁定し、裁定手続を終了した。

(2) 災害後遺障害共済金請求に関する事案

ア　事案の概要

　事故によりアキレス腱を断裂し、足関節の可動域制限が生じたため、申立人が被申立人に対し後遺障害共済金を請求したところ、被申立人は同関節の他動による可動域に制限はないとして、後遺障害非該当と認定したため、本件可動域制限は自動による可動域によって認定すべきだとして、申立てに及んだ事案である。

イ　解決状況

　審議会は、申立人及び共済団体から提出された書面に基づき審議をした。その結果、被申立人は、申立人に対し、後遺障害共済金3,400,000円を支払わなければならないと裁定し、裁定手続を終了した。

(3) 災害入院共済金、災害通院共済金、共済契約解除無効確認請求に関する事案

ア　事案の概要

申立人が平成25年11月に車搭乗中に転倒し、右足首・腰・背中を痛め、67日間入院、退院後47日間通院し、災害入院共済金及び通院共済金を請求したが非該当と判断されたこと、終身共済について告知義務違反により解除となったことを不服として申立てに及んだ事案である。

　　イ　解決状況

審議会は、申立人及び共済団体から提出された書面に基づき審議した。その結果、本件入通院は不慮の事故によるものとは認めず、次のとおり裁定し、裁定手続を終了した。

① 被申立人は、申立人に対し、終身共済の契約に基づく病気入院共済金115,000円を支払え。

② 終身共済の契約について、被申立人が申立人に対してした解除の通知は、無効であることを確認する。

③ 申立人のその余の請求を棄却する。

8　まとめ

本ADRは、自動車共済・自賠責共済の賠償案件を除く多様な共済契約全般を網羅しており、共済にまつわる広範囲の紛争に対応することが可能であると考えられる。また、審議会が医療機関への照会や第三者機関への鑑定依頼を行い、その結果を踏まえて解決が図られている事案も見受けられることから、費用対効果の面でもメリットがあると言える。

他方で、裁定の対象となるのが8つの利用団体に限られること、裁定書が交付された場合、利用団体が受諾を回避するため、訴訟提起に及ぶ可能性があり、契約関係者等において応訴の負担を強いられる可能性があること、裁判手続と異なり執行力がないこと、事実認定が著しく困難な場合などについては裁判等での解決が適当であるとして裁定手続が打ち切られる可能性があること等に注意が必要である。

第9章 医療

❶ 東京三弁護士会医療ADR

名　　称　東京三弁護士会医療ADR
事業所名　東京弁護士会、第一東京弁護士会、第二東京弁護士会
住　　所　東京都千代田区霞が関1-1-3　弁護士会館
東京弁護士会紛争解決センター（同ビル6階）
TEL：03-3581-0031　　　URL：http://www.toben.or.jp/
第一東京弁護士会仲裁センター（同ビル11階）
TEL：03-3595-8588　　　URL：http://www.ichiben.or.jp/
第二東京弁護士会仲裁センター（同ビル9階）
TEL：03-3581-2249　　　URL：http://niben.jp/

概　要

　東京三弁護士会が連携して運営する医療・介護に関する紛争全般を取扱分野とする非認証ADRである。医療紛争は一般的に専門性が高く、患者側と医療機関側の間に情報格差があることが特徴的であり、そのため、話し合いによる解決にはしばしば困難を伴う。本ADRは、裁判所における民事調停とは異なり、医療事件の経験豊富な弁護士があっせん人となることで、当事者間の情報格差を是正し、客観性・公平性を確保しながら話し合いを進めることができるという点で、患者・医療機関側いずれにとっても利用価値のある制度設計となっている。

第9章 医療

> **ポイント**
> - 一般医療に関する紛争のみでなく、歯科、美容整形、介護に関する紛争など幅広く取り扱っている。
> - 金銭請求だけでなく、カルテの開示や診療経過の説明等を求める申立てなども可能である。また、患者側からだけでなく、医療機関側からも申立てができる。
> - 土地管轄はなく、東京以外からの申立ても可能である。
> - 医師の関与はないが、あっせん人名簿には医療事件の経験が豊富な弁護士が登録されており、名簿の中から希望するあっせん人を指名することもできる。

1 取り扱う紛争の範囲

医療・介護に関する紛争全般である。患者側からは金銭の請求に限らず、カルテの開示、診療経過や死因・後遺障害の原因などに関する説明を求める目的、謝罪や再発防止を目的とする申立て等も可能であり、また、医療機関側からは、第三者であるあっせん人を入れて話し合う目的や、あっせん人立会いの下に医療行為の説明を行う目的、患者・家族との関係調整を目的とする申立て等も可能である。

2 手続

(1) 申立先

本ADRは東京三弁護士会にそれぞれ設置されており、手続実施主体は各弁護士会のADRセンターとなるが、手続は概ね同様であり、あっせん人名簿に掲載されている弁護士も共通である。従って、どの弁護士会に申し立てても差し支えない。

また、土地管轄はなく、東京以外からの申立ても可能である。

(2) 申立ての方法

　申立ては患者側、医療機関側のどちらからも可能であり、申立書を東京三弁護士会いずれかの前記受付窓口に提出して行う。申立書は各弁護士会のHPからダウンロードできる。また、代理人を選任することもできる。

(3) 申立て後の手続の進行

ア　あっせん人の選任

　申立て受付後、あっせん人名簿に登録された弁護士の中からあっせん人が選任される。あっせん人名簿には医療事件の経験が豊富な弁護士が登録されており、名簿は各弁護士会のHPで閲覧が可能である。当事者は、名簿の中から希望するあっせん人を指定することもできる。

　あっせん人は、事案に応じて1名から3名で構成される。あっせん人が2名又は3名選任される場合、そのうち2名については、患者側代理人の経験豊富な弁護士、医療機関側代理人の経験豊富な弁護士が各1名選任され、一方当事者に偏らないよう構成が工夫されている。但し、患者側、医療機関側とはいっても、あくまでも中立・公正な立場から話し合いの交通整理を行うものであり、いずれかの側に味方するものではない。

イ　申立て後の手続

　本ADRには手続応諾義務はないので、相手方が応諾しない場合には手続は終了となる。また、応諾の有無にかかわらず、申立てには時効中断効がなく、時効管理には注意が必要である。

　相手方が応諾した場合には、期日が開かれる。期日は上記各弁護士会の住所地で開催されるが、相手方が同意する場合には、多摩支部会館（東京都立川市緑町7-1アーバス立川高松駅前ビル2階）で開催することも可能である。期日は原則として平日の10時から17時30分の間に設けられるが、調整ができない場合には、土日や時間外に設けられることもある。なお、手続は非公開である。

第9章 医療

　期日の手続は大きく2つの段階に分けられ、まず両当事者の対話の促進とそれによる相互理解に向けて話し合いの交通整理を行い、それを踏まえて両当事者の了解のもとに具体的な解決に向けた合意形成のための調整を行うことになる。このように、本手続は当事者間の話し合いによる合意形成を目的とするものであり、あっせん人が医療の過失や損害金額等の認定を行うものではないが、当事者双方が希望する場合には、あっせん人が解決案や意見・提案を出すこともある。

　話し合いにより解決に至った場合には、和解契約書が作成され、申立人・相手方・あっせん人が調印する。ただし、和解契約書には執行力はない。

　処理期間は事案によって異なるが、1回の期日は1時間から2時間程度、解決までの期日回数は3～4回、平均期間5～6か月が目安である。

　　ウ　仲裁手続

　仲裁合意がある場合には仲裁の申立ても可能である。仲裁手続での請求は時効中断効を生じるほか（仲裁法29条2項）、仲裁判断は確定判決と同一の効力を有する（同法45条1項）。

　申立て時に仲裁合意がない場合であっても、申立て後に双方当事者が合意すれば、仲裁手続にすることも可能である。

3　費　用

申立手数料、期日手数料、成立手数料がかかる。

(1)　申立手数料

金10,000円（税別）
申立時に申立人が納める。

(2)　期日手数料

金5,000円（税別）

期日ごとに当事者双方が各自納める。

(3) 成立手数料

和解成立時又は仲裁判断時に、紛争解決額に応じた額を納める。当事者間の負担割合はあっせん・仲裁人が定める。

4 取扱件数等

(1) 近年の取扱件数（三弁護士会合計）

年度	申立件数	応諾件数			不応諾	その他
		成立	不調	取下げその他		
平成26年度	65	47			17	1
		35	6	6		
平成27年度	62	33			29	0
		17	9	7		
平成28年度	74	45			28	1
		27	13	5		

(2) 内　訳

平成26年度から平成28年度にかけて三弁護士会が受理した事件の内訳は以下のとおりである。

年度	受理件数	一般医療	歯科	美容整形	その他（介護事故含む）
平成26年度	65	40	11	3	11
平成27年度	62	44	14	2	2
平成28年度	74	60	10	2	2

5 解決事例

解決事例は東京三弁護士会のHPで紹介されている。詳しくは参照して頂

きたい。

　①　検査懈怠に関する事例

　高齢患者が体調悪化のため相手方病院を受診、訪問看護も受けたが、検査などの指示はなされなかった。患者は、他院で肝膿腫と診断され、その後死亡。遺族は、病院に対し、検査懈怠などを理由に慰謝料などを求める本ADRを申し立てた。期日及び期日間で、遺族の質問事項に病院が回答し、更に患者を訪問した看護師も期日に出席し遺族の質問に回答した。事実認識には食い違いがあったが、遺族側から和解案（再発防止と解決金支払い）が提示され、病院側がこれを受諾し、和解が成立した（期日4回、手続期間約10か月）。

　②　がん転移の発見の遅れに関する事例

　既往原発がんの骨転移発見の遅れ等により患者が死亡したとして、患者の遺族が病院に対し、慰謝料支払い、謝罪、再発防止策の提示を求めて本ADRを申し立てた。期日では、早期の骨転移発見により死亡時期を遅らせることができた可能性を考慮に入れた上で話し合い、病院側が謝罪と再発防止努力を述べ、かつ10,000,000円程度の賠償金を支払う内容で和解が成立した（期日4回、手続期間6か月）。

　③　転院に関する調整の事例（医療機関申立）

　患者の急性期の治療が終了したので、患者側と病院側とで、療養型病院への転院について話し合ったが、患者家族の要望と折り合いがつかなかった。病院側は、患者側の転院に関する調整を求めて、本ADRを申し立てた。期日では転院の必要性・受入先病院の紹介や手続などについて話し合いがなされ、3か月後を目途として転院するとの和解が成立した（期日5回、手続期間約5か月）。

6　特徴等

　本ADRは、ADR法に基づく法務大臣の認証を受けていないため、ADR法

に基づく時効中断効はない。また、本ADRにおける合意には執行力がない。そして、相手方には手続応諾義務がないので、応諾しない場合には手続を進めることはできない。これらの点については留意する必要がある。

他方、医師があっせん人や第三者の立場で手続に関与することはないものの、裁判所での調停手続とは異なり、医療紛争の経験が豊富な弁護士のあっせん人が事件を担当することにより専門性が確保されており、あっせん人名簿から希望するあっせん人を指名することもできる。また、申立事項は金銭請求に限られず、医療経過についての説明や謝罪を求めることもできるなど柔軟な取扱いが可能であること、土地管轄もないため東京以外からの利用も可能であることなど、利用者にとっての利便性の高さがメリットとして挙げられる。

7 まとめ

本ADRは、医療紛争という専門性の高い分野において、経験に富んだ弁護士が中立の第三者の立場であっせんを行い、当事者間の合意形成を促す手続である。あくまでも話し合うための手続であり、責任原因や損害額を確定することを目的とする手続ではないが、これらの点について話し合いを行う上であっせん人の専門的知見を活用できることが期待できる。代理人としては、例えば、事故原因や責任が明確とまでは言えなかったり、証拠面に一抹の不安を抱えていたりするなど、直ちに訴訟提起することが躊躇される事案においては、特に本ADRの利用を検討する価値はあるものと考えられる。

また、申立内容は金銭請求に限られないことから、カルテの開示や診療経過や死因・後遺障害の原因などに関する説明を求める目的、謝罪や再発防止を目的とする申立て等、訴訟になじまない柔軟な解決を求める場合にも、利用を検討する価値はあろう。

第9章 医 療

❷ 医療紛争相談センター（千葉）

```
名　　　称　医療紛争相談センター
事業所名　特定非営利活動法人医事紛争研究会
住　　　所　千葉市中央区中央4丁目10番8号
　　　　　　コーケンボイス千葉中央901号室
TEL：043-216-2270
URL：http://chibaadr.server-shared.com/index.html
```

概　要

　特定非営利活動法人医事紛争研究会は、千葉県内の医師、法学者、法律実務家を中心とする勉強会を母体として、平成19年6月に設立された特定非営利活動法人であり、医療紛争相談センター（以下「センター」という。）は、裁判外紛争解決手続としての和解の仲介を行うものである。

ポイント

- 法務大臣の認証を受けたADRであるため、ADR法25条の規定に基づく時効中断効がある。
- 相談手続には医師、看護師等の医療従事者が、調停手続には弁護士1名のほか医師又は歯科医師1名が必ず参加するため、専門的なアドバイス及び解決策が提示される。
- 千葉県内に限らず、全国の医事紛争を対象とする。

1　取り扱う紛争の範囲

　医行為[1]又は歯科医療行為[2]に起因した、医師、歯科医師又は医師若しくは歯科医師の業務を補助する者[3]と患者又はその家族との間の民事上の紛争（医事紛争）を対象とする。

なお千葉県内の紛争に限るものではなく、全国の医事紛争を対象とする。

2 手続

(1) 相談手続

本ADRを利用するための前提として、申立人は、まず、相談手続の実施を経なければならない。

医事紛争についての相談が受け付けられると、相談委員が選任され、相談手続が実施される。相談委員として選任されるのは、医師又は看護師等、一定の医学的な知識を有している医療従事者であり、これら相談委員が中立的な立場から回答する。

なお、相談については、手数料は無料である。相談方法については、電話相談は実施しておらず、センターでの面談相談のみである。

(2) 調停手続

ア 手続実施場所

調停手続は、基本的にはセンター及びその近隣にて実施されている。

イ 調停委員

医療機関・医療従事者と患者及びその家族との間の民事上の紛争について、センターの調停委員が中立的な立場から和解を試みる。

調停委員については、センター長が、調停委員候補者名簿の中から申立てに係る医事紛争について調停手続を行うのに必要な能力及び経験を有し、かつ

---

1) 医師の医学的判断及び技術をもってするのでなければ人体に危害を及ぼし、又は危害を及ぼすおそれのある行為をいう。
2) 歯科医師の歯学的判断及び技術をもってするのでなければ人体に危害を及ぼし、又は危害を及ぼすおそれのある行為をいう。
3) 看護師、准看護師、保健師、助産師、臨床検査技師、衛生検査技師、診療放射線技師、診療エックス線技師、理学療法士、作業療法士、視能訓練士、臨床工学技士、言語聴覚士、歯科衛生士及び歯科技工士

公正性を疑わせる事情のない者を調停委員として2名以上3名以内選任する。

この調停委員は、医師、歯科医師、弁護士、大学の法学専攻教授又は医事紛争に関し専門的な知識経験を有する者としてセンター長が認める者でなければならず、かつ、医師又は歯科医師1名及び弁護士1名が含まれることになる。

　ウ　具体的な調停手続

調停申立書の提出、申立手数料の納付がなされた後、相手方に対して通知を行い、調停手続の実施を応諾するか否かの意思確認がなされる。相手方より応諾する旨の回答があれば、調停委員が選任され、調停委員会が設置される。相手方が応諾しない場合、手続は終了となる。

調停期日において調停委員と当事者との個別協議がなされ、場合によっては調停委員より解決案・意見が提示され、双方が合意に至れば、和解契約書を作成する。

和解が成立した場合には、成立手数料の納付が必要となる。

期間についての定めはないが、平成27年4月1日から平成28年3月31日までの間の既済事件の8件（不応諾を除く。）のうち、解決までに要した期間は、6か月以上1年未満が2件、1年以上2年未満が5件、2年以上が1件であり、多くは2年未満に終了している。

なお、手続は原則として非公開であり、センターの事務局職員及び調停委員が、調停手続に関して知り得た事実を他に漏らさないことを誓約する書面を提出するなど秘密保持の措置が講じられている。

3　費　用

(1)　**相談手続**

無料である。

(2)　**調停手続**

調停手続においては、以下の費用が必要となる。

ア 申立手数料

- 患者側が申し立てる場合：20,000円（税別）
- 医療機関側が申し立てる場合：40,000円（税別）

イ 期日手数料

申立人・相手方双方、調停期日1回につき、それぞれ10,000円（税別）。

ウ 成立手数料

調停手続において当事者間に和解が成立した場合、当事者双方は、下記に定める額の成立手数料を、調停委員会が定める負担割合に応じて、センターに納付する（負担割合は、原則として2分の1ずつ）。

紛争の価額(A)	成立手数料（税別）
300万円以下	A×8％
300万円を超え1500万円以下	24万円＋(A－300万円)×3％
1500万円を超え3000万円以下	60万円＋(A－1500万円)×2％
3000万円を超え5000万円以下	90万円＋(A－3000万円)×1％
5000万円を超え1億円以下	110万円＋(A－5000万円)×0.7％
1億円を超える場合	145万円＋(A－1億円)×0.5％

4 取扱件数等

センターにおける紛争処理の取扱件数は、以下のとおりである。

年度	受理件数	終了件数	終了件数の事由の別		
			和解成立	相手方不応諾	その他
平成25年度	22	19	7	8	4
平成26年度	19	22	8	10	4
平成27年度	10	12	4	4	4

5 解決例

(1) 本来であれば帝王切開すべきところ、帝王切開をせずに分娩し、胎児が死亡した事例

患者側が申し立てたところ、相談手続の段階で相談委員の医師より具体的な金額が示され、調停手続において調停委員である医師及び弁護士が妥当な金額であるかを確認し、病院側と調整し、病院が患者に金銭を支払うことで解決に至った。

(2) 手指の手術をしたが失敗し、手指に障害が残存してしまった事例

患者から申立てがあり、相談手続を経て、調停手続にて調整し、その結果、解決金の金額について合意に至り解決した。当初、病院側から提示のあった解決金額は数百万円程度であったが、調停手続において調整した結果、数千万円の解決金が支払われることとなった。

6 特徴等

(1) 医療専門家が手続に関与すること

本ADRにおいては、相談手続では、医師又は看護師等の医療従事者が相談委員となり、調停手続では、弁護士1名に加えて、医師又は歯科医師1名が少なくとも調停委員として選任される。

このように、医療の専門家が必ず手続に関与する点は、東京三弁護士会医療ADRとは異なる特色である。

(2) 全国の医事紛争を対象とすること

本ADRの実施事業者は、千葉県内の特定非営利活動法人であるが、千葉県内に限らず、全国の医事紛争を対象としている。

もっとも、相談及び調停の各手続は、基本的にセンター及びその近隣で行

われる点に留意する必要がある。

(3) 時効中断効があること

本ADRは、ADR法に基づく法務大臣の認証を受けた認証ADRである。従って、本ADRに基づく調停の申立てについては、ADR法25条に基づく時効中断効が生じる。

7 まとめ

本ADRは、全国の医事紛争を対象とするが、手続が開催される場所が基本的にセンター及びその近隣に限られる上、手続応諾義務・出頭義務等が認められないため、調停を申し立てても半数が不応諾で終了している点には留意する必要がある。

もっとも、相談手続には医療従事者が相談委員として担当し、調停手続には医師・弁護士が調停委員として選任されるため、医療面と法律面の両面で専門的な知見を踏まえた解決を図ることが可能であり、この点が本ADRの最大の特色である。

コラム　茨城県医療問題中立処理委員会

　茨城県医師会は、平成18年に茨城県医療問題中立処理委員会を立ち上げ、患者側と医療機関側の話し合いによる医療紛争の解決を目的とするあっせん・調停の手続を行っている。あっせん・調停の手続は、弁護士１名、学識経験者・市民代表１名のほか、医師会役員１名が委員として運営し、それぞれの専門的知見を活用している。医師会が患者側と医療機関側の話し合いによる紛争解決を専らの目的として設立し、運営している機関は、国内では茨城県医療問題中立処理委員会が初めてであり、ユニークな取組みである。

　このような機関が設立された背景には、医療紛争の主要な原因が患者の誤解や医師の説明不足などコミュニケーションの不足にあり、患者側と医療機関側が中立的な場において十分に話し合うことができるならば、紛争の抑止につながるのではないかという問題意識がある。筆者も、医療機関側の代理人として患者側と交渉することがあるが、そのようなとき、医療機関側からの説明は患者側にはなかなか信用してもらえず、話し合いに困難を感じることがよくある。本委員会のように、医療についての専門的知見を備えた中立的な紛争解決機関を利用することができれば、訴訟に発展する前に話し合いで解決できるケースも少なくないのではないかと常々感じている。

　医療紛争について専門的知見を踏まえながら中立的な場で話し合うことを可能とする本委員会は、患者側・医療機関側双方にとってメリットが多く、歓迎すべきものであるように思われるが、設立までは、いくつかのハードルがあった。医師会が主体となり運営資金を提供することで中立性が損なわれるのではないかという指摘や、患者側に一方的に有利な組織になるのではないかという指摘なども寄せられ、設立に反対する意見も根強くあった。しかし、最終的には、医療紛争を効果的に解決するためには中立的な機関が必要であるという意見が支持され、設立に至ったものである。

　運営開始から平成28年度までの総申立件数123件、うち応諾件数105、合意成立件数は52件であり、応諾があった事件ではほぼ半数が合意に達していることに特徴がある。利用例としては、医療過誤等を理由に損害賠償を求めるもののほか、治療経過や死因の説明や謝罪を求めるものなどがあり、金銭請求以外の申立てにも広く利用されている。

　取扱案件が茨城県内の医療機関に関する医療紛争に限られるという制約はあるが、手数料は一切無料であることや、あっせん・調停会議には医師と弁護士が委員として関与し、それぞれの専門的知見を活用できることが期待できるなど、一定の利便性が認められる。応諾があった事件のうち合意成立件数が約半数に及んでいるのも、この手続の有効性を裏付けている。

　このように有意義な機関がなぜ茨城県のみにあるのかは不思議であるが、もともとは茨城県医師会に所属する医師が前記のような問題意識を抱き、周囲を粘り強く説得をしたことに始まる。千里の道も一歩からと言うとおり、最初の一歩を踏み出すことが肝心だろう。今後、日本全国に同様の機関が設立されることを期待したい。

第10章
IT・ネット

❶ ソフトウェア紛争解決センター

> 名　　称　ソフトウェア紛争解決センター
> 事業所名　一般財団法人ソフトウェア情報センター
> 住　　所　東京都港区西新橋3丁目16番11号　愛宕イーストビル14階
> TEL：03-3437-3071
> URL：http://www.softic.or.jp/adr

概　要

ソフトウェア紛争解決センター（以下「センター」という。）は、一般財団法人ソフトウェア情報センターが運営するADRである。一般財団法人ソフトウェア情報センターは、ソフトウェアプロダクトに関する普及啓発及び調査研究、ソフトウェア等の権利保護に関する調査研究、プログラム著作物に係る登録事務を行うことにより、情報化のための基盤整備を促進し、高度情報化社会の健全な発展を図り、もって本邦の産業、経済及び文化の発展に寄与することを目的として昭和61年に設立された。

ポイント

・センターのADRには「単独判定」「和解あっせん」「中立評価」及び「仲裁」の4つの手続がある。
・センターのADRは法務大臣の認証を取得しており、「和解あっせん」の申立ては、ADR法25条の規定に基づく時効中断効がある。

- 単独判定人、あっせん人、中立評価人、仲裁人は、実務経験が10年以上の弁護士、弁理士、ソフトウェア技術関係者等の専門性が高い人が選任される。
- 「和解あっせん」及び「仲裁」においては、当事者自らが「仲裁人又はあっせん人」を専門性の高い候補者名簿の中から選ぶことができる。
- 手続は公開されない。

1 取り扱う紛争の範囲

センターのADRには、「単独判定」「和解あっせん」「中立評価」及び「仲裁」の4つの手続がある。

これらの手続の対象は、いずれも、基本的に企業間におけるコンピュータソフトウェア、コンピューターシステム、デジタルコンテンツ、データベース、その他の情報技術（IT）に関する民事上の紛争である。

典型的には、情報システムの開発について成果物の機能的不具合、納期遅延等による費用負担等に関するトラブル、ソフトウェア等の知的財産権侵害や職務発明等に関する紛争である。必ずしも申立人と相手方との間に契約関係が存在する必要はない。

取り扱う紛争の範囲は、厳格に定まっているものではなく、ITに関連する紛争であれば、柔軟に対応できる人的体制を整えている。

もっとも、消費者契約法、割賦販売法等が問題となるような一般的な消費者トラブルは、対象としていない。

2 手続

申立人が、各手続の申立書を提出して、受理された場合、期日が指定される。いずれの手続も、非公開である。なお、各申立書等の書式集は、HPに掲載されている。

(1) 手続期間

手続期間は、手続、事案によって異なるが、3か月から半年が一応の目安である。

(2) 出頭の要否・管轄

当事者又は代理人は、紛争の相手方の住所地や紛争の発生場所にかかわらず、原則として、センター所在地に出頭する必要がある。

また、取り扱う紛争の専門性が高いため、当該案件に関与したプロジェクト・マネージャー（システム開発プロジェクトの責任者）の出頭を求められることも多い。

(3) 応諾義務

手続応諾義務及び和解あっせん案の応諾義務等はない。

そのため、「中立評価」、及び「和解あっせん」は相手方が不応諾の場合は、その段階で手続は終了となる。

(4) 各手続の概要

ア　単独判定

単独判定とは、申立人が単独で申し立てた申立事項に関し、センター長により選任された中立の第三者（単独判定人）が判定を行う手続である。単独判定では、原則として、申立てを受理した日から3か月のうちに単独判定書の作成を目指すこととなる。

単独判定の判定結果に法的拘束力はないが、ソフトウェア分野について単独判定人がもつ経験や知見の専門性に基づく判断であることから様々な利用に供することができる。例えば、内部的な検討の資料としたり、その判断を訴訟において用いたりすることなども考えられる。

イ　和解あっせん

　和解あっせんは、センター長が選任した中立の第三者（あっせん人）が、当事者の紛争解決のための自主的な合意形成を支援する手続である。基本的には自主的な和解のための話し合いを促進する中で、当事者自身から和解案が出され、適切にすり合わせができるよう支援することを中心としつつ、両当事者から求められれば、あっせん人から解決案を提示することもある。和解が成立した場合、その法的効力は、民法上の和解契約としての効力にとどまるが、両当事者が仲裁合意をすることにより、当該和解契約を内容とする和解的仲裁判断をセンターに求めることができる（これにより債務名義化が可能）。

　「和解あっせん」が不調となった場合に「中立評価」に移行することも可能である。

ウ　中立評価

　中立評価手続は、センター長が選任した中立の第三者（中立評価人）が、技術的な事項や法律的な問題（法的責任の有無、損害賠償額の適正性等）等についての判断（評価）又は解決案の提示を行う手続である。中立評価では、原則、申立を受理した日から3か月のうちに中立評価書の作成を目指すこととなる。中立評価の結果は、中立評価人の意見であって、仲裁判断のような法的拘束力はないものの、ソフトウェア分野の専門家である中立評価人の判断であり、その理由も明記されることから、当該案件が裁判で争われた場合に、当該判断が一定の意味をもつことが期待できると考えられる。但し、中立評価手続の相手方の承諾がない場合には、中立評価手続の内容及び結果を裁判手続における証拠として用いることはできないことに留意する必要がある。

　この制度の具体的な利用場面としては、トラブルの相手方との間で第三者の専門家の判断を仰ぎたいものの、一発勝負では不安なので当該判断に拘束される仲裁のようなものとは異なったものを望むような場合、或いは、両当

事者間で和解の基本的合意はできる見込みであるが、その和解内容が適正であることについて、中立的な判断を得て、株主への説明責任を果たすことができるようにしたい場合等が想定される。

エ　仲　裁

仲裁は、センター長又は当事者が選任した中立の第三者（仲裁人）が仲裁判断を行う手続である。

仲裁手続には、仲裁合意が必要である（但し、仲裁合意がない場合でも、和解あっせん手続から開始し、手続の過程で仲裁合意が得られれば仲裁手続に移行することも可能である。）。仲裁判断は確定判決と同一の効果を持つことから、裁判所から執行決定を得た後に強制執行が可能である。

オ　各手続の関係・相違点

紛争相手方を手続当事者としない形で、一定の判断を得たい場合は、「単独判定」を申し立てることになる。

他方で、紛争相手方を手続当事者とする形で紛争解決を図る場合で、仲裁合意があるときは、「仲裁」手続の利用を検討し、仲裁合意がないときは、「和解あっせん」又は「中立評価」を利用することになろう。

「和解あっせん」及び「中立評価」は、いずれも専門的知見を有する第三者が関与した手続である。「和解あっせん」では、あっせん人は当事者間の対話を促進して紛争解決を図ることが基本であるが、「中立評価」では、中立評価人が争点について一定の判断を行う点で両者は異なる。

3　費　用

申立手数料、期日手数料、各手続の評価手数料や和解成立に関する手数料、その他の費用（実費等）がかかる。

申立手数料は、各手続により、申立額に応じて所定の計算式により算出す

る。具体的には、「単独判定」「和解あっせん」「中立評価」及び「仲裁」の申立手数料は、申立額が10,000,000円までの部分は、100,000円、10,000,000円を超える部分は1,000,000円ごとに3,000円、1,000,000,000円を超える部分は10,000,000円ごとに5,000円と共通である。

期日手数料は、すべての手続で1当事者が1回につき100,000円である。

仲裁、和解が成立した場合に、解決利益額別に計算される成立手数料がかかる。中立評価、単独判定手数料等は紛争請求額に応じて所定の計算式により算出された手数料がかかる。5,000,000円以下であれば、和解あっせん、中立評価、仲裁は120,000円であり、単独判定は50,000円である。

4 取扱件数及び利用例

(1) 取扱件数

平成20年7月から平成29年1月までの間に、15件の申立てがあったが、具体的な手続に進んだのは、9件であった。そのうち、6件については和解が成立し、その他に中立評価と単独判定の事例が各1件ずつであった。

申立額は、数百万円から数百億円と様々な規模の紛争が申し立てられている。

(2) 利用例

ア 和解あっせんの事案

申立人であるユーザーが、相手方ベンダー（製品の販売会社）に開発を委託したシステムが、その納期を過ぎても一向に完成されないため、再度定めた期日までに完成できない場合は、当該開発契約を解除の上損害賠償を求めるとの和解あっせんの申立てをした。

和解あっせん人がそれぞれから事情を聴き、現在、相手方は当該ソフトウェア開発が完成せず債務不履行状態にあることから、一旦当該開発契約を解除した上で新たな納期を定めて引き続き相手方が完成に向けて開発を行う

こととした、そのために必要な条件を定めたあっせん案で和解が成立した。

  イ 中立評価の事案

　大型のシステム開発案件で、開発が大幅に遅延したこと等による発注者から受注者への損害賠償請求について、発注者と受注者間で交渉を経て、センターによる中立評価手続において和解内容が合理的であるとの趣旨の評価がなされることを停止条件とする和解合意がなされた。本件はこの和解内容の合理性について双方から中立評価が申し立てられたものである。

　弁護士と技術専門家の計6名（中立評価人3名と中立評価人補助者3名）で審査に当たり、4か月で和解内容が合理的である旨の評価決定をなし、これを受けて発注者と受注者で取り交わされた和解契約が実行されることになった。

5　特徴等

(1)　専門性

　センターでは、実務経験が10年以上の弁護士、弁理士やソフトウェア技術関係者等を揃えた「仲裁人・中立評価人・単独判定人・あっせん人候補者名簿」を用意している。そのため、仲裁人、中立評価人、単独判定人、あっせん人は、いずれも高い専門性を有する専門家から選任される。

　仲裁、和解あっせんの手続では、当事者自らが「仲裁人又はあっせん人」を前記候補者名簿の中から選ぶことができる。

　具体的には、仲裁・あっせん人は、当事者が同じ候補者を指名した場合にはその1名とする。他方、当事者が異なる候補者を指名した場合には合計3名とし、残りを1名をセンター長が選任する。

　裁判や裁判所の調停と異なり、ソフトウェア分野に詳しい仲裁人又はあっせん人を当事者自らが選ぶことができることから、当事者にとってより納得感が得られるような解決が期待できる。

第10章　IT・ネット

但し、仲裁人やあっせん人が証拠収集に関与することは予定されていない。

(2) **非公開**

当事者が紛争状態にあることを第三者に知られることなく、また、紛争に関する秘密情報等を守りながら手続を進めることができる。

(3) **柔軟な手続による集中的な審理と解決の迅速性**

裁判の場合と比較して、より柔軟な手続での集中的な審理によって、より短時間のうちに技術的な側面も含め争点の整理等を行うことができることから、迅速な解決が期待できる。

6　まとめ

ソフトウェアを巡る法的問題は専門性が高く、裁判による解決を図る場合には長期化する可能性が高いことから、迅速に解決するための手段として、センターを利用する価値は十分ある。また、契約書にセンターの仲裁合意を入れておくことも、早期の紛争解決に資すると思われる。更に、証拠収集の一環として、単独判定を用いることも検討に値するであろう。

もっとも、手続費用が高額であるので、係争額が小さい場合には慎重に費用対効果を見極める必要があろう。

❷ (一社)ECネットワーク

```
名　　称　　一般社団法人ECネットワーク
事業者名　　一般社団法人ECネットワーク
住　　所　　東京都千代田区神田佐久間町3-21-45
　　　　　　コートスクエア秋葉原702
TEL：03-5823-6560　　URL：http://www.ecnetwork.jp/
```

261

第2編　分野別の各ADR

概　要

　一般社団法人ECネットワーク（以下「ECネットワーク」という。）とは、電子商取引（国際電子商取引を含む。）市場の健全な発展を目的とする会員組織であり、ECネットワーク会員（以下「会員」という。）とは、インターネット上に販売サイトを開設し、又はインターネットオークションを利用して商品やサービスを販売し、会員規約に同意の上、入会した者である。ECネットワークは会員と消費者との間のインターネット上の取引で発生した紛争について、Eメールを利用したあっせん手続を実施している。

ポイント

- 消費者があっせん手続を利用するには、紛争の相手方である販売店が会員[1]である必要がある。
- あっせん手続は、原則としてEメールのやりとりのみで進められる。
- インターネット上の取引で発生した紛争が対象であるため、過去のやりとりから問題点を把握しやすく、迅速な解決が期待できる。
- 会員があっせん手続を希望する場合、消費者の同意が必要である。
- 消費者があっせん手続を申し立てた場合、原則として会員には手続応諾義務がある。
- あっせん案が提示された場合、原則として会員にのみあっせん案の受諾義務がある。

1　取り扱う紛争の範囲

　あっせん手続の対象となるのは会員である販売店と消費者との間のインターネット上の取引で発生した紛争である。
　典型的には、注文確認後に販売店より一方的にキャンセルされた、返品を

1）　後記のとおり、賛助会員を除く3種類の会員である。

第10章　IT・ネット

巡って販売店ともめている、購入した中古車に知らされていなかった修復歴がある、オークションで落札した商品が説明と違う場合等が該当する。

取引上の紛争に限定され、取引当事者による掲示板等への悪意のある書き込みや個人情報の漏えい等は、対象とならない。

2　利用できる会員

会員には、年会費の金額により、A会員、B会員、一般会員、賛助会員の4種類[2]があるが、あっせん手続を利用できるのは、賛助会員を除く3種類の会員（以下、単に「会員」という。）である。

3　手　続

原則としてすべてEメールで行う。そのため、管轄は問題とならない。

消費者がHP上の消費者相談用の受付フォームから相談内容を送信する。相手方が会員であり、あっせん手続を行うことが適当とアドバイザー（あっせん人）が判断した場合に、消費者に対し、相談に対する回答と共にあっせん手続の利用についての案内を記載したメールが返信される。消費者があっせん手続を希望し、その旨のメールを返信すると、アドバイザーから当該会員に対し、問い合わせのメールが送信される。

アドバイザーを介して両当事者との間でEメールのやりとりを行い、アドバイザーが両当事者の意向を聞いた上で、あっせん案を提示する。

あっせん手続開始から解決に至るまでの期間は、早ければ数日、長くても1か月程度（平均すると2週間程度）が想定されている。

会員があっせん手続を希望する場合は、消費者の同意が必要である。消費者があっせん手続の利用に同意した場合は、会員から消費者に対し、HP上

2）　平成30年2月時点では、A会員が3社（グリー株式会社、株式会社ディー・エヌ・エー、楽天株式会社）、B会員が2社（株式会社メタップスペイメント、LIVE株式会社）、一般会員が約30社存在する。

の消費者相談用の受付フォームから相談内容を送信するよう案内する。消費者が相談内容を送信し、あっせん手続を希望すると、アドバイザーから当該会員に対し、問い合わせのメールが送信される。

そのため、会員があっせん手続を希望する場合であっても、消費者が、HP上の消費者相談用の受付フォームから相談内容を送信し、あっせん手続の利用を希望して初めて、あっせん手続が開始されることになる。

4 費用

無料である。

なお、会員である販売店には年会費の負担がある。

5 取扱件数等

ここ数年は、申立件数がほとんどない状況が続いている。

その理由は、会員数が少ないこと、また、会員のほとんどが消費者に対する意識が高く、紛争が生じても第三者の関与を必要としないことにあると考えられる。

6 特徴等

(1) アドバイザー（あっせん人）

アドバイザーには、消費生活専門相談員、消費生活アドバイザー、消費生活コンサルタントのいずれかの資格を有する者が選任される。

(2) あっせん手続への応諾義務等

会員は、消費者が希望し、かつ、ECネットワークが適当と認めた場合、あっせん手続への応諾義務のあることが会員規約により定められている。

ECネットワークが適当と認めない場合として想定されるのは、例えば、消費者の主張に全く合理性がないケースである。

また、あっせん手続利用申立による時効中断効はない。

(3) あっせん手続の進め方

アドバイザーがEメールにより、当事者双方の主張を聞いて論点を整理し、中立的第三者の立場で両当事者の歩み寄りを促進する。

その際、アドバイザーから、証拠となる過去のやりとりや画像があれば、送るよう依頼されることがある。取引自体がオンラインで行われていることから、過去のやりとりを後から確認することができるため、問題点の把握がしやすく、迅速な解決が期待できる。

話し合いがつかない場合、両当事者からの希望があれば、それまでの主張内容に基づき、アドバイザーが判断理由を示した上で解決案（あっせん案）を提示する。

あっせん案の提示に当たり、アドバイザーは、法律違反の有無、利用規約の記載内容、取引前の両当事者間の合意事項の有無、両当事者の見解の相違点、確立した商慣習の有無、紛争の発生・発展を避けるための両当事者のとるべき行動を考慮して判断する。

アドバイザーは、あっせん案の提示に必要と判断する場合には、弁護士等の専門家の助言を得る。

(4) あっせん案への受諾義務

あっせん案に法的な拘束力はない。

消費者には、提示されたあっせん案の受諾義務はない。

これに対し、会員は、あっせん案が提示された場合、特段の理由がない限り、受諾義務のあることが会員規約により定められている。

特段の理由として想定されるのは、例えば、親会社が海外事業者である日本法人が会員の場合で、当該日本法人としては受諾したいと思っても、親会社の決裁が下りないケースなどである。

第2編　分野別の各ADR

(5) あっせん手続の終了

あっせん手続が終了するのは、当事者があっせん継続を希望しない場合、当事者に和解が成立した場合、当事者があっせん案を受諾しなかった場合、途中で訴訟等の手続に移行した場合などである。

7　ECネットワークへの相談

消費者は、インターネット取引に関するトラブルについて、ECネットワークのHPにある相談受付票に必要事項を入力・送信することにより、無料でECネットワークに相談することができる。相談の場合、相手方の販売店は会員に限られない。消費者からの相談を受け付けると、ECネットワークのアドバイザーが、Eメールにて解決に向けてのアドバイスを行う。相談件数は、月に50～60件程度である。HPには、「よくあるトラブル事例」が、解決方法についての考え方と共に掲載されており、参考になる。

8　まとめ

ECネットワークが行うあっせん手続は、インターネット上の取引で発生した紛争を、Eメールのやりとりのみで解決しようする手続であるため、インターネットを利用する当事者としては利用しやすい手続と言える。また、会員には会員規約により、あっせん手続への応諾義務、あっせん案の受諾義務が定められていることからも、積極的な利用が期待できる手続であると考える。但し、相手方である販売店が会員である必要があること、現時点では会員数が少ないことから、あっせん手続を利用できるケースは限定される点には注意が必要である。

また、ECネットワークへの相談は、相手方が会員でない場合でも行うことができるため、消費者にとって有用と言える。

第11章 知　財

❶ 日本知的財産仲裁センター

名　　称　日本知的財産仲裁センター
事業者名　日本弁護士連合会・日本弁理士会
住　　所　東京都千代田区霞が関３丁目４番２号　弁理士会館１階
TEL：03-3500-3793　　URL：https://www.ip-adr.gr.jp

概　要

　日本知的財産仲裁センター（以下「センター」という。）は、知的財産に関する紛争を裁判外で解決することを目的として、日本弁護士連合会と日本弁理士会が共同で設立した民間紛争解決機関である。

ポイント

・知的財産分野の専門家による手続である。
・ADR法に基づく法務大臣の認証を受けており、ADR法25条に基づく時効中断効がある。
・手続終了までの目標期間が設定されている。
・調停から仲裁に移行することも可能である。

１　取り扱う紛争の範囲

　産業財産権（特許権、実用新案権、意匠権、商標権）が関係する紛争、著作権、不正競争防止法関連の紛争、ドメイン名に係わる紛争の他、営業秘密、ノウハウ、種苗の育成者権、半導体集積回路の回路配置に関する法律の回路配置

に関する権利に係わる紛争等の知的財産権に関する紛争を対象としている。

2 ADRの種類等

センターが取り扱うADRには、調停と仲裁がある。調停は、当事者との間に利害関係を有しない公平・中立な第三者である調停人が、紛争を抱えた当事者の間に入り、和解の成立に向けて協力する手続である。仲裁は、当事者が紛争についての判断を、中立的第三者である仲裁人の判断に委ね、それに従うことを予め合意することを前提として行われる手続である。仲裁手続による仲裁判断は、確定判決と同様の効力を有する（仲裁法45条1項）。

なお、センターが取り扱うJPドメイン名に係わる紛争は、JPドメイン名紛争処理方針に準拠する手続で裁定されることとなる。

また、センターは、知的財産に関する紛争の解決及び予防のための相談や特許権、実用新案権、意匠権、商標権に関して、対象物がそれらの権利範囲に属しているか否か、それらの権利の登録に無効理由があるか否か等を判定するセンター判定も実施している。

3 手 続

(1) 調 停

申立人がセンターに申立書を提出し、受理され、被申立人が調停手続に応諾した場合、センターによって当事者双方に調停人の氏名、調停手続の概要、第1回期日、場所等の必要な事項の通知がされ、調停期日が開催される。

調停手続の中で、合意が成立すると、和解契約書が作成され、終了となる（調停手続規則21条）。調停手続において和解が成立し、当事者双方が仲裁合意書を提出して、その和解の内容を主文とする仲裁判断を求めるときは調停手続は終了し、仲裁手続に移行する（調停手続規則22条）。

調停手続は、第1回期日から6か月以内、3回以内の期日で終了することが目標とされている（調停手続規則15条2項）。紛争の迅速な解決のため、第

1回の期日において、調停進行計画を作成し、作成された計画に基づいて手続が進められる（調停手続規則15条1項）。解決までに要した日数は、平均176日（中央値は162日）とされている。

センターにおける調停手続及びその記録は、非公開である（調停手続規則14条）。

なお、紛争の実態、手続の状況、当事者の意向等に照らし和解の成立が困難と認められる場合、調停人は調停手続を終了することができる（調停手続規則20条1項7号）。

被申立人の調停手続への応諾義務はない。申立人は、いつでも調停の申立てを取下げることができ、被申立人はいつでも手続の終了を申し出ることができる（調停手続規則22条の2）。

(2) 仲　裁

申立人が仲裁合意書等を添付した申立書を本センターに提出し、受理されると、当事者双方に仲裁人の氏名、仲裁手続の概要、第1回期日、場所等の必要な事項が通知され（仲裁手続規則15条2項）、仲裁期日が開催される。事案が仲裁判断をするに熟したときは、審理の終結が宣言され、仲裁判断がなされて仲裁手続は終了する（仲裁手続規則36条1項、41条）。

調停手続と同様、第1回期日から6か月以内、3回以内の期日で終了することが目標とされている（仲裁手続規則20条2項）。

センターにおける仲裁手続及びその記録は、非公開である（仲裁手続規則4条）。

申立人は、審理の終結までは、被申立人の同意を得て、申立ての取り下げをすることができる（仲裁手続規則40条）。

4 費用

(1) 調停

　申立人は、申立手数料として47,620円（税抜。以下同様）を納付する（調停手続規則24条）。当事者は、期日手数料として1回当たり各47,620円（調停手続規則25条）を、和解契約書作成・立会手数料として各142,858円（調停手続規則26条）を納付する。もっとも、複雑困難な事案や紛争解決によって得られる当事者の利益が特に大きいと認められる事案（以下「特別事案」という。）においては、和解契約書作成・立会手数料は当事者の意見を聴いた上で、285,715円を上限として増額されることがある（調停手続規則26条2項）。その他の実費が発生する場合には、当事者はこれを予納する（調停手続規則30条）。

　但し、調停委員が3名選任された場合は、期日手数料が各66,667円、和解契約書作成・立会手数料が190,477円となり（調停手続規則28条）、特別事案における和解契約書作成・立会手数料は、当事者の意見を聴いた上で、事案により380,953円を上限に増額されることがある（調停手続規則28条1項）。申立手数料は、調停手続規則所定の事由で却下となった場合や被申立人が調停手続に応じなかった場合は28,572円が返還される。

(2) 仲 裁

　申立人は、申立手数料として100,000円を納付する（仲裁手続規則42条1項）。当事者は、期日手数料として1回当たり各100,000円（仲裁手続規則43条）を、審理終結後に仲裁判断書作成手数料として各200,000円（仲裁手続規則44条1項）を納付する。その他の実費が発生する場合には、当事者はこれを予納する（仲裁手続規則45条）。仲裁手続の中で和解が成立したときは、当事者は、和解契約書作成・立会手数料として各150,000円を支払う（仲裁手続規則44条2項）。

なお、申立手数料は、仲裁手続規則所定の事由で却下となった場合は、50,000円が返還される（仲裁手続規則42条2項）。

5 取扱件数等

センターにおける調停及び仲裁の取扱件数等は、以下の表のとおりである。

（平成28年12月31日現在）

年	調停	仲裁	和解成立 （調停）	不成立	係属中	不応諾	取下げ	仲裁判断
平成24年	7件	0件	0件	2件	0件	4件	1件	0件
平成25年	7件	0件	1件	2件	1件	3件	0件	0件
平成26年	2件	0件	1件	0件	0件	1件	0件	0件
平成27年	4件	0件	1件	0件	0件	2件	1件	0件
平成28年	2件	0件	1件	0件	0件	1件	0件	0件

6 特徴等

(1) ADR法に基づく認証機関

センターは、平成10年3月に、日本弁護士連合会と日本弁理士会が共同して、知的財産に関する紛争を裁判外で解決することを目的として設立され、平成24年11月にADR法に基づく法務大臣の認証を受けている。

(2) 調停人、仲裁人

ア 調停人の選任・数（調停手続規則6条）

調停人は、調停人候補者名簿から2名が選任される。原則として弁護士1名と弁理士1名が選任される運用となっている。当事者が合意すれば、調停人を3名とすることもできる。当事者双方の合意による調停人の選任を希望する場合、調停人候補者名簿に登載されている者であれば、原則としてその者が調停人に選任される。

イ　仲裁機関（仲裁手続規則5条）・仲裁人の選任（仲裁手続規則7条）

センターにおける仲裁は、3名の仲裁人の合議体によって行われる。仲裁人は、候補者名簿から3名が選任されるが、弁護士、弁理士が少なくとも各1名が含まれることが必要とされている。当事者双方が自ら仲裁人を選任することを希望する場合は、各当事者が仲裁人候補者名簿から仲裁人を選任し、1名はセンターが選任する。

ウ　候補者名簿

専門的知見を有する弁護士、弁理士及び学識経験者で構成される。調停人候補者名簿、仲裁人候補者名簿は、本センターのHPで公表されている。

(3)　時効の中断

センターの業務のうち調停手続に関しては、ADR法に基づく認証を受けており、ADR法25条の規定に基づく時効の中断効が認められる。仲裁手続における請求は、仲裁法29条2項の規定に基づく時効の中断効が認められる。

(4)　申立、手続の場所

東京本部、大阪支部及び名古屋支部の他、北海道支所、東北支所、中国支所、四国支所及び九州支所で調停、仲裁の申立てができる。

調停手続、仲裁手続は、本部、各支部及び支所等の調停人、仲裁人が指定する場所で開催され、調停手続の場合は電話会議、テレビ会議等も利用することができる（調停手続規則13条）。但し、仲裁の場合は当事者双方の同意が必要である（仲裁手続規則18条2項）。

7　解決事例

(1)　共同開発

申立人は被申立人からの依頼によって、被申立人の援助を受けながら製品

を開発し、申立人が特許権を取得した。しかし、製品に不具合があったため、被申立人が製品を内製し、製造販売を行い、申立人には製品の製造の発注がなされなかった。そのため、申立人が、被申立人に対し、製品の製造販売の差し止め、損害賠償の支払い及び申立人に対し製品の製造を発注することを求め、調停の申立てを行った。被申立人も被申立人の製造販売に係る製品が特許発明の技術的範囲に属することは認め、特許権の帰属等が争点となった。

調停の結果、両者が歩み寄り、被申立人が申立人に対し、解決金を支払うこと、申立人から被申立人に対し、特許権を移転することを内容とする調停が成立した。

(2) 商標権侵害

海外の著名な登録商標の使用許諾を受け、我が国で製品の製造販売をしている申立人が、同一製品の製造販売をしている被申立人に対し、商標権侵害行為の中止と損害賠償の支払いを求め、調停の申立てを行った。顕著性の要件を満たしていないとして、商標登録の有効性が争点となった。

被申立人が申立人に対し、解決金を支払うこと、被申立人が一定期間に限り在庫となっている製品の販売を行うことを認め、その後は被申立人が製品の販売を行わないこと等を内容とする調停が成立した。

調停人から調停案が提示され、調停案が双方に受け入れられたことによって解決された事案である。

(3) 特許権侵害

建築土木関係の資材について特許権を有する申立人が被申立人に対し、被申立人の製造販売する製品が申立人の特許権を侵害しているとして製品の製造販売の中止と、損害賠償の支払いを求め、調停の申立てを行った。特許権侵害の有無、直接侵害か間接侵害か、損害額等が争点とされた。

最終的に被申立人が申立人に対し、過去分と将来分を合わせた損害に対する解決金を支払うこと等を内容とする調停が成立した。

8 まとめ

　法律の専門家である弁護士と知的財産分野を専門とする弁理士等の専門家による柔軟な紛争の解決が期待できる手続である。手続終了までの目標期間が定められ、審理計画が作成される等の迅速な審理のための制度が担保されている。紛争の解決のために公平・中立な知的財産分野の専門家の意見が必要な場合に利用すること等も考えられる。

　但し、仲裁合意があれば別として、相手方が手続に応諾することが見込まれない紛争、当事者間の主張の歩み寄りが困難な紛争は、センターの調停手続によって解決することは困難である。

コラム　著作権紛争解決あっせん

　著作権がらみの紛争に関して、文化庁長官官房著作権課が主催する紛争解決あっせん制度というものがあるが、ご存知だろうか。著作権法に規定されている制度であるにもかかわらず（著作権法105条以下）、制度が開始した昭和45年から平成29年までの47年間の利用件数が合計37件と極めて少なく、解決に至った件数は6件に過ぎないもので、筆者も含め、ほとんどの読者の方は利用したことがないと思われるので若干紹介してみたい。

　本制度は、著作権法に規定されている著作者人格権、著作権、著作隣接権及び二次使用料又は報酬に関する紛争であればどのようなものでも申請の対象となる。そして、手続は文化庁より委託を受けた大学教授、弁護士、実務専門家等のいずれも著作権分野に精通したメンバー3名により進められ、平均的な審理期間も約6か月であることから、著作権に関する紛争解決制度としては一定の合理性を有するものである。

　しかしながら、上記のとおり本制度の利用は全く伸びていないが、その要因としては、相手方に手続応諾義務がないこと、利用料金は一律46,000円であるが相手方が手続に応じない場合には納付した手数料全額が無駄になってしまうこと、手続開催地が東京に限られていること、などが考えられる。

　インターネットの普及により著作権紛争が増加しているのは周知のとおりであり、最近では研究者らによる論文の盗用や、団体主催のコンテストに応募したデザインが第三者に無断使用されたといった身近な著作権侵害の問題が後を絶たない。これら著作権紛争の全てを訴訟等の裁判上の手続で解決することは必ずしも合理的であるとは言えず、一定の事案については、本制度による紛争解決が望まれるところである。そのためには、本制度の更なる周知が必要であり、制度としても、より利用しやすいものに改善されることが期待される。

第2編　分野別の各ADR

第12章
公害・災害

❶ 公害等調整委員会、公害審査会

```
名　　称　公害紛争処理
事業者名　公害等調整委員会、公害審査会
住　　所　公害等調整委員会　東京都千代田区霞ヶ関3-1-1
　　　　　中央合同庁舎第4号館10階
TEL：03-3581-9601　　URL：http://www.soumu.go.jp/kouchoi/
公害審査会は各都道府県
```

概　要

　公害等調整委員会及び公害審査会は、公害に係る民事上の紛争が生じた場合に、その迅速かつ適正な解決を図ることを目的として、総務省の外局（公害等調整委員会）又は各都道府県[1]（公害審査会）に設置された公害紛争処理機関である。これらの機関の委員は法曹有資格者や学識経験者等で構成されており、公害紛争の当事者からの申請に基づき、あっせん、調停、仲裁及び裁定の各手続により、紛争の解決に当たっている。

ポイント

・公害紛争についての学識経験者が専門委員として関与する。

---

1) 岩手県、山梨県、長野県、和歌山県、鳥取県、島根県、徳島県、香川県、愛媛県、長崎県は公害審査会を設置していないが、公害審査委員候補者名簿を作成することとされており、事件が係属する都度、臨時の附属機関として事件処理に当たっている。

・申請手数料が低廉である。
・調停及び責任裁定には、公害紛争処理法（以下「公処法」という。）に基づき定められた時効中断効がある。
・調停委員会から調停案の受諾勧告がなされた場合に、当事者が一定期間内にこれを受諾しない旨を申し出ない場合は、当事者間に調停案と同一内容の合意が成立したものとみなされる。
・責任裁定がなされた場合に裁定書の正本が当事者に送達された日から30日以内に裁定の対象となった損害賠償に関する訴えの提起がなかったときは、その損害賠償に関し、当事者間に当該責任裁定と同一の内容の合意が成立したものとみなされる。
・不履行があるときは義務履行勧告の制度がある。

1 取り扱う紛争の範囲

　公害に係る被害について、損害賠償に関する紛争その他の民事上の紛争を対象とする（公処法2条・26条）。
　このように、取り扱う紛争の範囲は、公害に関する紛争である。
　ここで、公害とは、環境の保全上の支障のうち、事業活動その他の人の活動に伴って生ずる相当範囲にわたる大気の汚染、水質の汚濁（水質以外の水の状態又は水底の底質が悪化することを含む。）、土壌の汚染、騒音、振動、地盤の沈下（鉱物の掘採のための土地の掘削によるものを除く。）及び悪臭（いわゆる典型7公害）によって、人の健康又は生活環境（人の生活に密接な関係のある財産並びに人の生活に密接な関係のある動植物及びその生育環境を含む。）に係る被害が生ずることをいうことから（環境基本法2条3項）、環境を巡る紛争の大部分が取り扱う紛争の範囲に含まれると言える。
　但し、上記のとおり、公害紛争処理制度が対象とする紛争は、「相当範囲にわたる」必要がある。発生原因や被害状況、他の地域での発生状況などを勘案してある程度の広がりがあれば、被害者が1人の場合でも制度の対象と

第2編　分野別の各ADR

なるが、例えば、隣家の冷暖房室外機や飼い犬による騒音被害など一般家庭を発生源とする相隣関係的紛争は紛争処理の対象にならないこともある。

2　公害紛争処理機関

公害紛争処理機関としては、国に公害等調整委員会（以下「公調委」という。）が、都道府県に公害審査会（以下「審査会」という。）が設置されている。このうち、公調委は、以下に述べるあっせん、調停、仲裁及び裁定を行うとともに、地方公共団体が行う公害に関する苦情の処理について指導等を行い、審査会[2]は、あっせん、調停及び仲裁を行っている。

具体的な管轄として、被害が甚大な事件、広域的な見地から解決する必要がある事件、複数の都道府県にまたがる事件については公調委が（公処法24条）、それ以外の一般的な公害紛争については審査会等が管轄を有する。ある事件について審査会等（公調委）に紛争処理の申請をしたが、同事件は公調委（審査会等）が管轄を有する場合であっても、いったんは受理がなされ、その後、移送の規定に基づき処理がなされる（公処法25条）。

3　公害紛争処理手続

(1)　あっせん

あっせんは、当事者間における紛争の自主的解決を援助、促進する目的でその間に入って仲介し、紛争の解決を図る手続であり、公調委の委員長及び委員又は審査会の委員[3]のうちから指名されたあっせん委員が行う（公処法28条）。あっせん委員は、当事者間をあっせんし、双方の主張の要点を確かめ、事件が公正に解決されるように努めなければならない（公処法29条）。

---

2)　条例で公害審査会を置いていない県にあっては都道府県知事（以下、審査会と審査会を設置していない都道府県の知事を総称して「審査会等」という。）

3)　審査会を置かない都道府県にあっては候補者名簿に記載されている者（以下、審査会の委員を含めて「審査会の委員等」という。）から指名される。

第12章　公害・災害

但し、平成27年度、平成28年度の受付件数は公調委及び審査会等のいずれも0件で、近年の利用実績はほとんどない。

(2) **調　停**

調停は、当事者からの申請により、公調委の委員長及び委員又は審査会の委員のうちから指名された調停委員からなる調停委員会が、紛争の当事者に出頭を求めて意見を聴くほか、現地の調査を行い、また、参考人の陳述、鑑定人の鑑定を求めるなどし、これらの結果に基づき、当事者間の話し合いに積極的に介入して調整し、当事者間の互譲に基づく紛争の解決を図るもので、あっせんよりも公権的な色彩が強い手続である。

受付件数につき、公調委は平成27年度が1件、同28年度が4件、審査会等は平成27年度が47件、平成28年度が51件であり、公害紛争処理手続の中では最も利用されている。

調停の申請は書面により行う必要がある。必要的記載事項が定められており（公処法26条、公処法施行令4条、公害紛争の処理手続等に関する規則6条）、申請書の記載例をHPに掲載している審査会等が複数ある。公害紛争の被害者だけでなく、加害者も申請者となることができる。

申請者が調停申請書を提出すると、被申請者に対し、調停申請があったことと申請書の写しが送付される。その後、調停委員会及び当事者双方が出席できる日を調整の上、調停期日が指定・通知され、調停期日が開催される。

調停期日は非公開（公処法37条）で、調停委員会は、前記のとおり、当事者から意見を聴くなどして調停期日を進行させる。

調停委員会は、当事者間に合意が成立することが困難であると認める場合において、相当であると認めるときは、一切の事情を考慮して調停案を作成し、当事者に対し、30日以上の期間を定めて、その受諾を勧告することができる（公処法34条1項）。当事者が調停委員会に対し指定された期間内に受諾しない旨の申出をしなかったときは、当該当事者間に調停案と同一の内容の

279

合意が成立したものとみなされる（公処法34条3項）。

　調停の終了事由としては、調停の成立のほか、申請者による申請の取下げ、調停委員会からの調停案の受諾勧告に対する当事者から受諾しない旨の申出（公処法36条2項）、成立の見込みがない場合の調停の打切り（公処法36条1項）等がある。

　この場合、公調委の責任裁定又は原因裁定を申請することにより、引き続き紛争解決を図ることもできる。

(3) 仲　裁

　仲裁は、公調委の委員長及び委員又は審査会の委員等のうちから指名された仲裁委員からなる仲裁委員会が、当事者間の仲裁合意に基づき、当事者の一方又は双方からの申請に基づいて、当事者の証拠の提出又は意見の陳述をさせるため、口頭審理を実施するなどして、仲裁判断をする手続である。

　但し、平成27年度、平成28年度の受付件数は公調委及び審査会等のいずれも0件で、近年の利用実績はほとんどない。

(4) 裁　定

　裁定は、公調委の委員3名又は5名から構成される裁定委員会が、民事紛争としての公害紛争について、当事者の損害賠償責任又はその要件としての因果関係の存否について、法律判断を行うことにより紛争の解決を図る手続である。裁定には、公害に係る被害についての損害賠償責任の有無及び賠償額を判断する責任裁定と、申請人が主張する加害行為と被害との因果関係の存否について判断する原因裁定の2種類がある。これらは、いずれも審査会等には認められておらず、公調委のみが行う手続である（公処法42条の2から42条の33）。

　受付件数は、平成27年度が15件、平成28年度が16件である。標準処理期間が定められており、大型又は特殊事件を除き、専門的な調査を要しない事件

は1年3か月、それを要する事件は2年とされている。

具体的手続に関し、申請について書面でなすこと、その後、期日（審問期日）が指定・開催されることは調停と同様である（公処法42条の12以下）。

審問期日は基本的に公開され（公処法42条の15、42条の33）、裁定委員会は、前記のとおり、当事者に陳述させ、証拠調べを行うなどして裁定をする。ただし、裁定の過程で当事者が解決に向けて合意できそうな場合など、裁定委員会が相当と認めるときは、事件を職権で調停手続に移行させることができる。

効力につき、責任裁定は、裁定書の正本が当事者に送達された日から30日以内に裁定の対象となった損害賠償に関する訴えの提起がなかったときは、その損害賠償に関し、当事者間に当該責任裁定と同一の内容の合意が成立したものとみなされる（公処法42条の20）。

但し、責任裁定の裁定書は債務名義にはならないことから、裁定書に基づいて強制執行を申し立てることはできない。

原因裁定は、因果関係について裁定委員会の判断を示すものであるから、当事者の権利義務を確定するものではない。

そのほか、公調委は、公害に係る被害に関する民事訴訟が係属している裁判所からの嘱託に基づき、原因裁定を行うことができる（公処法42条の32）。

4 費 用[4]

(1) 申請手数料

調停及び責任裁定の申請手数料は、調停又は責任裁定を求める事項の価額に応じ、公調委の場合には公処法45条（同法施行令18条）で、審査会等の場合には各都道府県の条例で定められている。いずれもほぼ同額で、民事調停の申立手数料と比較しても低廉である。価額を算定することができないと

---

4) 以下では、公害紛争処理手続のうち多く利用されている調停及び裁定について記載する。

第2編　分野別の各ADR

き、調停又は責任裁定を求める事項の価額は5,000,000円とされている（この場合の栃木県公害審査会の申請手数料は栃木県公害紛争処理条例により3,850円であり、民事調停の申立手数料15,000円よりも低額である。）。

原因裁定の申請手数料は、被害を主張する者一人につき3,300円である（公処法45条、同法施行令18条）。

(2) 手続費用（主に鑑定等の費用）

調停及び裁定の手続に係る費用は、基本的に各当事者が負担する（公処法44条）。

但し、裁定手続では専門的・技術的知見を得るために鑑定が実施されることがあり、裁定手続で行われる鑑定費用は、国庫負担とされ、当事者の負担とはならない（同法44条1項、同法施行令17条、同法42条の16第1項2号）。

調停においても、審査会等は必要があると認めるときは鑑定を依頼できるとされている（同法施行令10条）。この鑑定費用は、裁定手続と同様に、条例によって当事者に負担させないと規定している都道府県が多数ある（公処法44条2項、各都道府県の公害紛争処理条例）。

また、調停では、上記鑑定とは別に、必要に応じて現地調査が行われ、騒音や振動など各種測定が実施されることがある（公処法33条2項）。この測定を行う業者の費用は、手続費用であるから当事者の負担となるが、調停委員会は、必要に応じて関係行政機関又は関係地方公共団体の長に対し、資料の提出や技術的知識の提供など必要な協力を求めることができるところ（公処法43条）、この規定に基づき、関係行政機関等に各種測定を依頼し、実施した同機関等が当事者に費用請求をしないことにより、結果的に測定費用が当事者負担とならないことがある。

なお、これは、あくまで審査会等ごとの運用であり、調停申請を予定する各審査会等への事前の確認を要する。

5 取扱件数等

公調委は、機関誌「ちょうせい」を発刊するほか（年4回）、毎年度年次報告書を作成しており、いずれも公調委のHPで閲覧できる。これらには、公調委及び審査会等に係属中又は終結した事件について、申請人の請求の概要、係属の状況、終結区分及び終結の概要等が記載されており、類似事件の有無及び内容を把握するのに参考となる。

6 特徴等

(1) 調停における現地調査のメリット

調停委員会には学識経験者等が含まれており、調停期日では必要に応じて現地調査が行われる（但し、調査費用の負担については前記「4」を参照）。

通常、公害紛争の被害者はその被害状況が規制基準（又は受忍限度）を超えていることを明らかにする必要があるから、事前に費用を負担して測定結果等の証拠収集をすることになるが、これに対し、相手方当事者からも異なる内容の測定結果の提出がなされることがある。公害紛争はその測定方法や測定結果の評価の各場面で専門的・技術的知見を要し、当事者間で、公害紛争の解決の前提となる測定方法の適否が争点となることも想定される。改めて測定をするとなれば、当事者の経済的負担も大きくなる。

上記の現地調査によれば、当事者間における被害状況の測定方法が共通することになることから、このような争点の作出の事態を避けることができ、調停の申請手数料の低廉さと相俟って、当事者の経済的負担の軽減に資することになる。

(2) 時効中断効

調停が当事者間に合意が成立する見込みがないとして打ち切られ、又は、当事者が調停委員会からの調停案の受諾勧告を拒否し調停が打ち切られるもの

とみなされた場合において、申請者がその旨の通知を受けた日から30日以内に調停の目的となった請求について責任裁定を申請し、または訴えを提起したときは、調停の申請時に、責任裁定の申請又は訴えの提起があったものとみなされる（公処法36条の2）。

責任裁定の申請は、時効の中断及び出訴期間の遵守に関しては、裁判上の請求とみなされる（公処法42条の25第1項）。

責任裁定の申請が不受理になった場合でも、不受理の通知を受けた日から30日以内に訴訟を提起すれば、裁定申請時からの時効中断効が発生する（公処法42条の25第2項）。

なお、原因裁定の申請については、時効中断効は生じない。

(3) 調停等の効力等

調停、仲裁及び責任裁定で当事者間に成立した合意には、民法上の和解契約と同一の効力があるが、裁判上の和解のように強制執行の債務名義とすることはできない。但し、成立した合意内容について義務者に不履行がある場合、公調委又は審査会等は、相当と認めるときは、義務者に対して義務履行の勧告をすることができる（公処法43条の2）。

7 調停申立て事例

公調委年次報告では、前記「5」において記載したとおり、取扱事例を公表していることから、以下、各地の審査会等に係属した調停申立て事例を紹介する。

① 申請人がスーパーマーケットの室外機、ヒートポンプ給湯器、キュービクル等から発せられる騒音及び振動音等により被害を受けているとして、被申請人に対し、室外機及びヒートポンプの移設、キュービクルの防音対策の実施及び駐車場にアイドリングストップの標示の設置等を求めた事案で、3回の調停期日を経て、当事者双方が調停委員会が提示し

第12章　公害・災害

た調停案を受諾して解決した。
② 申請人がコンビニエンスストアの駐車場から発生する騒音等によって自律神経の失調等の被害を受けているとして、被申請人に対し、緩衝帯の設置等による相応防止対策の実施、申請人が自ら設置した防音窓の工事費や健康被害による治療費を含む慰謝料を支払うことを求めた事案で、6回の調停期日を経て、当事者双方が調停委員会が提示した調停案を受諾して解決した。
③ 被申請人の病院敷地内に設置されている焼却設備の排煙の悪臭・異臭により、健康被害・精神的苦痛を受けているとして、申請人が焼却設備の稼働停止、焼却設備の移動、損害賠償請求を求めた。8回の調停期日を経た後、調停委員会が調停案の受諾勧告を行ったところ、当事者双方から受諾しない旨の回答がなかったため、調停が成立したとみなされて終結した。

8　まとめ

公害紛争は専門的・技術的知見が必要となるため、被害者・加害者のいずれの立場でも相当な準備が必要となる。調停及び裁定という公害紛争処理手続は、学識経験者等の関与する中で、解決を図ることができる。当事者の費用負担が少なく、自ら事前に公害による被害状況を証拠化することが困難な場合にも利用しやすい手続と言える。

❷ 原子力損害賠償紛争解決センター

名　　称	原子力損害賠償紛争解決センター
事業者名	文部科学省　原子力損害賠償紛争解決センター
住　　所	第一東京事務所　東京都港区西新橋1-5-13 （第8東洋海事ビル9階）

第2編　分野別の各ADR

福島事務所　福島県郡山市方八町1-2-10（郡中東口ビル2階）
TEL：0120-377-155　　URL：http://www.mext.go.jp/a_menu/genshi_baisho/jiko_baisho/detail/1329118.htm

概　要

　原子力損害賠償紛争解決センター（以下「センター」という。）は、原子力損害の賠償に関する法律に基づき、平成23年3月の東京電力福島第一、第二原子力発電所事故（以下「本件原発事故」という。）による原子力損害の賠償に係る紛争について、文部科学省の原子力損害賠償紛争審査会のもとで和解の仲介を実施する組織である。

ポイント

・和解の仲介の申立ては無料である。
・申立て書式（記載例付き）がHPから入手できる。
・弁護士費用について損害の3％を目安に賠償すべきとした和解案が提示される例が多い。
・直接請求において東京電力から回答のあった金額よりも低い和解案が提示されることはない。
・消滅時効期間及び時効中断について特別法がある。
・標準的な申立ては半年程度で迅速な解決が図られている。
・和解事例が多数公表されており申立てや和解の参考になる。
・審理は非公開である。
・仲介委員の和解案に当事者は諾否の自由を有する（但し、東京電力には尊重義務がある。）。

1　取り扱う紛争の範囲

　センターの取り扱う紛争の範囲は、本件原発事故による原子力損害の賠償に関する当事者間の紛争である。

東京電力が提示する条件では合意できない、東京電力に被害を申し出たが賠償されないという場合のほか、本件原発事故で生じた原子力損害の賠償全般について、センターに和解の仲介を申し立てることができる。

本件原発事故とは無関係な事情によって生じた紛争、あるいは、原子力損害の賠償以外の請求は取り扱うことはできない。

（対象となり得る例）

避難費用、生命・身体的損害、精神的損害、営業損害、就労不能損害、検査費用、財物価値喪失等、除染費用などの損害に対する賠償を求めること

（対象とならない例）

原子力発電所の操業停止を求めること

2 手続

(1) 申立書の作成・提出・受理・仲介委員の指名通知等

申立書用紙（HPから入手可能）に必要事項を記入し、必要な証拠書類とともにセンター第一東京事務所に郵送するか、第一東京事務所・福島事務所又は4支所（県北、いわき、会津、相双の各支所）へ持参して提出する。申立書に形式的不備がないかを確認して受理されるとセンターから和解の仲介を担当する仲介委員（弁護士）の氏名等を記載した通知書が送付される（申立て後1か月～1か月半程度）。東京電力の答弁書も上記通知書に前後して送付される。

(2) 和解の仲介・和解案の提示

仲介委員が、必要に応じて、面談、電話、テレビ会議、書面により、事情を聞きながら解決を目指す。仲介委員による和解案の提示に当事者が合意して和解が成立すれば和解契約を締結し東京電力から賠償金が支払われる。和解が不成立となった場合には打切りとなるが、再度の申立ては可能である。

裁判による解決を希望する場合、民事訴訟の提起も可能である。

3 費用

　和解の仲介の申立ては無料である。但し、書類作成費用、郵送費用等の実費、代理人として弁護士等の専門家に依頼した場合の費用は自己負担となる。もっとも、代理人弁護士を立てた申立てでは、損害の３％を目安に賠償すべき弁護士費用とした和解案が提示される例が多く認められている。なお、平成27年の申立てのうち、代理人弁護士による申立ては約４割であった。

4 取扱件数等

　これまでに23,000件・10万人を超える方からの申立てを受け付けており、和解の仲介手続を終了した案件のうち、８割以上が和解成立している。
　和解の仲介手続の実施状況（平成30年１月５日現在）は以下のとおり。
　① 申立件数　23,230件
　② 既済件数　21,417件
　　（うち全部和解[1]成立17,562件、取下げ2,183件、打切り1,671件、却下１件）

5 特徴等

(1) 特　徴

　センターによる紛争解決手続の特徴は、和解の仲介の申立てが無料であること、弁護士を立てなくても利用しやすい手続であること、公正かつ中立な第三者の仲介委員（弁護士）が東京電力との間に入って和解案を提示すること、標準的な申立ては半年程度で解決が図られているなど、迅速な解決への取組みがなされていることである。

　1）　一部和解については後記５、(3)を参照のこと。

(2) 東京電力に対する直接請求との関係

東京電力に請求中の損害であっても、同時にセンターへ申し立てることは可能である。

センターでは、直接請求における東京電力の回答金額を上回る部分の損害のみを実質的な審理判断の対象としているので、被害者は、最低でも直接請求において東京電力から回答のあった金額については受け取ることができる。

(3) 一部和解案の提示

申立てを受けた後、東京電力から答弁書が提出された段階で、当事者間に争いがないと認められる金額については、速やかに、一部和解案の提示を行い、早期の被害者救済が図られている。

(4) 審理

原子力損害賠償紛争解決センター和解仲介業務規程（以下「規程」という。）では、当事者の双方又は一方から面談により直接に意見を聴く必要があると認めるとき、又は当事者が協議する場を設ける必要があるときは、口頭審理期日を行うとされている（規程24条1項）。また、口頭審理期日は、センターの東京事務所又は福島事務所のいずれかの場所において開催するとされている（同規程24条2項）。もっとも、実際には口頭審理は開かれずに書面審理や電話聴取等で和解案の提示となることが多いようである。

審理は原則非公開である（規程30条1項本文）。

(5) 和解案の尊重

当事者（東京電力を含む）は仲介委員の和解案に対して諾否の自由を有する（規程28条4項）。但し、センターから提示された「和解案」については、原子力損害賠償・廃炉等支援機構[2]と東京電力の作成した「総合特別事業計画」において、「東京電力としてこれを尊重する」とされている。

(6) 和解事例の公表

センターでは、HPにて、個人・事業者、住所地、業種、損害項目により分類した和解事例を掲載しているので、申立て・和解に際して類似の事例を参考にすることができる。

(7) 消滅時効

事故などによる損害賠償請求は、民法で損害及び加害者を知ったときから3年の消滅時効期間が定められているが（民法724条）、本件原発事故に関する原子力損害賠償請求権の消滅時効期間については「10年間」となった。また、民法で「不法行為の時から20年」とされている除斥期間については「損害が生じた時から20年」となった（東日本大震災における原子力発電所の事故により生じた原子力損害に係る早期かつ確実な賠償を実現するための措置及び当該原子力損害に係る賠償請求権の消滅時効等の特例に関する法律3条）。

加えて、センターで和解が成立せず（和解仲介の打切り）、和解の途中で消滅時効期間が到来した場合でも、打切りの通知を受けた日から1か月以内に訴えを提起することで、センターに和解仲介を申し立てた時に訴えがあったものとみなされ、時効中断が認められる（東日本大震災に係る原子力損害賠償紛争についての原子力損害賠償紛争審査会による和解仲介手続の利用に係る時効の中断の特例に関する法律2条）。

但し、センターに打ち切られる前に自己都合により申立てを取り下げた場合は時効中断の効果が得られない点、及び、時効中断の効果が得られるのは、センターの和解の仲介の目的となった請求に限られる点に注意が必要である。

2） 大規模な原子力損害が発生した場合において、原子力事業者の損害賠償のために必要な資金の交付等の業務を行うことにより、原子力損害賠償の迅速かつ適切な実施及び電気の安定供給等の確保を図ることを目的として、平成23年に設立された。

第12章 公害・災害

6 和解事例

(1) 平成22年以前は避難指示解除準備区域（浪江町）の実家に居住して兼業農家を営み、同年、転勤のため福島市の賃貸アパートに転居していた申立人ら（父、母、子）について、転居後も週末には実家で農作業をしていたこと、本件原発事故前は申立人父の定年退職後、実家に戻る予定であったこと等を踏まえ、申立人父が定年退職した平成28年4月以降、原発事故がなければ浪江町に生活の本拠があったと認められるとして、同月分から同年11月分までの日常生活阻害慰謝料、生活費増加分（家賃）が賠償された事例（和解事例1243　和解成立日　平成29年1月13日）

(2) 自主的避難等対象区域（福島市）に居住していた申立人らについて、平成24年の県民健康調査や平成25年に受けた検査等によって申立人らのうち未成年者を含む3名の甲状腺にのう胞が発見されたことから、同年7月、申立人らのうち未成年者を含む4名が自主的避難を実行したことにつき、同月分から平成27年3月分までの避難費用等が賠償された事例（和解事例1246　和解成立日　平成29年1月20日）

(3) 茨城県で有機野菜の栽培・販売業を営む申立人の営業損害について、原発事故の影響により販売先との取引が停止・減少し、その後も取引が再開していない販売先もあること等の事情から、販売先に対する売上減少分について、本件原発事故の影響割合を8割として平成26年11月分までの風評被害による逸失利益が賠償された事例（和解事例1187　和解成立日　平成28年5月9日）

7 まとめ

本ADRは、費用がかからず、手続が迅速であること、公正中立な仲介委

第2編　分野別の各ADR

員による和解案の提示があり、東京電力の直接請求の回答より和解案の提示が下回ることはないこと、多数の和解事例が公表されており類似の事例を申立てや和解の参考にできることなど、原子力損害の被害者にとって利用価値が高く、積極的な利用が期待される。

　また、センターの和解案に納得できない場合には訴訟による解決も可能であり、実際、和解案を上回る賠償額が言い渡されている裁判例も存在する（大阪高判平成29年10月27日裁判所HP等）。

第12章　公害・災害

コラム　震災ADR

1　震災ADR

ここでは、仙台弁護士会が東日本大震災に際して設置した震災ADRを取り上げる。

震災ADRは、東日本大震災から僅か10日後である平成23年3月21日に、仙台弁護士会紛争解決支援センター運営委員会委員長であった斉藤睦男弁護士がその構想を発信し、同委員会が中心となり、以下に述べる特徴のある震災ADRの制度設計を行い、同年4月20日には、仙台弁護士会常議員会において、紛争解決支援センター手続細則の特則を定める細則が可決され、立ち上がった。

その後、東日本大震災を巡る多種多様な紛争解決を行い、平成26年3月末日まで申立てを受け付けていた。

このように、東日本大震災発生から僅か1か月後に震災ADRが立ち上がっているのは、仙台弁護士会の関係者の方々の震災復興への強い思いがその背景にあったからである。

2　特徴

このADRの特徴としては、①「東日本大震災を起因とする紛争」を対象としており、何らかの形で紛争に東日本大震災が関係している場合には広く対象事件として扱うこと、②本人申立ての手続負担軽減のため、サポート弁護士が相談内容の聴取と申立書の作成まで行うこと（以下「申立サポート制度」という。）、③成立手数料を除いて当事者に費用を負担させないこと、④弁護士会施設に限らず、宮城県沿岸部に3か所（東松島市、南三陸町及び山元町）のADR開催場所を用意したことが挙げられる。

特に、申立サポート制度は、震災による交通機関の断絶や、電話による法律相談が多いという事態に配慮して特別に開始されたもので、被災者目線に立った利用しやすい制度設計である。また、ADR利用に際して利用者に生じる心理的障壁を大きく下げたものと考えられ、より身近なADR制度を志向していく上で、広く参考になる取組みである。

3　災害時におけるADR

近年、災害を起因とした紛争の解決のために設置されたADRとしては、熊本県弁護士会による平成28年熊本地震に関する震災ADR、また、福岡県弁護士会による平成29年7月に発生した九州北部豪雨に関する災害ADRがある。

いずれのADRにおいても、手続費用が低廉に抑えられ、また、申立サポート制度が用意されているなど、仙台弁護士会の震災ADRと同様に被災者の経済的・手続的負担が軽減されており、被災者にとって利用しやすいADRとなっている。

第2編　分野別の各ADR

第13章
取引一般

❶ 下請かけこみ寺

名　　称	下請かけこみ寺
事業者名	公益財団法人　全国中小企業取引振興協会
所 在 地	本部　東京都中央区新川2丁目1番9号 石川ビル2階・3階
TEL：0120-418-618　　URL：https://www.zenkyo.or.jp/kakekomi/	

概　要

　下請かけこみ寺は、下請取引の適正化を推進することを目的として経済産業省・中小企業庁が全国48か所に設置したものである。中小企業が抱える取引に係る紛争を迅速に解決するためのADRを実施しており、無料相談事業も行っている。

ポイント

・全国48か所に窓口がある（全国中小企業取引振興協会と各都道府県にある中小企業振興機関に設置されている。）。
・調停成立までの平均期間は約3か月程度である。
・相談費用及び調停手続費用は無料である。
・法務大臣の認証を受けており、ADR法25条の規定に基づく時効中断効が認められる（認証ADR機関）。

1　取り扱う紛争の範囲

(1)　相談事業

中小企業者[1]が、下請かけこみ寺を経由して申し込むことにより、弁護士の無料相談を受けることができる。取り扱う相談の範囲は、企業間取引に関連した相談全般及び過重債務問題であり、取引あっせん、融資、労働、交通事故等に関する相談は対象外とされている。

(2)　調　停

企業間の取引及び事業活動について生じた紛争のうち、中小企業者からの申立てがあったものを対象とする。もっとも、金融関係に関する紛争及び労働関係に関する紛争は対象とならない。また、既に裁判手続が係属中の事件等についても取り扱われない。

申立ての多い紛争類型は、未払い代金請求であるが、その他に、損害賠償請求、代金減額請求等を巡る紛争に関して調停申立てがなされている。

※中小企業者の定義（中小企業基本法2条1項に規定）

製造業その他	資本金の額又は出資の総額が3億円以下の会社並びに常時使用する従業員の数が300人以下の会社及び個人
卸売業	資本金の額又は出資の総額が1億円以下の会社並びに常時使用する従業員の数が100人以下の会社及び個人
サービス業	資本金の額又は出資の総額が5千万円以下の会社並びに常時使用する従業員の数が100人以下の会社及び個人
小売業	資本金の額又は出資の総額が5千万円以下の会社並びに常時使用する従業員の数が50人以下の会社及び個人

1）　中小企業者の定義は本頁の※に記載のとおりである。

第2編　分野別の各ADR

2　調停手続

　申立てを行おうとする者は、下請かけこみ寺本部（以下「本部」という。）又は都道府県の下請かけこみ寺に調停申立ての相談をする。その後、調停申立書及び必要書類を本部に送付し、調停申立てを行う。本件調停申立は、中小企業基本法2条第1項に規定する中小企業者に限られることから、かかる要件を確認するため、法人の場合は登記簿謄本を、個人事業主の場合は所得税確定申告書の写しを添付する必要がある。

　申立書が受理されると、申立人及び相手方に対し、その旨の通知がなされるとともに、相手方に対しては、「調停手続実施依頼書」が送付され、調停手続への参加要請及び調停手続の説明がなされる。

　これに対し、相手方が調停への参加を拒否すると、調停手続きは終了する。

　管轄は定められておらず、各都道府県において調停の申立を行うことができる。調停手続の実施場所について当事者間の合意が整わない場合、調停手続を実施できないため、申立人が歩み寄ることが多い。合意が整わなければその時点で調停手続は終了する。なお、調停手続の具体的な実施場所は、各都道府県に登録されている調停人（弁護士）の事務所である。相手方から調停手続に参加する旨記載された「調停手続実施依頼書」が提出されると、調停人候補者（弁護士）の中から調停手続を実施する調停人が選任される。調停人は、原則として1名の弁護士が選任され、複雑な事件の場合は弁護士である調停人に加えて他の弁護士又は中小企業の取引実務に関し専門的な知識及び経験を有する者が調停人として選任されることもある。

　調停人は、調停期日を調整し、調停期日において、当事者双方の言い分を聞いた上で、当事者双方に対し、調停案を提示する。その結果、当事者間に和解が成立した場合は、調停人が和解契約書を作成し、当事者双方がこれに署名又は記名押印し、調停人が立会人として署名又は記名押印し、調停手続が終了する。調停期日は平均3回程度開催され、調停を開始してから終了す

るまでの平均期間は約3か月程度である。

手続は非公開である。

調停成立の見込みがないと判断された場合は、調停は打ち切られる。

3 費　用

調停手続の費用は無料である。但し、調停に出席するときの交通費、調停人に提出する書類の送料などの実費は当事者各自が負担する。

4 時効中断効

本ADRは法務大臣の認証を受けているため、下請かけこみ寺の調停手続について、ADR法25条に基づく時効中断効を有する。

5 取扱件数等（平成28年度）

調停受理件数	21件
手続中	6件
和解成立	4件
相手方不参加	9件
その他	2件

6 利用例

(1) **代金未払（建設工事）**

　ア　申立内容

個人事業者であるAは、B社から請け負った2か所の建設工事代金の残金150万円について、何度も請求したがB社は支払いを行わない。

　イ　相手方の主張

B社が、2か所の工事を発注した事実は認めるが、1か所は合意した単価よりも高い請求であり、もう1か所の工事代金は過払いであったため、計90

万円が代金額であると主張した。

　　ウ　結　果

　合意した単価か否かと過払い分の有無が争われ、調停人を交えて当事者が話し合い、2か月の調停を経て、B社が和解金として120万円を支払うという内容で和解が成立した。

(2) **代金未払（情報成果物作成委託）**

　　ア　申立内容

　A社は、B社から情報システム開発の内示を受け作業を開始し、成果物及び代金300万円の請求書を送付したが、B社は、顧客から発注をキャンセルされたことを理由に、支払いに応じようとしない。

　　イ　相手方の主張

　あくまで内示であってA社に正式な発注はしていない。但し、A社が情報システム開発を実施したこと、B社が成果物を受領したことは認める。

　　ウ　結　果

　内示が実質的な開発指示となるかどうかが争われ、調停人を交えて当事者が話し合い、2か月の調停を経て、B社が解決金として190万円を支払うという内容で和解が成立した。

(3) **損害賠償（製造委託）**

　　ア　申立内容

　A社は、B社から金属加工を継続して請け負ってきた。ところが、B社からの単価の大幅引き下げ要求に対し、A社は採算割れになることを理由に断ったところ、B社から一方的に契約を解除された。B社が話し合いに応じてくれないため、一方的な契約解除に伴って発生した500万円の損害賠償を請求する。

第13章 取引一般

イ 相手方の主張

採算悪化のために価格協力のお願いをしたものであり、協議しても合意に至らなかったので、やむを得ず契約を解除したものである。損害賠償請求には応じられない。

ウ 結果

損害賠償責任の有無が争われ、調停人を交えて当事者が話し合い、2か月の調停を経て、B社が和解金として150万円を支払うという内容で和解が成立した。

7 まとめ

本ADRは、全国48か所に窓口が設けられていること、取り扱う紛争の範囲も広いこと、無料相談と調停手続が結びついていることから、地域の中小企業者にとっては、利便性が高いと思われる。

また、手続費用がかからず、手続も迅速であるため、取引上の悩みを抱える中小企業者には、問題を解決するため手続の1つとして検討に値すると思われる。

❷ (一社)日本商事仲裁協会

名　　称	一般社団法人　日本商事仲裁協会
事業者名	一般社団法人　日本商事仲裁協会
住　　所	東京都千代田区神田錦町3丁目17番地 廣瀬ビル3F（東京本部）
TEL：03-5280-5161　　URL：www.jcaa.or.jp	

概　要

一般社団法人日本商事仲裁協会（以下「協会」という。）は、国内・国

際間の商取引上の紛争を裁判所によらず解決を図る「仲裁」、「調停」、「あっせん」事業を実施している。

いずれも、国内・国際間の商取引上の紛争を裁判所によらずに解決を図るものである。

> **ポイント**
>
> ・調停には、国内商事紛争を対象としたものと、国際商事紛争を対象としたものがあり、国内商事紛争を対象としたものについては、法務大臣の認証を取得しており、ADR法25条の規定に基づく時効中断効があるが、国際商事紛争を対象としたものについては、法務大臣の認証を受けておらず、時効中断効は認められていない。
> ・原則として当事者自らが仲裁人又は調停人を自由に選ぶことができる。
> ・仲裁の場合、ニューヨーク条約に基づき、条約締結国での執行が容易である。
> ・柔軟かつ迅速な審理が可能である。

1　取り扱う紛争の範囲

取り扱う紛争の対象は、「商事紛争」であり、企業間の取引上の紛争が典型的な例であるが、「商事紛争」であるか否かの判断がつかない場合については、協会に問い合わせることが可能である。

2　手続

(1)　各手続の概要

ア　調停

調停手続には、国内商事紛争を対象とした商事調停手続、国際商事紛争を対象とした国際商事調停手続の2種類がある。国内商事紛争を対象としたものについては、法務大臣の認証を取得しておりADR法25条の規定に基づく時効中断効が認められる。申立て企業が国内であることを前提とすると、相

手方企業が国内である場合については、商事調停手続を利用し、相手方企業が海外である場合については、国際商事調停手続を利用することになる。

　　イ　仲　裁

　仲裁手続の利用には、仲裁合意が必要である（但し、仲裁合意がない場合でも、現実に紛争が生じてから仲裁による解決を当事者が合意し、仲裁合意が得られれば仲裁手続に移行することも可能（仲裁付託合意）である。）。仲裁判断は確定判決と同一の効力を有することから、裁判所から執行決定を得た後に強制執行が可能である。また、仲裁の場合、「外国仲裁判断の承認及び執行に関する条約」、いわゆるニューヨーク条約が存在し、現在では我が国を含め150か国以上もの国が締約国となっているため、条約締結国における強制執行が容易である。すなわち、訴訟の場合、国外で日本の判決に基づき強制執行を行うことは困難であるが、仲裁判断はニューヨーク条約の締結国間であって、一定の条件を満たせば相手国の裁判所に強制執行を求めることができる。

　　ウ　あっせん

　協会では、外国企業からの貿易クレームに対する当事者間で和解が成立するためのあっせんを行っている。ただし、あっせん手続については、ほとんど利用されていないのが現状である。

(2)　**手続期間**

　　ア　調　停

　調停人が選任されてから終了まで、原則として3か月が一応の目安であるが、手続、事案によって延長をすることができる。

　　イ　仲　裁

　申立ての請求金額が2000万円以下の場合に原則として適用される簡易手続による仲裁は、仲裁人が選任された日から原則として3か月以内に仲裁判断を得ることができる。この簡易手続によらない仲裁の場合は、事件の難易度にもよるものの、仲裁の申立てから紛争の解決までの期間は約1年である。

(3) 出頭の要否

当事者又は代理人の出頭が必要である。

なお、外国法事務弁護士は、国際仲裁事件の手続について代理をすることができるほか、外国で法律事務を行っている外国弁護士も、その国で依頼され、または受任した国際仲裁事件の手続について代理することができる。

(4) 手続応諾義務

調停については、手続応諾義務はない。相手方が不応諾の場合は、その段階で調停手続は終了となる。

仲裁を実施するためには前提として仲裁合意が必要であるため、一方当事者が審問期日に出席せず、証拠書類を提出しない場合には、審理は終結され、その時までに収集された証拠に基づいて、仲裁判断がなされる可能性がある。

3 費　用

(1) 調　停

当事者が負担する調停手続の費用には、申立手数料（調停料金）、及びその他実費[1]がある。申立手数料は、請求金額又は請求の経済的価値に応じて計算され、具体的には以下のとおりである。

請求金額又は請求の経済的価値	調停料金の額（税込）
500万円以下の場合	5万4000円
500万円を超え1000万円以下の場合	7万5600円
1000万円を超え1億円以下の場合	7万5600円に1000万円を超える額の1.08%を加えた額
1億円を超え10億円以下の場合	104万7600円に1億円を超える額の0.54%を加えた額

---

1) 調停人が調停手続を遂行するのに必要な範囲内での交通費・宿泊費等

10億円を超え50億円以下の場合	590万7600円に10億円を超える額の0.27%を加えた額
50億円を超える場合	1670万7600円

(2) 仲 裁

　仲裁手続の費用としては、管理料金、仲裁人報償金、仲裁人費用その他仲裁手続のための合理的な費用のほか仲裁廷が合理的な範囲内であると認める代理人の報酬及び費用がある。仲裁廷は、これら各費用について手続の経過、仲裁判断の内容、その他一切の事情を考慮して、各当事者の負担割合を定めることができる。

　申立人が仲裁の申立てに当たって納付すべき管理料金は以下のとおりである。

請求金額又は請求の経済的価値	管理料金の額（税込）
500万円以下の場合	21万6000円
500万円を超え1000万円以下の場合	21万6000円に500万円を超える額の3.24%を加えた額
1000万円を超え2000万円以下の場合	37万8000円に1000万円を超える額の1.62%を加えた額
2000万円を超え1億円以下の場合	54万円に2000万円を超える額の1.08%を加えた額
1億円を超え10億円以下の場合	140万4000円に1億円を超える額の0.324%を加えた額
10億円を超え50億円以下の場合	432万円に10億円を超える額の0.27%を加えた額
50億円を超える場合	1512万円

　仲裁人報償金は、時間単価[2]×仲裁時間を基本額として、以下の上限の範

---

2) 時間単価は、3万円から8万円の範囲内において、仲裁人の経験、事件の難易等を考慮し、協会が決定する。

囲内で、事件の難易、審理の迅速性等を考慮し、各仲裁人ごとに協会が決定する。

請求金額又は請求の経済的価値	上限額（税込）
2000万円以下の場合	請求の経済的価値の10.8%
2000万円を超え1億円以下の場合	216万円＋2000万円を超える額の2.7%
1億円を超え5億円以下の場合	432万円＋1億円を超える額の1.62%
5億円を超え10億円以下の場合	1080万円＋5億円を超える額の0.432%
10億円を超え50億円以下の場合	1296万円＋10億円を超える額の0.108%
50億円を超える場合	1728万円＋50億円を超える額の0.0864%

4　取扱事件数等

(1) 仲　裁

平成23年度から平成28年度までになされた仲裁の申立て件数及び請求金額等は以下のとおりである。

請求金額・請求の経済的価値	H23年度	H24年度	H25年度	H26年度	H27年度	H28年度
1000万円以下	2	2	3	0	1	1
1000万円超 5000万円以下	5	1	4	0	2	4
5000万円超 1億円以下	4	1	1	0	2	1
1億円超 10億円以下	4	4	14	6	10	3
10億円超 100億円以下	6	5	3	2	2	1
100億円超	0	0	0	1	3	0
算定困難	1	2	1	5	1	6
合計件数	22	15	26	14	21	16
請求金額の最高額	約50億	約70億	約30億	約200億	約260億	約20億

第13章 取引一般

平成28年度に取り扱われた仲裁件数は、前年度からの引継案件が25件であり、申立て件数が16件であったため、合計41件である。そのうち14件については仲裁判断がなされ、3件は取下げにより終了し、残りの24件は次年度へ継続することにした。

案件としては、海外での販売契約に関する案件、ライセンス契約に関する案件などがある。

(2) **調　停**

調停手続については、国内商事調停、国際商事調停についても、平成28年度に受理した案件はない。

(3) **あっせん**

あっせん手続については、平成28年度に受理した案件はない。

5　特徴等[3]

(1) **仲裁人の選任**

本仲裁手続において、仲裁人は、まずは当事者の合意によって選任される。例えば、特定の国の法律問題が紛争の重要な争点となるような事案では、その法律に精通した専門家を仲裁人に選任することにより、迅速かつ適切な審理が期待できる。

なお、当事者が必要な仲裁人の選任を行わない場合には、協会が仲裁人を選任する。

(2) **迅速性**

簡易手続による仲裁判断の場合には、仲裁人が選任された日から原則とし

---

3) 上記のとおり、調停は案件が少ないため、以下、仲裁の特徴について記載する。

て3か月以内に仲裁判断がなされ、通常の仲裁判断についても仲裁の申立てから紛争解決までの期間は約1年であり、訴訟に比べて迅速な解決が期待できる。

(3) 非公開

一般に、仲裁手続は非公開であり、営業上の秘密やプライバシーを守ることができる。本仲裁手続においても、仲裁手続及びその記録は非公開とされており、企業の機密情報やノウハウの外部への漏洩を防ぐことができる。

(4) 執行力

判決に基づき外国で執行することは各国の法制度上必ずしも容易ではないが、仲裁判断は、ニューヨーク条約が存在するため、同条約締結国であれば、執行が容易である。

6 まとめ

商取引を巡る法的問題は専門性が高い場合もあり、訴訟を行うと長期化する可能性もあることから、迅速解決の手段として、本ADRを利用する価値は十分にある。また、今後の継続的な取引を続けていく可能性があるものについては、調停手続も検討に値すると思われる。

将来の紛争に備えて、契約書に本協会を仲裁機関とする仲裁合意を入れておくことも、早期の紛争解決に資すると思われる。特に、国際商取引については、外国での強制執行を視野に入れた場合、仲裁判断を得ることが当事者にとって大きなメリットの1つである。

第14章　その他

❶ （公財）日本スポーツ仲裁機構

名　　称	日本スポーツ仲裁機構（JSAA）
事業者名	公益財団法人　日本スポーツ仲裁機構
住　　所	東京都港区北青山2-8-35
TEL：03-6863-4462　　URL：http://www.jsaa.jp	

概　要

　公益財団法人日本スポーツ仲裁機構（JSAA）（以下「JSAA」という。）による仲裁、調停手続は、スポーツに関する紛争（主としてスポーツ競技又はその運営を巡る紛争）を公正かつ迅速に解決することを目的とする紛争解決手続である。

　JSAAは、平成15年4月に設立された団体[1]であり、スポーツに関する法及びルールの透明性を高め、個々の競技者等と競技団体等との間の紛争の仲裁又は調停による解決を通じて、スポーツの健全な振興を図ることを目的として活動を行っている。

ポイント

・スポーツに関する紛争であれば、法律上の争訟に該当しないものも対象となる。

1）　平成21年4月に「一般財団法人」として法人化され、平成25年4月に「公益財団法人」として公益認定を受けている。

- 仲裁手続が5種類及び調停手続があり、いずれも仲裁合意（自動応諾条項を含む。）や調停合意が必要である。
- 手続に必要な費用の支援制度がある。
- 経験豊富なスポーツ紛争の専門家が仲裁人や調停人となり、公正かつ迅速な紛争の解決を目指す。
- 当事者の代理人になれるのは弁護士に限られる。
- 仲裁手続は各仲裁規定に基づいて行われ、具体的判断については先例の積み重ねによる判断基準が形成されている。

1 取り扱う紛争の範囲

(1) スポーツ仲裁規則による仲裁

スポーツ競技又はその運営に関して競技団体又はその機関が行った決定（競技中になされる審判の判定は除く。）に関する紛争（但し、ドーピング紛争に関するスポーツ仲裁規則が適用される紛争は除く。）についての仲裁手続である。例えば、競技団体が競技大会への派遣選手の選考や規則違反を理由とした懲戒処分等を行った場合に、その決定に不服を抱いた競技者が、その決定の取消し等を求める仲裁手続である。

競技者等（スポーツ競技における選手、監督、コーチ、チームドクター、トレーナーなど）が申立人となり、競技団体を被申立人とする。「競技団体」とは、公益財団法人日本オリンピック委員会（以下「JOC」という。）、公益財団法人日本体育協会（以下「日体協」という。）、公益財団法人日本障がい者スポーツ協会（以下「日本障がい者スポーツ協会」という。）、各都道府県体育協会と、それらの加盟、準加盟、又は傘下の団体に限られる。

(2) ドーピング紛争に関するスポーツ仲裁規則による仲裁

日本アンチ・ドーピング規程に基づいて特定の団体（日本アンチ・ドーピング機構、日本アンチ・ドーピング規律パネル、JOC、日体協、日本障がい者ス

ポーツ協会、都道府県体育協会、国内競技連盟）がした決定に関する紛争についての仲裁手続である。

(3) 日本女子プロゴルフ協会ドーピング紛争仲裁規則による仲裁

　一般社団法人日本女子プロゴルフ協会（以下「LPGA」という。）が実施するドーピング検査に基づきLPGAが設置するドーピング防止規律パネルが行った決定に関する紛争についての仲裁手続である。

(4) 加盟団体スポーツ仲裁規則による仲裁

　競技団体（JOC、日体協、日本障がい者スポーツ協会、日本パラリンピック委員会）がその加盟団体に対して行った決定に関する紛争（但し、ドーピング紛争に関するスポーツ仲裁規則が適用される紛争は除く。）についての仲裁手続である。

(5) 特定仲裁合意に基づくスポーツ仲裁規則による仲裁

　スポーツに関する紛争（但し、スポーツ仲裁規則又はドーピング紛争に関するスポーツ仲裁規則が適用される紛争は除く。）についての仲裁手続である。(1)のスポーツ仲裁規則による仲裁とは異なり、申立人及び被申立人に制限はなく、スポーツに関する紛争であれば申立の対象となる。例えば、スポーツ・ビジネス紛争（競技団体とスポンサー企業間の紛争や大会の放映権を巡る紛争等）、選手とスポンサー企業間の紛争、競技団体間の紛争等である。

　当事者が紛争をこの規則（特定仲裁合意に基づくスポーツ仲裁規則）による仲裁に付する旨の合意（以下「仲裁合意」という。）をした場合に行われる。

(6) 特定調停合意に基づくスポーツ調停（和解あっせん）規則による調停

　スポーツに関する紛争についての調停手続である。

　当事者がスポーツに関する紛争をJSAAの特定調停合意に基づくスポー

調停（和解あっせん）規則による調停に付託する旨の合意（以下「調停合意」という。）をした場合に行われる。

但し、競技中になされる審判の判定に関する紛争、スポーツ競技又はその運営に関して競技団体又はその機関がした懲戒処分決定に関する紛争については、事実関係について当事者双方が確認し、理解することの手助けをすることを目的とする手続のみを行う。

2 手続

(1) 仲裁

ア　申立人は、仲裁合意があることを確認し、仲裁申立書をJSAAに提出する。特定仲裁合意に基づくスポーツ仲裁規則による仲裁を除く仲裁の申立てには、各仲裁手続ごとに申立ての期限が設定されており、当該期限内に申立てを行う必要がある。

イ　仲裁手続が開始されると、原則として3名の仲裁人によるスポーツ仲裁パネルが構成される。仲裁人は、原則としてJSAAの作成したスポーツ仲裁人候補者リスト（弁護士、大学の法学関係教授等）の中から選定される。
審理は非公開で行われ、各当事者の主張を記した書面のやりとり後、仲裁パネルの前で主張を述べる審問期日が開かれる。必要な場合は証人尋問等が行われる。

ウ　仲裁判断は、審理が終わった日から原則として3週間以内（ドーピング紛争に関するスポーツ仲裁及び日本女子プロゴルフ協会ドーピング紛争仲裁では、原則として2週間以内）になされる。仲裁判断は、最終的なものであり、当事者双方を拘束するとともに、不服申立てを行うことはできない（但し、ドーピング紛争に関するスポーツ仲裁規則による仲裁の場合に、日本アンチ・ドーピング規程に従い、スポーツ仲裁裁判所へ期間内に申立てがされた場合を除く。）。

JSAAは、原則として仲裁判断を適当な方法により公開するとされている

(JSAAのHP上で公開されている。)。

　　エ　緊急仲裁手続

　いずれの仲裁手続においても、JSAAが事態の緊急性又は事案の性質に鑑み極めて迅速に紛争を解決する必要があると判断したときは、緊急仲裁手続が採用される。この場合、仲裁人は原則として1名（JSAAが選定する。）とされ、スポーツ仲裁パネルは可及的速やかに口頭で仲裁判断をする。

　　オ　仮の措置

　仲裁パネルは、申立人の申立てにより、仲裁のために特に必要があると認めるときは、緊急の場合を除き、被申立人の意見を聴いた上で、仮の措置を命ずることができる。

(2)　調　停

　　ア　申立人は、調停申立書及び調停合意を証する書面をJSAAに提出し、調停申立料金を納付する。JSAAは被申立人に対し、調停申立書及び調停合意書を送付し、調停合意書のとおりに調停を行うことについての意思確認を行う。被申立人の意思確認ができた場合には、JSAAは、申立人及び被申立人に対し、申立ての受理通知を行う。

　被申立人が調停手続に参加することに応諾する場合、被申立人は調停応諾料金を納付する必要がある。被申立人が調停応諾料金を納付しない場合には、JSAAは、調停手続を開始できないものとみなし、調停申立料金を返金する。

　　イ　調停申立が受理されると、調停人の選定を行う。調停人は原則1名であり、その選定方法につき当事者が合意しているときは、その合意に基づき選定される。調停人が弁護士でない場合には、JSAAの作成したスポーツ調停人候補者リストに掲載された弁護士の中から1名を助言者として選任する。

　調停手続は非公開で行い、結果についても非公開である。両当事者が一堂に会する調停期日を原則として1回設定し、その後、必要に応じて数回調停

期日を設けて話し合いを行う。調停手続は調停人選任後、原則として3か月以内で終了するよう義務付けられている。

調停手続は、①和解が成立した場合、②両当事者が仲裁その他の方法で解決する合意をした場合、③両当事者が歩み寄らず不調に終わった場合、④3か月が経過し打切りが決定された場合、⑤調停手続の終了を当事者がJSAAに告げた場合、⑥JSAAが調停手続の終了を決定した場合に終了する。

3 費用

(1) 仲裁申立料金は、スポーツ仲裁規則による仲裁、ドーピング紛争に関するスポーツ仲裁規則による仲裁、日本女子プロゴルフ協会ドーピング紛争仲裁規則による仲裁、特定仲裁合意に基づくスポーツ仲裁規則による仲裁は50,000円（税別）（なお、特定仲裁合意に基づくスポーツ仲裁の場合は別途請求金額に応じた管理料金の支払が必要）、加盟団体スポーツ仲裁規則による仲裁は200,000円（税別）である。

特定調停合意に基づくスポーツ調停（和解あっせん）規則による調停申立料金と調停応諾料金はいずれも25,714円（税込）である。

(2) 平成23年4月より、公正な仲裁・調停手続の実現のため、手続費用の支援制度が開始されており、仲裁、調停の両方において競技者、競技団体ともこの制度の利用が可能である。

手続費用の支援額の上限は1事案1当事者につき300,000円（税別）である。

4 取扱件数等

スポーツ仲裁規則による仲裁の取扱件数は、以下のとおりである。

年度	申立	判断	取下げ	不応諾	係属中
平成27年度	8件	6件	1件	1件	0件
平成28年度	8件	6件	0件	0件	2件

ドーピング紛争に関するスポーツ仲裁規則による仲裁、特定仲裁合意に基づくスポーツ仲裁規則による仲裁及び特定調停合意に基づくスポーツ調停（和解あっせん）規則による調停の取扱件数は、これまでにそれぞれ数件程度である。

日本女子プロゴルフ協会ドーピング紛争仲裁規則による仲裁及び加盟団体スポーツ仲裁規則による仲裁については、これまでに取扱実績はない。

5 特徴等

(1) 法務大臣の認証機関

JSAAは、平成21年に調停手続についてADR法に基づく法務大臣の認証を取得している認証紛争解決事業者である。

(2) 仲裁合意

仲裁合意とは、申立人と被申立人との間における、申立てに係る紛争をスポーツ仲裁パネルに付託する旨の合意である。これには、①紛争が発生した後に個別に当事者双方が合意を行う場合と、②競技団体の規則中に自動応諾条項が定められている場合がある。

自動応諾条項は、競技団体が競技者等に対して行った決定に対する不服については、JSAAのスポーツ仲裁を利用して解決を行う旨を定めたものであり、この定めに従って競技者等がスポーツ仲裁規則に基づく仲裁申立てを行ったときは、仲裁申立ての日に仲裁合意がなされたものとみなされる。JSAA会員の加盟団体のうち、自動応諾条項を採択しているのは206団体中113団体、採択率は54.9％である（平成30年2月22日現在）。

(3) 仲裁地及び手続準拠法等

東京が仲裁地となり、手続は日本の法律に従ってなされる。仲裁手続における用語は日本語とする。但し、当事者は合意により用語を日本語若しくは

英語又はその双方とすることができる。

(4) 代理人の資格

仲裁手続及び調停手続のいずれにおいても、弁護士でなければ当事者の代理人となることができない。

(5) 仲裁判断における判断基準

仲裁判断は、競技団体の規則その他のルール及び法の一般原則に従ってなされるとされているところ、具体的判断については先例の積み重ねによる判断基準が形成されている。

スポーツ仲裁が利用される案件としては、競技団体の決定の取消しを求める案件が多いところ、先例による判断基準について、「日本においてスポーツ競技を統括する国内スポーツ連盟については、その運営について一定の自律性が認められ、その限度において仲裁機関は国内スポーツ連盟の決定を尊重しなければならない。」とした上で、「①国内スポーツ連盟の決定がその制定した規則に違反している場合、②規則には違反していないが著しく合理性を欠く場合、③決定に至る手続に瑕疵がある場合、④規則自体が法秩序に違反し若しくは著しく合理性を欠く場合において、その決定を取り消すことができるにとどまる」と解されている。

(6) 時効中断効

JSAAは、法務大臣の認証を取得しているため、ADR法25条の規定に基づく時効中断効が認められる。

6 利用例

(1) (事案の概要)

競技団体（以下「被申立人」という。）が行った国際競技会（以下「本件競技

会」という。）の出場選手に申立人を選出しないとの決定（以下「本件決定」という。）の取消し及び申立人を本件競技会の出場選手に選出することなどを求めた事案

（判　断）

①本件決定を取り消す。

②申立人を本件競技会における出場選手に決定せよ。

（理　由）

被申立人が、申立人を選出せずに他の競技者を選出したことに合理的な理由があるとは認められない。本件決定は、本件会報が示していた上位成績者基準に従えば申立人を本件競技会の出場選手に選出することを原則とすべきところ、合理的な理由なく他の競技者を選出し、申立人を選出しないとするものであり、取り消されるべきである。

(2)　（事案の概要）

競技団体（以下「被申立人」という。）が高等学校ハンドボール部の監督（以下「申立人」という。）に対し、同部に所属していた部員複数名を指導する際、暴力行為があったことを理由として行った3か月の活動停止などを内容とする決定（以下「本件処分」という。）について、申立人に弁明の機会が付与されていなかったこと、本件処分の通告書に処分の前提となる事実が書かれていないこと、処分の理由とされる暴力行為を行った事実もないことなどを理由として、処分の取消しを求めた事案

（判　断）

本件決定を取り消す。

（理　由）

本件においては被申立人の通告書に処分の根拠となる規定は記載され「暴力行為」に対する処分であることは記載されているものの、具体的事実の記載は全くなく、そもそも処分対象事実が確定しているとは言えないとする

第2編　分野別の各ADR

と、本件処分の相当性の評価も困難と言わざるを得ない。本件処分の決定に至る手続には重大な瑕疵があり、「決定に至る手続に瑕疵がある場合」に該当し、本件処分決定は取り消されるべきである。

7　まとめ

　スポーツに関する紛争の中には、法律上の争訟に該当しないものや団体内部の自律権に属するものなど、裁判所に事件として持ち込むことが困難な事案も想定される。この点、JSAAの仲裁手続及び調停手続は、スポーツに関する紛争であれば法律上の争訟に該当しないものも対象となること、スポーツ紛争の専門家が手続を実施すること、仲裁手続は各仲裁規則に、調停手続は調停規則にそれぞれ基づいて行われ、先例の積み重ねによる判断基準が形成されていることなどから、利用価値は高いと思われる。

　もっとも、仲裁手続における仲裁判断は、ドーピングの場合を除いて終局的判断であり、当事者双方を拘束するが、調停手続においては、調停が成立した場合でも当事者の任意の履行に任される点に留意する必要がある。

❷ 事業再生ADR

名　　　称	事業再生ADR事業本部
事業者名	事業再生実務家協会（JATP）
住　　　所	東京都港区虎ノ門5-11-12　虎ノ門ACTビル4階
TEL：03-6402-3870　　URL：http://www.turnaround.jp/	

概　要

　事業再生実務家協会（JATP）（以下「JATP」という。）による事業再生ADRは、過剰債務など経営不振に陥った企業が、破産、民事再生、会社更生等の「法的手続」ではなく、裁判外の「私的手続」により、対

象債権者(主として金融債権者のみ)との間で、リスケジュールや債権放棄等の合意に向けた調整を行い、事業価値の毀損を最小限に止めながら再建を図ることを目的とする手続である。

JATPは、経済産業省などの後援を得て、平成15年に設立された団体であり、弁護士、公認会計士、税理士、コンサルタント、事業会社、金融機関、ファンドなどの会員が、事業再生人材の育成、事業再生市場の健全な発展を目指して活動を行っている。

ポイント

- 手続を利用できる債務者の企業規模や業種などに制限はなく、上場会社などの大型案件を含め多数の利用実績がある。
- 対象債権者は、原則として金融債権者(金融機関のほか信用保証協会、ノンバンク、サービサーを含む。)である。
- 事業再生に関する高度な知識と経験を有する手続実施者が公正中立の立場から債務者企業と金融機関等との間の和解の仲介を実施する。
- 手続に要する標準的期間は3か月程度を目標としており、簡易迅速な解決を期待できる。
- 通常の私的整理と同様に、本業をそのまま継続しながら、金融機関等との話し合いで解決策を探ることができる。
- 原則として、債権放棄による損失の無税償却が認められる。

1 手続を利用できる債務者

債務者の業種、企業規模、法人形態等による制限はない。特定認証ADR手続に基づく事業再生手続規則(以下「協会規則」という。)22条に定める次の5つの要件を全て満たす事業者であれば、手続を利用することができる。

① 過剰債務を主因として経営困難な状態に陥っており、自力による再生が困難であること。

② 技術、ブランド、商圏、人材等の事業基盤を有し、その事業に収益性

や将来性があるなど事業価値があり、重要な事業部門で営業利益を計上していることなど、債権者からの支援によって事業再生の可能性があること。

③ 民事再生、会社更生などの法的手続の申立てにより信用力が低下し、事業価値が著しく毀損されるなど、事業再生に支障が生じるおそれがあること。

④ 本手続による事業再生によって、債権者が破産手続によるよりも多い回収を見込める可能性があること。

⑤ 手続実施者選任予定者の意見及び助言に基づき、法令適合性、公正・妥当性及び経済的合理性があると認められる事業再生計画案の概要を策定する可能性があること。

2 手 続

(1) 事業再生ADRの手続の流れは、大きく3つのステージに分けられる。

ア 第1ステージ 事前相談から正式申込み

債務者は、事前相談（無料。東京のJATPの事務局で行う。）を経て、手続利用申請をし、利用申請に際して審査料を納付する。手続利用申請書は、JATPのHPに掲載されている。

債務者が申込者としての要件を満たすか、また当該案件が、本手続の利用に適するか否かについて、審査員が審査し、各要件を満たすと判断された場合、申請が仮受理され、債務者は、業務委託金を納付する。

JAPTから選定された手続実施者選任予定者は、債務者と個別に面談し、その事業状況、財務内容及び法令上の問題点について、事業・財務・法務の各方面から調査し、手続の利用可能性があるかチェックする。債務者は、手続実施者選任予定者から助言を受けながら、事業再生計画案の概要を策定し、事業再生計画案の概要の作成後、正式申込みをする。正式申込みに際して、債務者は、業務委託中間金を納付する。

第14章　その他

イ　第２ステージ　一時停止から計画案の概要説明・協議

債務者の正式申込みが受理されると、事業再生ADRの手続が開始され、JATPが債務者と連名で、対象債権者に対し「一時停止」の通知を発し（協会規則25条１項）、債権回収や担保設定行為等差し控えてもらうべき具体的行為を記載する。一時停止の通知は、債権者会議の招集通知も兼ねている。

第１回債権者会議は、一時停止の通知発送日から原則２週間以内に開催される（経済産業省関係産業競争力強化法施行規則（以下「経産省令」という。）20条）。第１回会議では、債務者の策定した事業再生計画案の概要が説明されるとともに、手続実施者が正式に選任され、一時停止の内容確認などが行われる（経産省令22条１項・２項）。

手続実施者の選任は、厳格な要件及び手続によって、その適切さが担保されている。手続実施者になれるのは、「候補者リスト」登載者（事業再生に関する高度な知見と経験があるもの[1]）に限られる。また、個別案件においては、選定委員会が、公正中立な立場で行動できる予定者を選び出し、この予定者について、債権者会議での合意を得ることによって、正式に手続実施者が選ばれる。債務額の多額な大規模案件にも関わらず、事業再生ADRが債務者や対象債権者から信頼されて手続利用されているのは、このような手続実施者の高度の専門性、公正中立性が理由の１つである。

なお、事業再生ADRでは、債務者自身が財務DD（デューデリジェンス）及び事業DDを行った上で、事業再生計画案の策定を行わなければならない。手続実施者（選任予定者）は、債務者の作成した事業再生計画案等を、中立かつ公正な立場からチェックし、和解を仲介する役割であって、手続実施者（選定予定者）自ら作成することはない。

事業再生ADR手続もADR手続の一種であることから、相手方となる対象

---

1) 私的整理ガイドラインの専門家アドバイザーの経験を有する弁護士や公認会計士等

債権者から手続参加の意向が示されない限り、手続を進行させることはできない（ADR法2条1号。なお、同法1条参照）が、実際には、債務者は、一時停止の通知を発送する前までに、対象債権者全員につき手続参加の承諾を得るのが通例となっている。ただ、一時停止の通知を受けた債権者の一部が手続に参加しない意向を示した場合でも、手続の進行及び債務者の事業再生計画案の遂行に支障を来すおそれがないと認められるときには、手続実施者らは、事業再生ADR手続を、債務者と対象債権者との間で進行させることができる（協会規則25条6項）。

一方、対象債権者は、第1回会議に出席することをもって、事業再生ADR手続への参加を承諾したものと評価され、債務者と当該対象債権者の間に正式に事業再生ADR手続が開始することとなる。手続は非公開である（協会規則7条1項）。

第2回債権者会議では、債務者が事業再生計画案（第1回会議後に対象債権者からの意見、要望を反映させたもの）の内容を説明し、手続実施者が対象債権者に対して計画案の調査結果を報告するとともに、計画案について意見を述べた上、計画案について協議を行う（経産省令24条、協会規則29条4項）。

その後も必要に応じて続行期日で調整が行われ、第3回債権者会議での計画案の成立を目指す。債務者は、会議の結果（主として第2回会議での対象債権者からの意見、要望）を踏まえて、計画案の内容を修正することができる（協会規則29条5項）。

　ウ　第3ステージ　計画案の決議から計画案の成立または法的手続への移行

第3回債権者会議では、事業再生計画案の決議が行われる。対象債権者全員の同意が得られれば、計画案が成立し、計画案の実行に移行する。実務上、債務者は、対象債権者との間で、融資契約の変更に関する個別契約を締結することが多い。

他方、一部の対象債権者が同意しない場合、まず、対象債権者全員の同意を得て、議長は、続行期日を定めることができ、債務者は計画案を修正して

再提案することができる（協会規則30条4項・5項）。これに対し、反対する対象債権者が続行に同意しない場合、事業再生ADRは終了させた上で、法的手続（事業再生の可能性が高い場合は民事再生手続又は会社更生手続、その可能性が低い場合は破産手続の申立てを行うことになる。）に移行する方法、事業再生ADRを終了又は維持した上で、特定調停手続を利用する方法（協会規則25条7項）がある。

特定調停手続を利用する場合、①対象債権者全員を相手方とする方法と、②反対意見の対象債権者のみを相手方とする方法がある。また、②の中には、㋐ADR手続を維持した上で行う方法と、㋑反対意見の債権者にはADR手続から離脱してもらった上で、事業再生ADRを成立させる方法がある。

(2) 手続の所要期間

手続が終了した案件の所要期間は、短いもので1か月程度、長いものでも10か月程度である。1か月程度で終了した案件の大半は、申請の取下げがなされ、民事再生、会社更生等の手続に移行しているものである。事業再生計画案の成立の決議された案件について見ると、平均で4か月程度で終了している。

3 費 用

手続の利用にかかる費用は、「審査料」、「業務委託金」、「業務委託中間金」、「報酬金」の4段階が設定されている。

手続の利用を希望する債務者は、手続利用申請書を提出するに当たり審査料として一律500,000円（税別）を納付する必要がある。その後、審査を経て、審査の申請が仮受理されたときに業務委託金を納付する。そして、正式な申込みを行うときに業務委託中間金、事業再生計画案の決議が成立したときに報酬金をそれぞれ納付する。

業務委託金・業務委託中間金・報酬金の標準額（税別）は、以下の算定基

準表に定めるとおりである。

対象債権者の数	対象債権者に対する債務額	業務委託金	業務委託中間金	報酬金
20社以上	100億円以上	10,000,000円	10,000,000円	20,000,000円
10社以上20社未満	20億円以上100億円未満	5,000,000円	5,000,000円	10,000,000円
6社以上10社未満	10億円以上20億円未満	3,000,000円	3,000,000円	6,000,000円
6社未満	10億円未満	2,000,000円	2,000,000円	4,000,000円

　短期間で、手続実施者（ないし手続実施者予定者）が、債務者の事業・財務・法務の各方面から調査し、事業再生計画案をチェックする必要があること、事業再生計画案が債権放棄を伴う場合で、対象債権者に対する債務額の合計額が10億円以上のときには、手続実施者を3名以上、10億円未満のときには、手続実施者を2名以上それぞれ選任しなければならないこと（協会規則26条8）等から、上記のような高額な費用となっている。費用は、手続実施者の業務委託の費用であり、それ以外の旅費交通費、通信費等の実費は、別途債務者が負担することとなっている（協会規則37条4項）。

　また、債務者は、事業再生計画案の作成に際して、自ら、弁護士、公認会計士、税理士、フィナンシャル・アドバイザー等を利用することになるが、それらの費用は上記費用には含まれない。

4　取扱件数等

　平成20年から平成30年2月まで64件（216社）の手続利用申請があり、そのうち上場企業は21社である。申請企業ごとに見れば、負債10億円未満、債権者数5社未満の中小企業案件から、負債1,000億円以上、債権者数95社の大型案件まで及んでおり、業種も製造業、不動産業、ホテル業、金融業、情報・電気通信業、運輸業（航空、鉄道）、医療法人など多岐にわたっている。

　上記64件中、決議成立は43件（180社）である。なお、平成27年度末現在

で、決議会議まで至らず、途中で申請を取り下げた案件17件（26社）については、すべて法的手続又はその他の公的整理に移行するか、任意整理が成立している。

平成27年度以降の取扱件数は、以下のとおりである（平成30年2月6日現在）。

年度	申請件数	成立件数	取下件数
平成27年度	3件（ 8社）	1件（ 0社）	0件（ 0社）
平成28年度	2件（ 6社）	3件（ 8社）	1件（ 1社）
平成29年度	5件（14社）	4件（11社）	1件（ 1社）

5 特徴等

(1) 法務大臣の認証及び経済産業大臣の認定

JATPは、平成20年10月29日、法務大臣により、認証紛争事業者として認証を受けた後、産業活力特別措置法に基づき、事業再生に係るADR機関として、同年11月26日、経済産業省より第1号の認定を受けた。

(2) 手続開始を公表する必要がない（原則）

民事再生や会社更生等の法的手続では、手続開始決定に際し、公告が必要である（民事再生法35条1項、会社更生法43条1項）。これにより、新聞報道等を通じて、法的手続申立の事実が広く公表されることになる。これに対し、事業再生ADRでは、手続開始に係る公表義務がないのが原則であり、対象債権者も限定されており、非公表のまま手続が行えるため、風評による事業価値の毀損を回避することができる。

(3) 商取引を円滑に継続できる

民事再生や会社更生等の法的手続では、金融債権のほか、事業債権や商取引債権も対象となるため、手続開始決定により、日々の商取引に伴って発生

する債権についても原則として弁済が禁止される（民事再生法85条1項、会社更生法47条1項）。そのため、法的手続の申立が明らかになると、商取引債権を有する取引先が取引継続を拒絶又は制限するなど、商取引の円滑な継続が妨げられる場合がある。これに対し、事業再生ADRでは、手続の対象を基本的に金融債権に限定することが可能で、商取引債権者に対しては手続外で通常どおりの弁済が可能なため、手続開始の影響を受けることなく事業をそのまま継続することができる。

(4) 事業継続に不可欠なつなぎ融資の確保

産業競争力強化法（以下「強化法」という。）53条、54条及び55条により、事業再生ADRの手続開始から終了までの間、「事業の継続に欠くことのできない資金の借入れ」につき、中小企業基盤整備機構の債務保証が得られ、中小企業信用保険法の特例が適用される。また、事業継続に不可欠な融資は、事業再生ADR手続において優先弁済の対象となる（強化法58条）だけでなく、法的手続に移行した場合でも裁判所が優先的扱いをするよう配慮される（強化法59条、60条）ため、容易なつなぎ資金確保の仕組みが制度上担保されている。

(5) 上場会社は上場の維持が可能

法的手続の申立又はその決定は、上場会社にとって「法律の規定に基づく会社の破産手続、再生手続若しくは更生手続を必要とするに至った場合又はこれに準ずる状態になった場合」（東京証券取引所有価証券上場規程601条1項7号）に当たり、原則として上場廃止となる。これに対し、事業再生ADR手続の利用それ自体は上場廃止基準に抵触せず、債務超過状態の継続や時価の基準割れなど実質上上場廃止基準に抵触しない限り、上場の維持が可能である。

⑹ 一時停止の通知でいわゆる支払停止にはならない

　事業再生ADR手続における一時停止の通知は、主として金融債権者を対象債権者として発するものであり、対象債権者以外の債権者に対しては通常どおりの支払を継続して支払の停止を宣言するものではないから、「銀行取引約定書」上の「支払停止」には該当しないと考えられる。

⑺ 債権放棄、債務免除の税法上の優遇

　事業再生ADRについては、民事再生のような法的手続に準じた形での税務上の取扱いが認められる。すなわち、事業再生ADRを利用して成立した事業再生計画案については、債権者は、債権放棄等による損失を損金算入できる取扱いがなされている。また、債務者は、民事再生に準じるものとして、資産の評価損を損金算入でき、期限切れの欠損金を青色欠損金等に優先して損金算入できる。

6　事業再生計画の類型

　事業再生計画は大きく分けて、リスケジュール型と債権放棄型、及び、自力再生型とスポンサー支援型に分類できる。

⑴ リスケジュール型と債権放棄型

　リスケジュール型事業再生計画案とは、借入金の弁済条件を変更し、元本の返済額を減額ないし据え置く等の弁済期間を変更する計画案である。債務超過状態の場合には、事業再生計画成立後、最初の事業年度開始の日から、原則として、3年以内に債務超過を解消しなければならない。

　これに対し、債権放棄型事業再生計画案とは、一部又は全部の金融機関に対し債権放棄を求める計画案である。債権放棄型事業再生計画案には、債務超過解消3年以内、経常黒字化3年以内のほか、資産評価基準による資産評定と実態貸借対照表の作成、株主責任、役員退任等を定めなければならない。

(2) 自力再生型とスポンサー支援型

　自力再生型は、経営者や株主について大きな変更をせずに、債務者会社が自力で事業再生を図る事業再生計画である。もっとも、債権放棄型の場合、債権者から、経営者の退任、株主責任を求められるため、自力再生型で事業再生を図ることは通常は困難である。

　自力再生型が困難である場合には、スポンサー支援型の事業再生を検討する。スポンサーの選定に当たっては、公平かつ公正な手続で行われることが必要であり、手続実施者の意見を聴きながら、債権者会議にも報告しつつ選定手続を進めることになる。

7　まとめ

　事業再生ADRは、一定の事業価値を有する企業が、事業を再建するための調整をする手続であり、上場企業などの大型案件を含め多数の利用実績がある。前述のとおり、事業再生ADRには、商取引債権者との取引を円滑に継続できる、つなぎ資金の借入れができる、平均4か月程度の迅速なスケジュールで結論が出る、税制上の優遇措置があるなど、事業価値の毀損を最小限に止めるため、多くの制度的メリットが措置されている。

　もっとも、法的手続と異なり強制力がなく、事業再生計画の成立には対象債権者の全員の同意が必要となる、債務者の規模や対象債権者の数によっては手続費用が高額となる、また、財務DDや事業DD、事業再生計画案の作成等は、債務者が主体となって行う必要があり、その作成のための弁護士、会計士、税理士の費用は、手続費用とは別に債務者の負担となるなどの点には留意する必要がある。

　事業再生計画を成立させて事業を再建するためには、債務者と債務者代理人の十分な事前準備、債務者代理人による主要な金融機関等との事前交渉、手続実施者からの公正中立なチェックなど、弁護士等の専門家の関与が必要不可欠な手続である。

第15章 弁護士会

❶ 各弁護士会のADR

> 名　　称　弁護士会紛争解決センター[1]
> 事業者名　各地の弁護士会（後記弁護士会ADR一覧表に記載）

概　要

　弁護士会ADRは、全国52単位会のうち34の弁護士会が運営する37の紛争解決センター（以下、総称して「センター」という。）により実施されている（平成29年9月現在）。

　弁護士があっせん人や仲裁人となり、当事者双方の主張を聴いて争点を整理し、証拠その他の関係資料を検討した上で、合理的な解決基準を示すことにより、市民の身近な紛争を迅速に解決することを目指す手続である。

　34の弁護士会のうち、京都、神奈川県、愛知県、兵庫県、福岡県及び和歌山の6会が法務大臣の認証を取得している。

ポイント

・取り扱う事件の種類や金額に制限はなく、民事・家事紛争全般について幅広く取り扱っている。
・裁判所の調停や訴訟とは異なり、管轄がないため、利用しやすい最寄

---

[1] 仲裁センター、示談あっせんセンターなどの名称もあり、名称は各センターにより異なる。

りのセンターに申立てをすることができる。
・裁判所の調停や訴訟と比べて、柔軟に期日を入れることが可能であり、早期の紛争解決が期待できる。
・実務経験の豊富な弁護士があっせん人や仲裁人となり、事案に応じた合理的な解決基準が示される。

1 取り扱う紛争の範囲

いずれのセンターにおいても、取り扱う事件の種類や金額に制限を設けておらず、売買、金銭貸借、不動産賃貸借、建築工事、交通事故、医事紛争、婚姻外男女関係、離婚、相続、近隣関係、会社関係、雇用関係など民事・家事紛争全般を幅広く取り扱っている。

また、裁判所の調停や訴訟とは異なり、法律上の要件に拘束されないことから、請求原因を構成するのが容易でない請求を内容とする事件でも取り扱うことができる。

なお、専門ADRとして、金融ADR（本書第7章⑤参照）、医療ADR（本書第9章①参照）、労働ADR、国際家事ADR（子の返還、面会交流）、災害ADRを実施しているセンターもある。

2 手続

手続の概要は以下のとおりである。詳細等は各弁護士会又は各センターのHP等を参照されたい。

(1) 申立て

多くのセンターでは、原則として、申立ての前に当該弁護士会所属の弁護士（当該弁護士会所属の弁護士に限らないとするセンターもある。）に相談をし、又は当該弁護士会法律相談センターで相談をした上で、当該弁護士の紹介又は紹介状の交付を受ける必要があるとしている（法律相談前置）。

第15章　弁護士会

あっせん、仲裁の申立ては、各弁護士会又は各センターに申立手数料とともに申立書を提出して行う（法律相談前置の場合には、弁護士の紹介状も添付する。）。申立人の主張の根拠となる証拠書類があれば、それらを添付する。申立書は、各弁護士会又は各センターの窓口で交付を受けられるが、HPから申立書をダウンロードできる弁護士会もある。仲裁の申立てには、あらかじめ当事者間に仲裁合意があることが必要である。

いずれのセンターも管轄を定めていないので、利用しやすい最寄りのセンターに申立てをすることができる。

(2)　申立てから第1回期日まで

センターがあっせん又は仲裁の申立書を受理すると、手続が開始する。センターは、一定年数の実務経験を有する弁護士の中から、あっせん人又は仲裁人を選任する（但し、事案によって特に必要がある場合には、弁護士以外の専門家を選任するとしているセンターもある。）。

あっせん手続の場合、センターは、相手方に対し、申立てがあったことを通知し、申立てに応じて出席するかどうかの意思を確認する。相手方が申立てに応じた場合、期日を調整する。申立てから第1回期日までの期間は、個々の事案によって異なるが、多くのセンターでは平均して1か月程度である。但し、原則として2週間以内としているセンターもある。これに対し、相手方が申立てに応じない場合には、手続は終了となる。

仲裁手続の場合、センターは、相手方に対し、申立てがあったことを告知し、期日を調整する。申立人又は相手方が期日に出席しなくても、手続は進行する。

(3)　手続の実施時間・場所

いずれのセンターも、原則として、平日の昼間（平常の業務時間内）に、弁護士会館、支部会館又は法律相談センター設置場所で手続を実施している。

但し、多くのセンターは、手続の実施時間・場所について柔軟な対応をしている。センターによって異なるが、当事者の都合や事案の内容に応じて、時間については、平日の夜間や休日、場所については、あっせん人や仲裁人弁護士の事務所、紛争の現場、あっせん人又は仲裁人が適当と認める場所で手続を実施することができるとしている。また、電話会議を可能としているセンターもある。

(4) **弁護士以外の専門家の関与**

多くのセンターは、事案の内容によって専門的知識を必要とする場合には、専門家が関与するとしている。

関与する専門家及び関与の態様は、センターによって異なるが、大学教授その他の学識経験者、不動産鑑定士、一級建築士、医師、歯科医師、公認会計士、弁理士、司法書士、税理士、土地家屋調査士、行政書士、臨床心理士などの各種専門家が意見を述べる、助言を行うなどする場合が多い。

(5) **手続の進行**

多くのセンターでは、原則として3回の期日、3か月程度での解決を目指している。裁判所の調停や訴訟と異なり、当事者間の合意により、短期間で数回の期日を設けることも可能である。

あっせん、仲裁の期日における手続は非公開である。

あっせん人又は仲裁人である弁護士が当事者双方の主張を聴き、関係資料を精査した上、和解の成立を目指した調整を行い、又は仲裁判断を行う。あっせん手続では、実務経験の豊富な弁護士から、訴訟になった場合の見通しなどを踏まえ、事案に応じた合理的な解決基準が示される。

(6) **手続の終了**

あっせん手続では、概ね3回程度の期日の中で和解に向けた話し合いが行

われ、当事者間で和解が成立すれば、和解契約書を作成して、手続は終了する。これに対し、当事者間で和解ができないときは、原則として手続は終了するが、仲裁手続を実施しているセンターでは、当事者間に仲裁合意が成立し、仲裁手続への移行を希望した場合には、仲裁手続へ移行することもある。

仲裁手続では、当事者が期日に出席しなくても、手続は進行するため、必要に応じて当事者による証拠提出や意見陳述が行われ、仲裁判断がなされる。

個々の事案によって長短はあるが、平成28年度の全国のセンターで解決した事案では、審理回数は平均3回程度、解決までの期間は概ね4、5か月程度である。

(7) **解決の法律的効力**

あっせん手続において当事者間で和解が成立したときでも、相手方が和解で定められた義務を履行しない場合、和解契約書に基づき強制執行はできない。但し、①和解契約書の内容に従った公正証書を作成する、②和解成立の可能性が見えた段階で、簡易裁判所の「訴え提起前の和解」の手続を利用して、裁判所の和解調書を得る、③和解成立の可能性が見えた段階で、当事者間で仲裁合意をし、合意内容に沿った仲裁判断を得る、といった手段を講じることにより強制執行が可能となる。

これに対し、仲裁手続における仲裁判断は、確定判決と同一の効力を有する（仲裁法45条1項）ので、相手方が仲裁判断で定められた義務を履行しない場合には、執行決定を得た上で、強制執行ができる。

3 費用

手続に必要な費用は、概ね①申立手数料、②期日手数料、③成立手数料及び④その他必要な費用である。このうち、多くのセンターで期日手数料を不要としている。詳細等は各弁護士会又は各センターのHP等を参照されたい。

(1) 申立手数料

あっせん、仲裁の申立ての際に、申立人が納付する費用である。センターによって10,000円〜20,000円の範囲内であるが、無料としているセンターもある。また、申立人が当該弁護士会の有料法律相談を受けて申立てをした場合は、法律相談料相当額を減額するセンターもある。更に、申立人の経済的事情によっては、猶予、減額、免除する規定を設けているセンターもある。

なお、相手方の不応諾、期日開始前に申立人による取下げの場合は一部を返還するセンターもある。

(2) 期日手数料

1期日ごとに、申立人及び相手方が納付する費用である。期日手数料については、申立人及び相手方それぞれ5,000円であるセンターが多い。

なお、期日手数料は不要としているが、相手方のみ手数料として第1回期日に10,000円を納付させるセンターもある。

(3) 成立手数料

当事者間で和解が成立した場合又は仲裁判断がなされた場合に、申立人及び相手方が納付する費用である。金額は、和解又は仲裁判断によって当事者が得る経済的利益の金額を基礎として算定されるが、センターによって基準が異なる。

(4) その他必要な費用

鑑定費用、測量費用、現地調査の交通費・日当、通訳・翻訳費用、専門家の意見書作成料など、あっせん、仲裁手続において必要となった費用である。金額や当事者の負担割合などは、センター又はあっせん人、仲裁人が定めるとしているセンターが多い。

4 取扱件数等

最近の全国のセンターの取扱件数等は、以下のとおりである（なお、解決件数には旧受事件を含む。）。申立件数に対する応諾率は平均して70％前後、応諾件数に対する解決率は平均して50％前後である。

年度	申立件数	応諾件数	解決件数（旧受事件）
平成26年度	990件	668件	381件（141件）
平成27年度	952件	643件	346件（144件）
平成28年度	1,097件	684件	417件（133件）

平成28年度の申立件数は、「不法行為を巡る紛争」が360件で最も多く、次いで、「不動産の賃貸借を巡る紛争」「家族間の紛争」「請負契約を巡る紛争」などの案件が多い。また、解決件数のうち、30万円以下の事件は35.0％、30万円超から100万円以下の事件は26.9％、100万円超から300万円以下の事件は20.6％である。解決件数の約90％はあっせん手続による和解である。

各センターの申立件数は、大規模会の運営するセンターでは年間数十件から200件程度、それ以外の会の運営するセンターでは年間数件から数十件程度である。

5 特徴等

(1) 取り扱う紛争の範囲

取り扱う事件の種類や金額に制限を設けておらず、民事・家事紛争全般を幅広く取り扱っている。

また、裁判所の調停や訴訟とは異なり、請求原因を構成するのが難しい請求を内容とする事件でも取り扱うことができる。

(2) 手続実施者

実務経験の豊富な弁護士があっせん人や仲裁人となり、訴訟になった場合の見通しなどを踏まえ、事案に応じた合理的な解決基準が示される。

また、多くのセンターでは、各種専門家が意見を述べる、助言を行うなどして関与することが可能であり、専門的知識を必要とする事案でも適正な解決が期待できる。

(3) 早期の紛争解決が可能

多くのセンターでは、原則として3回の期日、3か月程度での解決を目指しており、期日の設定も短い期間に設けることができ、早期の紛争解決が可能である。

平成28年度の全国のセンターで解決した事案では、審理回数は平均3回程度、解決までの期間は概ね4、5か月程度である。

(4) 手続の実施時間・場所の柔軟性

前記2(3)のとおり、多くのセンターは、当事者の都合や事案の内容に応じて、手続の実施時間・場所については柔軟な対応をしており、裁判所の調停や訴訟に比べて利用し易い。

(5) 相手方に応諾義務はないこと

あっせん手続では、相手方に応諾義務はないので、相手方が手続に参加しない場合、手続は終了する。その場合、訴訟などの法的手続を講ずる必要がある。

(6) 合意内容に執行力はないこと

あっせん手続において和解が成立したときでも、和解契約書に基づき強制執行はできない。

但し、前記2(7)のとおり、公正証書を作成する、簡易裁判所の訴え提起前

の和解の手続を利用する、仲裁手続を利用するなどの手段を講じれば、強制執行ができる。

(7) 時効中断効

法務大臣の認証を取得した弁護士会の運営するセンターにおけるあっせん手続の申請については、ADR法25条に基づく時効中断効が生じる。

また、仲裁手続における請求には、時効中断の効力を生ずる(仲裁法29条2項)。

6 解決事例

(1) 日照権侵害に関する紛争

申立人らは、7階建てマンションの1階と2階の居住者であったところ、南側隣接地に同じ7階建てマンションの建設を予定しているA社に対し、日照権が侵害されるとしてマンションの建設計画の変更を求めるとともに、申立人らの居住するマンションを分譲・販売したB社に対し、入居後直ぐに南側にマンションが建設されることを説明しなかった点につき、説明義務違反があるとして損害賠償を求めた事案である。

第1回期日では、あっせん人は、申立人らに冷静な気持ちで話し合いをしてもらうため、申立人ひとりひとりから丁寧にその言い分の聴き取りをした。第2回期日では、A社のマンション建設予定地の現地を確認するとともに、申立人らの居住マンションの近くの集会場で期日を開いて、双方の言い分を聴いた。その後、双方の主張・立証及び建築専門家のアドバイスの結果、建設予定のマンションによる日照権の制限は受忍限度を超えるものではないと考えられた。また、B社の説明義務違反については、多額の金銭賠償を肯定できるものとはいえないと考えられた。そこで、あっせん人は、申立人らに対し、A社に対する請求について、現実的な解決へ方針転換することを求めた。その結果、申立人らは、A社に対してはマンション本体設計変更を求めないこととし、駐車場や駐輪場の設計変更及び1世帯当たり10万円の

補償金を支払うとの内容で和解が成立した。また、Ｂ社に対する請求については、双方に対して金銭解決での歩み寄りを促し、１世帯当たり55万円の解決金を支払うことで和解が成立した。

(2)　セクシュアル・ハラスメントに関する紛争

申立人（会社）は、社内において、男性社員の女性社員に対するセクハラにより女性社員が休職したことから、社員両名の関係修復を図るため、両者からの事情聴取を重ねたが、妥協点が見出せなかった。そこで、申立人が、男性社員と女性社員を相手方として、適正かつ妥当な解決を求めた事案である。なお、申立手数料、期日手数料及び成立手数料はすべて申立人が負担した。また、男女２名のあっせん人により行われた。

第１回期日では、女性社員と男性社員の言い分や認識は対立したままであった。そこで、男性あっせん人は、手続が終了するに際して、男性社員に対し、次回期日までに自分自身のしたことをよく考えてくるよう指示した。そして、第２回期日では、男性社員は、「自分の言動が紛争を招いたことを謝罪する。100万円以下であれば一括支払が可能である。」などと述べた。これに対し、女性社員は、予期していた金額だと述べた上、会社の対応の不備を強く主張した。その後、第３回期日及び期日間における調整の結果、申立てから約２か月経過した第４回期日に、男性社員が100万円、会社が40万円を女性社員に対して支払うとの内容で和解が成立した。

(3)　勤務歯科医の独立に関する紛争

申立人は、歯科医院を経営する医療法人で数年間雇用されていた勤務歯科医であったところ、同人が退職して独立する際、患者に送付した挨拶状が相手方歯科医院が閉院されるのではないかとの誤解を与えたため、不当な顧客勧誘がなされたとして、相手方から500万円の損害賠償請求がなされた。これに対し、申立人が一定額を超える債務の不存在確認を求めた事案である。

第1回期日では、相手方は、申立人が退職を強行し、在職中に無断で患者名簿を利用して相手方歯科医院が閉院するとの誤解を与える挨拶状を送付するなど、不当に患者を誘引したのは雇用契約上の誠実義務違反ないし不法行為に当たると主張した。これに対し、あっせん人は、挨拶状により患者の誤解を招き、迷惑を掛けたことは反省しているが、患者を不当に誘引する意図はなかった。和解金の支払いによる円満解決を希望するが、相手方の請求は高額に過ぎると述べた。そこで、あっせん人は、申立人の退職自体は不当とはいえないこと、本件挨拶状は内容的に患者の誘引を意図したものとは解されないことなどから不法行為とは言い難いが、在職中に無断で患者名簿を利用して挨拶状を送付したことは法的に問題となる可能性がある旨を述べた。そして、期日外に理由を付して、申立人が和解金100万円を支払うことを骨子とする和解案を提示し、双方に検討を要請した。第2回期日では、相手方が金額に難色を示したが、期日外に調整を図った結果、170万円で了解に達し、第3回期日に和解が成立した。

(4) **面会交流の条件に関する紛争**

　申立人(父親)は、相手方(母親)と4年前に協議離婚したところ、親権者である相手方に対し、5歳の子供(男子)に対する面会交流を求め、2回面会したものの、3回目の面会については子供の病気を理由に拒絶されたことから、その後、両者の意思疎通が円滑にいかなくなってしまった。そこで、申立人が面会交流の条件を定めることを求めた事案である。

　あっせん人は、紛争の背景に離婚原因に関する両者の感情面での対立が継続していることがあると感じられたため、専ら子どもの健全な育成という目的を前面に出して合意を得ようと考えた。第1回期日では、相手方から話を聴く中で、面会を予定していた日には、子供が肺炎にかかってしまい、夜も寝ずに看病していたにもかかわらず、申立人がそのことを理解しようとせずに半ば脅すような電話をしてきたことで、不信感が増大したことが判明し

337

た。そこで、申立人に対してその旨を伝えて理解を得た。第2回期日では、あっせん人が事前に、面接日時についてはFAXのみで連絡を取り合うこと、子供の病気などで面会ができない場合の代替日の指定方法、面接場所も具体的に定めること、面接時間も2時間とすることなどを盛り込んだ和解案を準備し、相手方には子供の健全の育成のために申立人に会わせることが必要であることを理解してもらい、上記和解案の内容で和解が成立した。

7 まとめ

弁護士会ADRは、取り扱うことができる紛争の範囲が広範に及んでおり、実務経験の豊富な弁護士が事案に応じた合理的な解決基準を示すとともに、専門的知識を必要とする事案でも、各種専門家が関与することにより適正な解決が期待できる。また、裁判所の調停や訴訟と比較して、手続の実施時間・場所について柔軟な対応をしているため利用しやすく、解決事案の紛争金額や審理期間の実績からも、市民の身近な紛争を迅速に解決する手続として機能している。

従って、あっせん手続では相手方に応諾義務はないこと、仲裁手続では仲裁合意が必要であること、あっせん手続で和解が成立したときでも和解契約書に基づき強制執行はできない点には留意する必要があるが、市民の身近な紛争を迅速に解決するという観点からは、紛争解決の一手段として弁護士会ADRを利用する価値は高い。

弁護士会ADR一覧表

センター名	郵便番号	住　　所	TEL
札幌弁護士会紛争解決センター	〒060-0001	札幌市中央区北1条西10丁目　札幌弁護士会館2階	011-251-7730
仙台弁護士会紛争解決支援センター	〒980-0811	仙台市青葉区一番町2-9-18　仙台弁護士会館内	022-223-1005

第15章 弁護士会

山形県弁護士会示談あっせんセンター	〒990-0042	山形市七日町2-7-10　NANA BEANS　8階	023-635-3648
福島県弁護士会示談あっせんセンター	〒960-8115	福島市山下町4-24	024-534-2334
東京弁護士会紛争解決センター	〒100-0013	千代田区霞が関1-1-3　弁護士会館6階	03-3581-0031
第一東京弁護士会仲裁センター	〒100-0013	千代田区霞が関1-1-3　弁護士会館11階	03-3595-8585
第二東京弁護士会仲裁センター	〒100-0013	千代田区霞が関1-1-3　弁護士会館9階	03-3581-2249
神奈川県弁護士会紛争解決センター	〒231-0021	横浜市中区日本大通9	045-211-7716
埼玉弁護士会示談あっせん・仲裁センター	〒336-0063	さいたま市浦和区高砂4-2-1　浦和高砂パークハウス1階	048-710-5666
栃木県弁護士会紛争解決センター	〒330-0845	宇都宮市明保野町1-6	028-689-9000
山梨県弁護士会民事紛争解決センター	〒400-0032	甲府市中央1-8-7　弁護士会館内	055-235-7202
新潟県弁護士会示談あっせんセンター	〒951-8126	新潟市中央区学校町通一番町1番地	025-222-5533
群馬弁護士会紛争解決センター	〒371-0026	前橋市大手町三丁目6番6号	027-234-9321
長野県弁護士会紛争解決センター	〒380-0872	長野市妻科432	026-232-2104
静岡県弁護士会あっせん・仲裁センター	〒420-0853	静岡市葵区追手町10-80　静岡地方裁判所本庁構内静岡県法律会館内	054-252-0008
富山県弁護士会紛争解決センター	〒930-0076	富山市長柄町3-4-1	076-421-4811
愛知県弁護士会紛争解決センター	〒460-0001	名古屋市中区三の丸1-4-2　愛知県弁護士会館2階	052-203-1777

愛知県弁護士会西三河支部紛争解決センター	〒444-0804	岡崎市明大寺町字道城ヶ入34番地10	0564-54-9449
岐阜県弁護士会示談斡旋センター	〒500-8811	岐阜市端詰町22	058-265-0020
金沢弁護士会紛争解決センター	〒920-0937	金沢市丸の内7番36号	076-221-0242
公益社団法人民間総合調停センター	〒530-0047	大阪市北区西天満1-12-5 大阪弁護士会館1階	06-6364-7644
京都弁護士会紛争解決センター	〒604-0971	京都市中京区富小路通丸太町下ル　京都弁護士会館	075-231-2378
兵庫県弁護士会紛争解決センター	〒650-0044	神戸市中央区東川崎町1-1-3　神戸クリスタルタワー13階	078-341-8227
奈良弁護士会仲裁センター	〒630-8237	奈良市中筋町22-1	0742-22-2035
滋賀弁護士会和解あっせんセンター	〒520-0051	大津市梅林1-3-3	077-522-2013
和歌山弁護士会紛争解決センター	〒640-8144	和歌山市四番丁5	073-422-4580
広島弁護士会仲裁センター	〒730-0012	広島市中区上八丁堀2-73 広島弁護士会館	082-225-1600
山口県弁護士会仲裁センター・行政仲裁センター山口	〒753-0045	山口市黄金町2-15	083-922-0087
岡山弁護士会岡山仲裁センター、行政仲裁センター岡山、医療仲裁センター岡山	〒700-0807	岡山市北区南方1-8-29	086-223-4401
愛媛弁護士会紛争解決センター	〒790-0001	松山市三番町4-8-8	089-941-6279
福岡県弁護士会紛争解決センター（天神弁護士センター）	〒810-0004	福岡市中央区渡辺通5-14-12　南天神ビル2階	092-741-3208

第15章 弁護士会

福岡県弁護士会紛争解決センター（北九州法律相談センター）	〒803-0816	北九州市小倉北区金田1-4-2　福岡県弁護士会北九州弁護士会館	093-561-0360
福岡県弁護士会紛争解決センター（久留米法律相談センター）	〒830-0021	久留米市篠山町11-5　筑後弁護士会館内	0942-30-0144
熊本県弁護士会紛争解決センター	〒860-0078	熊本市京町1-13-11	096-325-0913
鹿児島県弁護士会紛争解決センター	〒892-0815	鹿児島市易居町2-3	099-226-3765
沖縄弁護士会紛争解決センター	〒900-0014	那覇市松尾2-2-26-6	098-865-3737

コラム　行政仲裁センター岡山
～岡山弁護士会のユニークな取組み～

　行政仲裁センター岡山（以下「センター」という。）は、自治体と住民との間に生じたトラブルを解決するために岡山弁護士会が設立した紛争処理機関である。同弁護士会は、自治体と住民との間に紛争が生じた場合でも、対等な立場で話し合い、対立が決定的にならない形で紛争解決を図るとともに、関係修復を図ることができれば有意義であることから、関係修復機能を有するADRを活用するため、平成19年3月にセンターを設立した。

　住民は、同弁護士会と協定を締結している自治体との間のトラブルについてセンターの手続を利用することができる。当初、自治体側から「顧問弁護士がいるのでセンターの利用は不要ではないか。」、「センターの利用に適した事案がない。」、「自治体が費用負担することに抵抗がある。」といった意見も聞かれ、なかなか協定締結に至らないこともあった。しかし、同弁護士会の継続した働き掛けの結果、現在では、岡山県内28自治体のうち、岡山県、岡山市など21自治体と協定を締結している。

　手続に要する費用については、自治体が申立手数料10,000円（税別）、期日手数料20,000円（税別）及び仲裁人交通費を負担する。これは、自治体にとって、住民との間のトラブルについて適正に解決することは、行政サービスの一環であり、今後の行政サービスの改善にもつながる有益な行為であると考えられるからである。

　手続面の特徴としては、住民と自治体のいずれにとっても利用しやすい手続とするため、手続の開催場所を当該自治体内の適宜の場所（庁舎内会議室等）としている。そして、仲裁人が和解案を示すに当たり、意見書を作成して当事者に提示するという運用上の工夫もされている。これは、自治体が和解をするに当たり、市民及び議会に対して説明責任を果たす上で、公平な第三者である専門家の意見を聴くことが有意義であるからである。また、不動産鑑定士等の専門家を共同仲裁人として選任することもできる。

　設立以来の申立件数は累計21件であり、これまでの主な申立事案としては、①自治体に対する損害賠償請求、②契約、協定の中途解約に関する損害賠償請求、損失補償請求、③住民や事業者に対する損害賠償請求、不当利得返還請求、④道路、下水道等の事業用地の取得、利用に関するトラブル、⑤窓口業務を巡るトラブル、⑥貸付金の滞納に関する債権回収などがある。

　解決事例の1つとして、A市は、市営宿泊施設を5年の期間を定めて指

定管理者の管理に委ねることとしたが、施設の老朽化に伴う大規模漏水が発生したため、期間を3年残して中途で指定を解除したところ、営業廃止に伴う損失補償の金額に関する協議が折り合わず、センターの利用に至ったという事案がある。この事案では、3回目の期日で仲裁人による約3300万円の和解案が示され、双方が受け入れることとし、A市の議会の議決を経て、4回目の期日で和解成立に至った。申立から和解成立までに要した期間は約4か月であり、民事調停や民事訴訟に比較して簡易かつ迅速に紛争の解決が図られたと言えよう。

　センターの手続については、累計21件の手続応諾率が100%であることやそのうち17件が和解成立に至っており、和解成立率も80%を超えていることから、弁護士会の運営するADRの中でも成功例として特筆すべきものである。これは、住民と自治体の双方にとって非常に有用な制度として受け入れられていることを示すとともに、仲裁人による意見書の提示が有効に機能している可能性を示している。

第2編　分野別の各ADR

第16章
隣接士業

❶ 司法書士会調停センター（司法書士会ADRセンター）

名　　称	司法書士会調停センター[1]
事業者名	各地の司法書士会[2]（札幌、青森、秋田、宮城、山形、福島、群馬、栃木、茨城、東京、千葉、神奈川、埼玉、新潟、長野、静岡、山梨、愛知、岐阜、富山、大阪、京都、滋賀、兵庫、和歌山、岡山、広島、山口、鳥取、香川、福岡、佐賀、熊本、宮崎、鹿児島）
住　　所	各地の司法書士会の所在地

概　要

　司法書士会ADRは、司法書士会に設置された「調停センター」あるいは「ADRセンター」（以下、総称して「センター」という。）により行われている、話し合いによるトラブル解決の制度である。全国50の司法書士会のうち、35の司法書士会がセンターを設置しており、平成29年4月1日現在、そのうち30の司法書士会がADR法5条に基づく法務大臣の認証を取得している。

　東京法務局管内の司法書士会においても、茨城、栃木、埼玉、千葉、東京、神奈川、新潟、山梨、長野、静岡の各センターが法務大臣の認証

---

1) 名称は各センターによって異なる。
2) 本稿では、各地の司法書士会の名称に「県」などが付いている場合であっても、省略して記載する。

344

を取得している。

> **ポイント**
> ・各地の司法書士会に設置されており、全国で30の司法書士会が法務大臣の認証を受けている。
> ・多くの司法書士会は、紛争の価額が1,400,000円以下の民事に関する紛争を対象としている。
> ・調停の実施場所や日時については、柔軟な対応がされている。
> ・法務大臣の認証を受けたADRである場合には、ADR法25条の規定に基づく時効中断効がある。

1 取り扱う紛争の範囲

　司法書士単独で認証紛争解決事業を実施する場合は、取り扱う紛争の範囲は、紛争の目的の価額が1,400,000円を超えない民事に関する紛争（司法書士法3条1項7号）の範囲に限られる（ADR法6条5号）。紛争の目的の価額が1,400,000円を超える紛争を取り扱う場合は、弁護士による助言措置が必要である。

　取り扱う紛争の範囲は、司法書士会により異なっている。認証を受けたセンターの多くにおいては、取り扱う紛争の範囲を、「民事に関する紛争（紛争の価額が1,400,000円以下のものに限る。）」としているものの、一部の司法書士会（東京など）においては、「民事に関する紛争（全般）」と定めている。調停開始後に、紛争の目的の価額が1,400,000円を超えることが判明した場合の対応については、多くの司法書士会では、手続を終了することとしており、他の紛争解決機関の紹介その他利用者の適正かつ円滑な紛争の解決に配慮した措置を講じることとしている司法書士会も多い。

　センターで取り扱う紛争の具体例としては、金銭貸借に関する紛争、不動産の売買や賃貸借に関する紛争、労働関係に関する紛争、交通事故に関する紛争、騒音問題、近隣トラブル、子どものトラブル、人間関係のトラブルなどがある。

また、群馬のように、必ずしも法律問題に限らず、感情的なトラブル等についても取り扱う司法書士会も存在する一方、新潟のように、金銭に関する紛争のみを取り扱う司法書士会も存在する。

2 手続

(1) 申込み

各司法書士会に備えられている申込書等を提出することにより申し込む。事前に電話やメールで問い合わせをすることも可能である。HPから申込書をダウンロードできる司法書士会もある。

もっとも、申込みに先立ち、「利用希望」や「受付面談」と呼ばれる手続を必須の手続として設け、その際に、定められた事項について利用希望者に説明している司法書士会も多い。

(2) 申込みから調停まで

調停の申込みがあると、司法書士である手続実施者が選任され、相手方への連絡等が行われる。手続実施者は、原則として所属司法書士会員で、所定の研修を履修した者が登録される。相手方に調停参加の意思があれば、日程を調整し、調停が開始される。申込みから調停開始までの日数については、相手方の事情もあり、個々の事案によって異なる。第1回調停期日が1週間から2週間の短期間で開催される事案もある一方、開催されるまでに数か月を要する事案もある。

(3) 当事者の義務

調停において、当事者は完全な自己決定権を有している。相手方には調停に応じる義務はなく、調停に出頭する義務はない。また、当事者は、調停のいかなる過程においても判断や決断、合意などを強制されることはないし、手続実施者もそのような強制をしてはならない。

(4) 手続実施者及び当事者以外の関与

　事案の内容によって、手続実施者が必要だと判断すれば、調停の場で、医療関係や建築関係などの専門家の意見を聴くこともできる。また、弁護士が代理人として当事者本人とともに調停に参加することもできる。

(5) 調停の実施場所・時間

　調停を実施する場所は、司法書士会に限らず、地域の総合支援センターや公的機関でも可能であるし、当事者の居住地域に近い施設や担当する司法書士の事務所で行うこともある。

　日時についても、平日の夜間や休日に行われる場合もあり、柔軟な運用がされている。

(6) 手続に要する期間

　調停回数は3回程度、申込みから3か月以内で終了することを目指している。東京法務局管内の司法書士会においても、茨城、栃木、神奈川、長野などが、3回以内の期日で和解が成立するように努めなければならないこと、調停の開始から4か月を経過しても和解が成立しないときは、当事者に対し調停手続の利用に関する再度の意思確認をすることを定めている。実際には2回程度で解決できることも少なくない。

　和解の成立見込みがない場合は、調停は終了する。

(7) 調停の終了

　合意に至った場合には、原則として[3]合意文書の作成により終了する。合意文書には執行力はなく、強制的に合意事項を履行させることはできないが、十分な話し合いを経て当事者が納得した事項であるから、任意の履行が

　3） 当事者が合意文書の作成を望まない場合には、作成しないこともある。

期待できる。任意の履行がされず強制執行が必要な場合、訴訟において証拠として合意文書を提出することも考えられる。

合意に至らなかった場合は、合意を強制することはできず、調停は終了する。

なお、一部のセンターでは、調停として取り扱った事件で合意に至らず当事者が望む場合、仲裁による解決をする試みを実施している。

3 費用

司法書士会によって異なるが、概ね①申込時に支払う費用、②期日ごとに支払う費用、③合意成立の際に支払う費用、④実費が必要とされている。東京法務局管内の司法書士会では、群馬は実費以外は無料、茨城と静岡は合意成立手数料は無料、千葉は事務手数料5,000円と実費のみなど、利用者のために費用を抑えている会もある。

(1) 申込時に支払う費用

申込時に支払う費用は、申立人の負担で、東京法務局管内の司法書士会では、3,000円ないし15,000円である。不受理の場合は全額、相手方が応じない場合は半額を返還する司法書士会もあるが、相手方が応じない場合でも返還しない会もある。

(2) 期日ごとに支払う費用

期日ごとに2,000円ないし10,000円である。東京法務局管内の各司法書士会では、少なくとも2回目以降は、両当事者分担とされている。

(3) 合意成立の際に支払う費用

東京法務局管内の司法書士会では、5,000円~60,000円の定額とする会と、合意金額に応じて決定する会がある。

(4) 実　費

司法書士会によっては、謄写費用、手続実施者の交通費、合意書の印紙代、証明書の発行費用などの実費が必要となる。

4　取扱件数等

概ね、小規模会では相談が10件以下ないし十数件、大規模会でも相談が数十件程度で、相談のみで終わる場合も多い。

5　特徴等

(1)　認証紛争解決事業者

民間紛争解決手続事業者はADR法5条に基づき法務大臣の認証を受けることができ、当該認証紛争解決手続における請求は、ADR法25条に基づく時効中断効が生じる。平成29年4月1日現在、全国では30の司法書士会が法務大臣の認証を取得しており、東京法務局管内では茨城、栃木、埼玉、千葉、東京、神奈川、新潟、山梨、長野、静岡の各司法書士会が、ADR法5条に基づく法務大臣の認証を取得している。

(2)　相手方に手続応諾義務はないこと

相手方に手続応諾義務はないので、相手方が手続に参加しない場合、調停手続は終了する。その場合、民事調停、民事訴訟などの法的手続を講ずる必要がある。

(3)　迅速な紛争解決が可能

調停回数は3回程度、申込みから3か月以内で終了することを目指している。裁判所の調停とは異なり、当事者間の合意により短期間で数回の期日を設けることも可能である。

第2編　分野別の各ADR

(4) 調停の実施場所や時間の柔軟性

センターによっては、当事者の希望又は合意により、夜間や休日に期日を設けることができる場合もある。

(5) 合意内容に執行力はないこと

裁判所における調停調書と異なり、センターの調停手続での和解成立時に作成される合意文書には執行力がない。執行力を付与したい場合には、公正証書を作成したり簡易裁判所における即決和解の手続を利用する必要がある。

6　想定される利用例

(1) 知人との貸金を巡る紛争

甲は、以前に勤務していた職場の同僚乙から頼まれてお金を貸したが、約束した返済期日になっても返済はなかった。数日後、乙と連絡は取れたが、乙は「今はお金がないので返済できない。もう少し待って欲しい。」と繰り返すだけで話が進まない。

(2) 落雪に関する紛争

甲は、自宅近くの月極駐車場に車を駐車していたところ、車のボンネットが凹んでいた。原因は、駐車場に隣接する乙宅の屋根からの落雪である可能性が高かった。数日後、甲は、乙に対し、車の修理費用の半額を請求したが断られた。

(3) 賃金の支払を巡る紛争

甲は、運送会社乙で長年勤務してきたが、乙が未払残業代の支払請求に応じないため退職して、同じ市内で運送業を開業した。その後、甲は、乙が甲の誹謗中傷を繰り返していると聞き及んだことから、乙に対し、あらためて未払残業代を請求をしたい。

(4) 建物の立退きに関する紛争

甲は、アパートを所有しており、近くの不動産会社に管理を委託している。アパートの1室の賃借人乙が5か月前から家賃を滞納しているところ、管理会社からの連絡も無視しているので、滞納金が多額にならないうちに、部屋を明け渡してもらいたい。

7 まとめ

司法書士会のセンターが取り扱う紛争の価額には上限がある場合が多いものの、紛争の種類や内容に制限はなく、民事紛争全般に及ぶ。例えば、紛争の価額が低額であるため、裁判所で紛争解決を図るには費用、時間及び労力の面で必ずしも適していない事件については、センターのADR手続を利用することにより、少額の費用で簡易かつ迅速な紛争の解決を図ることができる可能性もあり、そのような事件についてセンターの利用を検討する価値はあると思われる。

❷ 行政書士ADRセンター

名　　称	行政書士ADRセンター[1]
事業者名	各地の行政書士会（北海道、宮城県、東京都、神奈川県、埼玉県、新潟県、愛知県、大阪府、京都府、奈良県、和歌山県、兵庫県、岡山県、山口県、香川県）
住　　所	各地の行政書士会の所在地

概　要

全国15の行政書士会が開設するADRセンターが行う調停手続である。

---

1) 名称は各センターによって異なる。

第2編　分野別の各ADR

各センターはいずれも、ADR法5条の規定に基づき、法務大臣の認証を取得しており、一定の専門分野に関する紛争のみを取り扱う。

ポイント

・取り扱う紛争の範囲は限られており、各センターにおいても異なる。
・相手方に手続応諾義務はない。
・手続に要する費用は比較的安価である。
・簡易かつ迅速な手続の進行が期待できる。
・弁護士が手続に関与する。
・認証ADRであるため、ADR法25条の規定に基づく時効中断効が認められる。

1　取り扱う紛争の範囲

各センターによって取り扱う紛争の範囲は異なるが、行政書士ADRセンター東京、同センター大阪など多くのセンターでは、①外国人の職場環境・教育環境に関する紛争、②自転車事故に関する紛争、③愛護動物（ペットその他の動物）に関する紛争、④居住用建物についての敷金返還、原状回復に関する紛争のすべて、または、それらのうちの複数若しくは1つを取り扱っている。

行政書士ADRセンター埼玉では、上記②及び④のほか、夫婦関係等に関する紛争及び相続に関する紛争を取り扱っている。また、京都外国人の夫婦と親子に関する紛争解決センターでは、外国人を当事者とした夫婦と親子に関する紛争のみを取り扱っている。

2　手続

手続の概要は以下のとおりである。詳細等は各行政書士会又は各センターのHP等を参照されたい。

(1) 申込み

　申込予定者がセンターに問い合わせを行うと、センターは、申込予定者に対し、調停手続に関する事項（調停人の選任、手続に要する費用、標準的な手続の進行等）について説明をし、その内容について相談に応じる（相談前置）。その上で、申込予定者が申込手数料等を納付し、調停申込書を提出して調停の申込を行う。

(2) 申込みから調停まで

　センターは、申込を受理する決定をしたときは、相手方に対して通知し、調停手続の実施を依頼するかどうかの回答を求める。相手方が調停手続の実施を依頼するときは、センター長が調停人を選任し、第1回調停期日が指定される。申込から第1回調停期日までの期間は概ね1か月程度である。これに対し、相手方が調停手続の実施を依頼しないときは、調停手続の終了の決定がされる。

(3) 手続実施者

　調停人は、センター長が申込に係る案件ごとに、候補者名簿に登載された行政書士のうちから選任する。選任される行政書士は、当該行政書士会の会員で、各ADRセンターが実施する調停人養成研修を修了し、かつ、紛争の範囲ごとにその分野の紛争に関する専門的知識を有するものとして認められた者である。

　また、センター長は、申込みに係る案件ごとに、名簿から手続関与弁護士（名称はセンターによって異なる。）を選任する。手続関与弁護士は、高度な法的判断を必要とする事案においては調停人として参加し、それ以外の事案においては助言者として参加する。

(4) 手続の非公開

調停手続は、原則として非公開である。但し、相手方の同意が得られたときは、一定の親族を傍聴させることができるとしているセンターもある。

(5) 当事者の義務

相手方には調停手続に応諾する義務はない。また、当事者には証拠提出義務や手続内で提示された合意案に対する応諾義務はない。

(6) 調停の回数と期間

事案によって異なるが、調停の回数は概ね2回から3回、手続終了までに要する期間は2か月から3か月程度である。

(7) 調停の終了

調停で合意が成立した場合には、原則として合意書が作成され、当事者に交付又は送付される。合意書は債務名義にはならない。

合意が成立しない場合には、調停人が手続を終了させる。

3 費用

費用は各センターによって異なるが、概ね、申込時に支払う申込手数料、調停期日ごとに支払う期日手数料、実費(調停員の出張費用等)が必要とされている。また、合意成立時に成立手数料や合意書作成費用が必要となるセンターもある。

申込手数料は、センターによって異なるが、2,000円から30,000円の範囲である。また、期日手数料は、3,600円から20,000円の範囲である。

センターによって費用が異なることや、調停申込時に申込手数料及び第1回以降の期日手数料の納付が必要となるセンターもあることなど、費用の支払方法が異なることから、具体的な費用と支払方法については、各行政書士

会又は各センターのHP等を参照されたい。

4 取扱件数

各センターへの相談件数は、年間数件から数十件ほどであるが、中には100件を超えているセンターもある。もっとも、そのうち、調停の申込みを受理するまでに至った件数は、いずれのセンターも数件から十数件程度となっており、相談はあったものの、申込受理件数のないセンターも見られる。

5 特徴等

(1) 認証紛争解決事業者

各センターは、法定の基準を満たし、法務大臣の認証を取得した紛争解決機関である（ADR法5条、6条）。従って、ADR法25条の規定に基づく時効中断効が認められる。

(2) 相手方に手続応諾義務はないこと

相手方に手続応諾義務はないので、相手方が手続に参加しない場合、調停手続は終了する。その場合、民事訴訟などの法的手続を講ずる必要がある。

(3) 弁護士の手続参加

事案の性質（高度な法的判断の必要性）に応じて、弁護士が助言者として、あるいは調停人として手続に参加する。

(4) 合意内容に執行力はないこと

調停が成立した場合に作成される合意書には執行力がない。執行力を得るためには、公正証書を作成したり簡易裁判所における即決和解の手続を利用する必要がある。

6 利用例

(1) 外国人の職場環境・教育環境に関する紛争

学校において、慣習、文化的価値観の違いなどに基づく誤解、偏見等の原因により、いじめを受けて不登校となった外国人就学者又はその保護者が、学校や教員に対し、いじめの差し止め及び慰謝料の支払いを求める場合

(2) 自転車事故に関する紛争

自転車と歩行者、或いは自転車同士が衝突したことにより、一方当事者が他方に対し、損害賠償を求める場合

(3) 愛護動物（ペットその他の動物）の紛争

他人の飼っている犬に噛みつかれたため怪我をした場合

(4) 居住用賃貸物件に関する敷金返還又は原状回復に関する紛争

賃貸借契約終了に伴う敷金の返還額や原状回復の範囲について、賃貸人と賃借人の解釈が異なり紛争となっている場合

7 まとめ

各センターが取り扱う分野に関する紛争は、いずれも日常生活に密接に関わるものであるところ、紛争の金額は比較的少額であるものが多いため、裁判所に事件を持ち込むには費用、時間及び労力の面で必ずしも適していない場合もある。この点、各センターのADR手続によれば、民事調停や民事訴訟と比較して、安価な費用で簡易かつ迅速な紛争の解決を図ることが可能であり、このような紛争を解決する手段として、各センターの利用を検討することは有益であると思われる。

主要な参考文献

- 山本和彦＝山田文「ADR仲裁法　第2版」（日本評論社、平成27年）
- 日本弁護士連合会ADRセンター編「紛争解決手段としてのADR」（弘文堂、平成22年）
- 加藤俊明「認証ADRの現状と課題」（民事法研究会、平成25年）
- 櫻井良生「民間裁判外紛争解決制度（ADR）の実証的考察」（風塵社、平成28年）
- 落美都里「裁判外紛争解決手続き（ADR）制度」調査と情報第493号
- 「New Business Law」No 1092、2017.2.15
- 日本弁護士連合会「弁護士白書2016年版」（平成28年）
- 東京弁護士会法友全期会「改訂版　交通事故実務マニュアル　民事交通事件処理」（ぎょうせい、平成27年）
- 羽成守＝溝辺克己「交通事故の法律相談【新版】」（青林書院、平成24年）
- 日本消費生活アドバイザー・コンサルタント・相談員協会 Consumer ADR 特別委員会「Consumer ADR　報告書」（平成26年度～平成29年度）
- 加藤博義「労働ADR実践マニュアル」（社会保険労務士総合研究機構、平成24年）
- 「住宅紛争審査会における住宅紛争処理手続の実務必携」
- 「住宅紛争審査会における評価住宅の紛争処理手続の手引」
- 「住宅紛争審査会における特別住宅紛争処理手続の実務必携」
- 「住宅紛争審査会における保険付き住宅の紛争処理手続の手引」

> いずれも、監修：日本弁護士連合会住宅紛争処理機関検討委員会
> 　　　　　発行：公益財団法人住宅リフォーム・紛争処理支援センター
> 　　　　　［平成27年］

- 「中央建設工事紛争審査会における建設工事紛争処理手続の手引」（中央建設工事紛争審査会事務局、平成28年）
- 西本孔昭「筆界特定制度と調査士会ADR―土地家屋調査士の未来と展望」（日本加除出版、平成19年）
- 小林謙一「筆界特定制度」御池ライブラリー38号40頁（平成25年）
- 日本土地家屋調査士会連合会「土地家屋調査士白書2018」（日本加除出版、平

主要な参考文献

- 成30年）
- 北條政郎＝伊藤暢康＝江口滋＝名倉勇一郎「改訂版　境界確認・鑑定の手引」（新日本法規出版、平成27年）
- 山本和彦＝井上聡「金融ADRの法理と実務」（きんざい、平成24年）
- 本間晶＝笠原基和＝富永剛晴＝波多野恵亮「銀行法」（きんざい、平成29年）
- 田中豊「Q＆A　金融ADRの手引き―全銀協あっせん手続の実務」（商事法務、平成26年）
- 日本弁護士連合会ADRセンター「金融紛争解決とADR」（弘文堂、平成25年）
- 仲裁ADR法学会　明治大学法科大学院「別冊仲裁とADR　ADRの実際と展望」（商事法務、平成26年）
- 神田秀樹＝黒沼悦郎＝松尾直彦「金融商品取引法コンメンタール3　自主規制機関」（商事法務、平成24年）
- 河内隆史＝尾崎安央「商品先物取引法」（商事法務、平成24年）
- 日本弁護士連合会ADRセンター「仲裁ADR統計年報（全国版）」（平成26年度版、平成27年度版、平成28年度版）
- 一般社団法人生命保険協会生命保険相談所「相談所リポートNo 93」（平成28年度版）
- 吉田和央「詳解　保険業法」（きんざい、平成28年）
- 「金融法務事情No 1926」（金融財政事情研究会、平成23年）
- 仲裁ADR法学会「仲裁とADR　vol. 10」（商事法務）
- 第一東京弁護士会災害対策本部「実務　原子力損害賠償」（勁草書房、平成28年）
- 仙台弁護士会紛争解決支援センター「3.11と弁護士　震災ADRの900日」（きんざい、平成25年）
- 事業再生実務家協会「事業再生ADRのすべて」（商事法務、平成27年）
- 全国倒産処理弁護士ネットワーク「私的整理の実務Q＆A140問」（きんざい、平成28年）
- 日本司法書士会連合会「司法書士ADR実践の手引」（新日本法規、平成21年）
- 各ADRのウェブサイト
- 各ADRの業務規程・業務規則

あとがき

　平成30年の夏期研究会の開催準備を進めるにあたり、栃木県弁護士会では平成28年に準備委員会を設置しました。10年前に開催した際は、準備委員会の委員数は40名程度でしたが、会員数の増加に伴い、今回は、若手会員を中心として総勢100名を超える委員で委員会が構成されました。

　第1回の委員会は平成28年6月に開催され、テーマ設定から議論を開始しました。当会で10年ぶりに開催される研究会であり、本の出版にあたっては、できるだけ実務的に利用価値が高いものにしたいという思いもあり、各委員からは、複数のテーマ案が出されました。しかしながら、「既に類似の書籍が発刊されている」、「民法改正の影響を受ける可能性がある」等といった理由で、なかなかテーマを決定することができませんでした。最終的には平成29年の春にテーマを「ADR」に決定しました。

　テーマを「ADR」に決定した後、5つの部会に分かれて、各正副部会長が中心となり、それぞれの分野ごとに、どのようなADRがあるのか、どれくらい利用実績があるのか、どのような特徴があるのか、といった点を調査し、書籍で取り上げるべきADRの絞り込み作業を行いました。

　そして、調査対象とするADRを決定し、平成29年12月から執筆作業を開始しました。もっとも、執筆を担当した各委員が、必ずしも、当該ADRに精通しているというわけではありません。そのため、執筆にあたっては、文献での調査、ADRの手続規則やHPの内容確認、ADR実施事業者からの聴取を行い、また、ADRの利用者（経験者）から経験談を聞かせて頂くなどして、短期間ではあったものの、時間をかけて執筆作業を進めていきました。

　編集作業では、安田真道副委員長が全ての原稿を確認・チェックし、担当委員の最終確認を経て、本書が完成しました。

　本書では、16の分野に分けて、47種類のADR（コラムも含む）について解説を加えています。主な読者層が多忙な弁護士であることを念頭において、

短時間で必要な情報を得ることができるように、それぞれのADRごとに、概要、ポイント、取り扱う紛争の範囲、手続の流れ、利用実績、過去の利用例、特徴などについて分けて記載しました。

　私達弁護士は、日頃から紛争解決業務に従事しておりますが、現状は、紛争解決の手段として必ずしもADRがよく利用されているというわけではありません。本書により、多くの方々に、ADRという紛争解決メニューがあることを知って頂き、ADRを紛争解決手段の選択肢に加えて頂ければ、これに勝る喜びはありません。

　最後になりますが、本書を出版するにあたり、執筆に協力して下さった準備委員会の委員の方々、株式会社ぎょうせいの方々には大変お世話になりました。ここに改めて感謝申し上げる次第です。

　平成30年8月

栃木県弁護士会関東十県会夏期研究会準備委員会
委員長　澤　田　雄　二

分野別　ADR活用の実務

平成30年9月25日　第1刷発行

編集　栃木県弁護士会

発行　株式会社ぎょうせい

〒136-8575　東京都江東区新木場1-18-11
電話　編集　03-6892-6508
　　　営業　03-6892-6666
フリーコール　0120-953-431

URL：https://gyosei.jp

〈検印省略〉

印刷　ぎょうせいデジタル㈱　　　　　　Ⓒ2018　Printed in Japan
※乱丁・落丁本はお取り替えいたします。
ISBN978-4-324-10499-6
(5108428-00-000)
〔略号：ADR実務〕

《関東十県会関連図書のご案内》

弁護士のための保険相談対応Q&A
茨城県弁護士会／編
A5判・定価(本体4,000円+税)送料350円

● 生命保険・傷害保険・損害保険などの基本的なものから、災害・介護・年金・労災・雇用まで、広範囲な「保険」全般について、400を超えるテーマをQ&Aで簡潔に解説。（平29年9月）

5108370 保険相談Q&A〈10390-6〉

立証の実務　改訂版
―証拠収集とその活用の手引―
群馬弁護士会／編
B5判・定価(本体3,700円+税)送料350円

● 10年ぶりに全面改訂した証拠収集活動に必ず役立つ弁護士必携書。立証活動を紛争・証拠類型ごとに分類し、「立証のポイント」「証拠の入手方法」をコンパクトにまとめて解説。（平28年9月）

5108254 立証実務改訂〈10178-0〉

自然をめぐる紛争と法律実務
―水・山・農地・土地・生物・災害等のトラブル解決のために―
長野県弁護士会／編
A5判・定価(本体4,200円+税)送料350円

● 水・温泉・雪・山・農地・土地・大気・生物・自然災害。9つに分類した自然にまつわる法トラブルを、多くの裁判例を紹介しながら徹底的に研究。（平27年9月）

5108166 自然法律〈10015-8〉

マンション・団地の法律実務
横浜弁護士会／編
A5判・定価(本体3,300円+税)送料350円

● 建築から購入・管理、建替えまで、マンション・団地をめぐる法律実務を網羅。紛争解決のための具体的手段や事例を多数紹介。裁判例は約500件を取り上げた、大充実の頼れる1冊。（平26年9月）

5108072 マンション団地法〈09852-3〉

株式会社ぎょうせい
〒136-8575 東京都江東区新木場1-18-11

フリーコール TEL:0120-953-431 [平日9～17時] FAX:0120-953-495
https://shop.gyosei.jp　ぎょうせいオンライン 検索